刘冰 著

世纪之城

聚合·共享·更新

同济大学出版社
Tongji University Press

图 前-1 印第安人学校

图 前-2 政府办公楼和警察局

图 前-3 加油站和小型超市

图 前-4 小旅馆

图 前-1—图 前-4 印第安村落[1]

1.图片来源：刘冰/摄.

图 前 -5 印第安部落的生态环境[1]

1. 图片来源：刘冰 / 摄.

图 前-6 科罗拉多河生态链[1]

1.图片来源：刘冰/摄.

图 前-7 美国西部滴灌技术农业区(1) [1]

1. 图片来源:刘冰/摄.

图 前-7 美国西部滴灌技术农业区（2）[1]

1.图片来源：刘冰/摄.

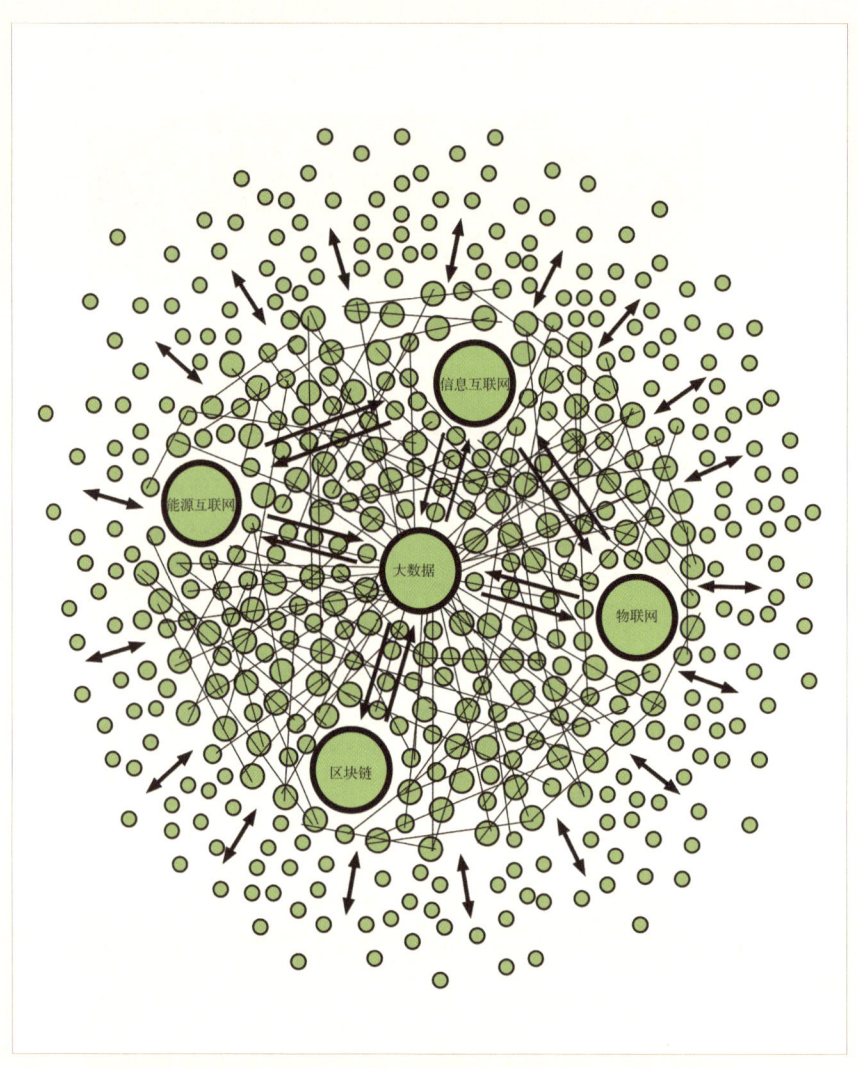

图 2-1 具有扩张性、吞噬力的点矩阵空间[1]

1. 图片来源:刘冰/绘.

图 8-1 连云港城市片区规划[1]

图 8-2 莫斯科德米丽娜社区规划总平面图[1]

1. 图片来源：刘冰 / 设计 .

图 12-1

约 1860 年,坐落在德国埃森的克虏伯工厂[1]

图 12-2

约 1872 年,伦敦贫民窟[1]

图 12-3

19 世纪 50 年代(推测),马维尔所摄的贫民窟生活状况[2]

1. 图片来源:彼得·李伯庚.欧洲文化史[M].赵复三,译.上海:上海社会科学院出版社,2004.
2. 图片来源:大卫·哈维.巴黎城记[M].黄煜文,译.桂林:广西师范大学出版社,2009.

图 12-4 19 世纪后期,纽约街区生活场景[1]

图 12-5 1890 年,纽约垃圾车回收垃圾的情景[1]

1. 图片来源:艾伦·布林克利. 美国史[M]. 邵旭东,译. 海口:海南出版社,2014.

图 12-6 1872 年,允许整栋建筑物由不同行业来使用 [1]

图 12-7 1990 年,四名在弗吉尼亚从事危险矿工工作的童工 [2]

1. 图片来源:大卫·哈维.巴黎城记[M].黄煜文,译.桂林:广西师范大学出版社,2009.
2. 图片来源:艾伦·布林克利.美国史[M].邵旭东,译.海口:海南出版社,2014.

图 12-8　19 世纪末，卡内基的钢铁厂[1]

图 12-9　1943 年，美国洛杉矶

图 12-10　1952 年，伦敦烟雾事件中的街景

图 12-11　1952 年，伦敦烟雾事件中的特拉法加广场

---

1. 图片来源：艾伦·布林克利. 美国史[M]. 邵旭东, 译. 海口：海南出版社, 2014.

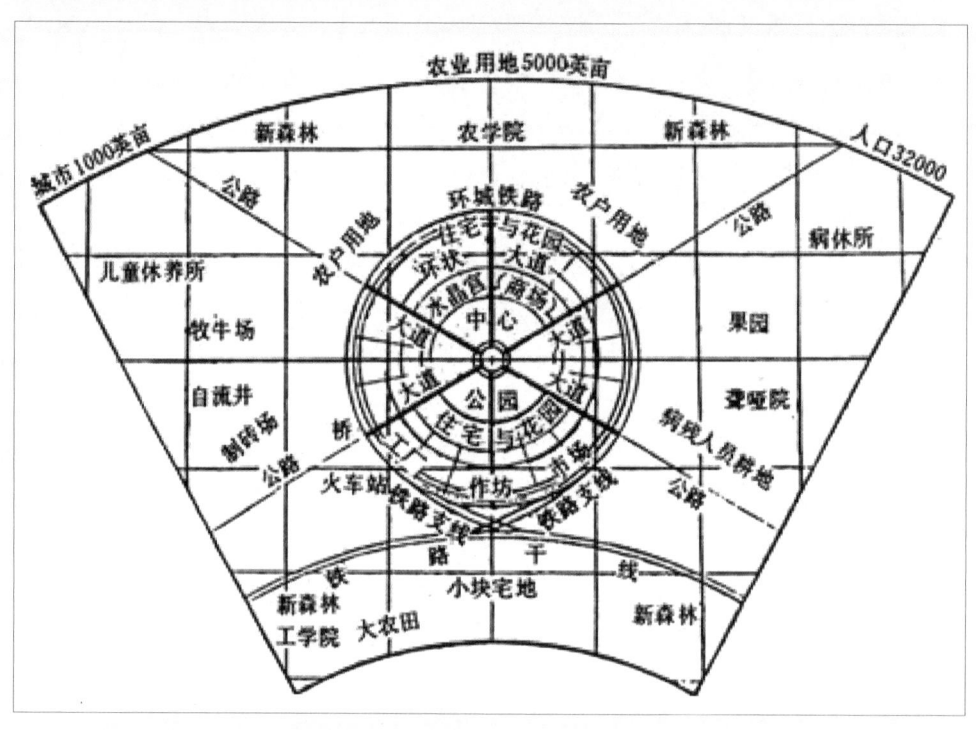

图 12-12 霍华德的田园城市[1]

1. 图片来源：埃比尼泽·霍华德. 明日的田园城市[M]. 金经元，译. 北京：商务印书馆，2010.

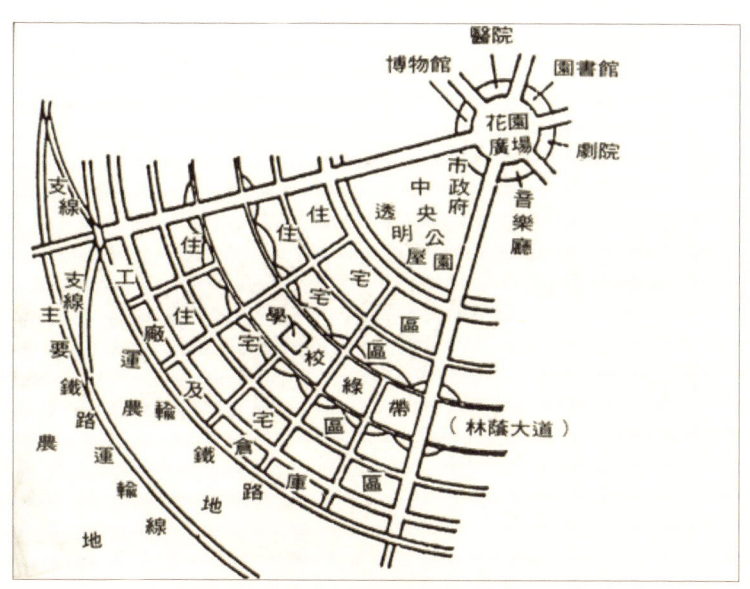

图 12-13 田园城市各区与中心的关系[1]

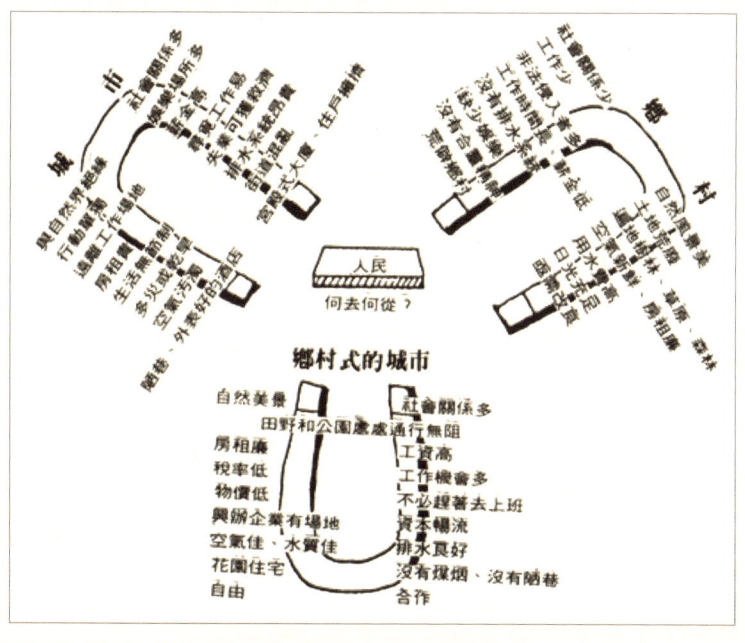

图 12-14 霍华德的三个磁铁示意图[1]

1. 图片来源：埃比尼泽·霍华德. 明日的田园城市 [M]. 金经元, 译. 北京：商务印书馆, 2010.

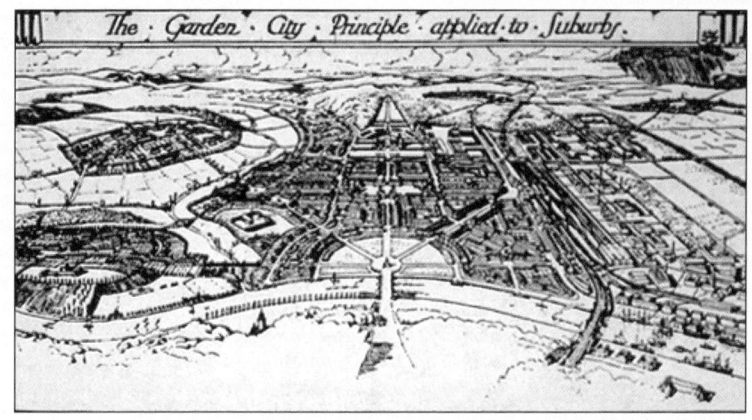

图 12-15 雷蒙·恩温在霍华德基础上提出的田园城市模型

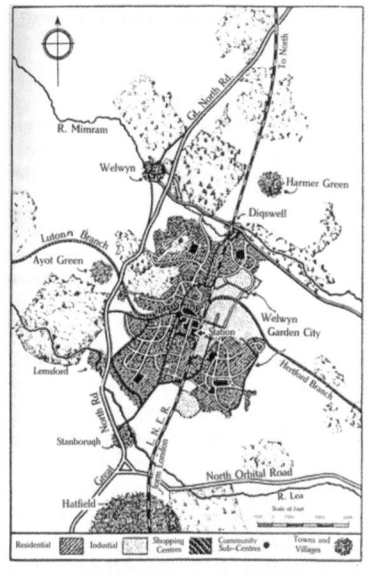 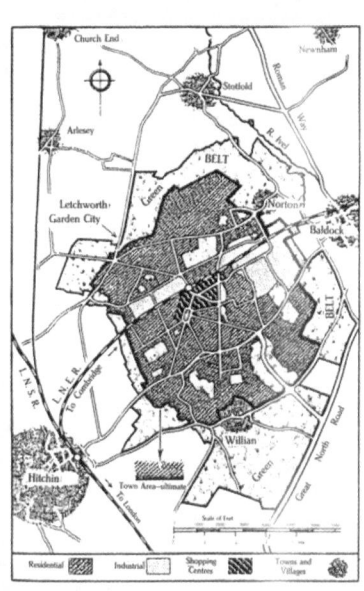

图 12-16 惠灵新镇配置图[1]   图 12-17 莱奇沃思田园城市配置图[1]

---

1. 图片来源：埃比尼泽·霍华德. 明日的田园城市 [M]. 金经元，译. 北京：商务印书馆，2010.

图 12-18　田园城市的演变

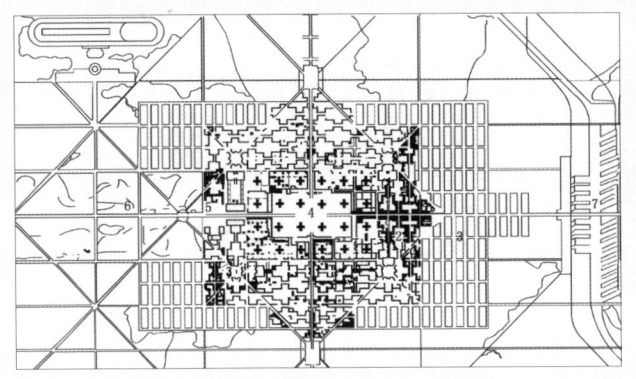

图 12-19

勒柯布西耶的 300 万人口现代城市的城区设想草图 [1]

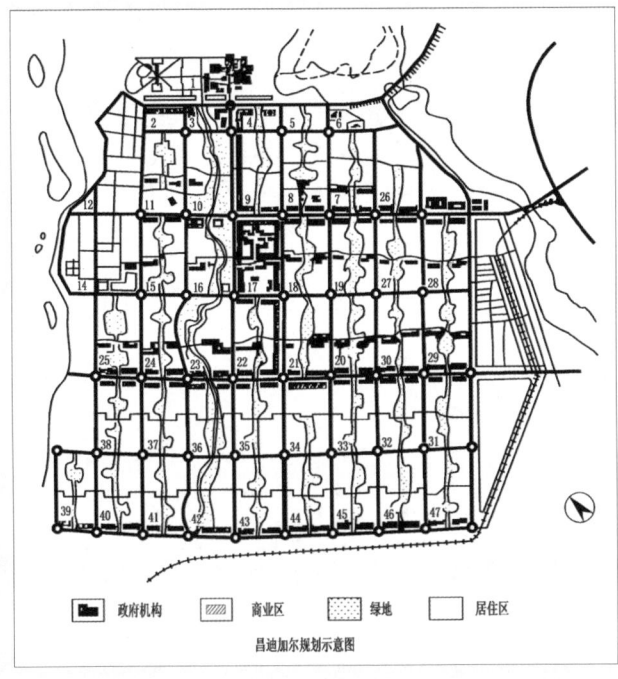

图 12-20

印度昌迪加尔规划示意图 [1]

1. 图片来源：勒·柯布西耶. 人类三大聚居地规划 [M]. 刘佳燕，译. 北京：中国建筑工业出版社，2009.

图 13-1 留守的孤独老人和儿童

图 13-2 留守儿童

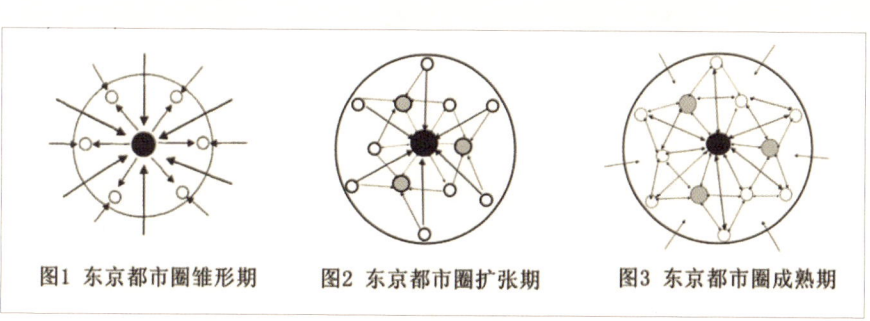

图1 东京都市圈雏形期　　图2 东京都市圈扩张期　　图3 东京都市圈成熟期

图 15-1 东京都市圈空间演变示意图[1]

---

1. 图片来源：张晓兰，朱秋. 东京都市圈演化与发展机制研究[J]. 现代日本经济，2013-2(188).

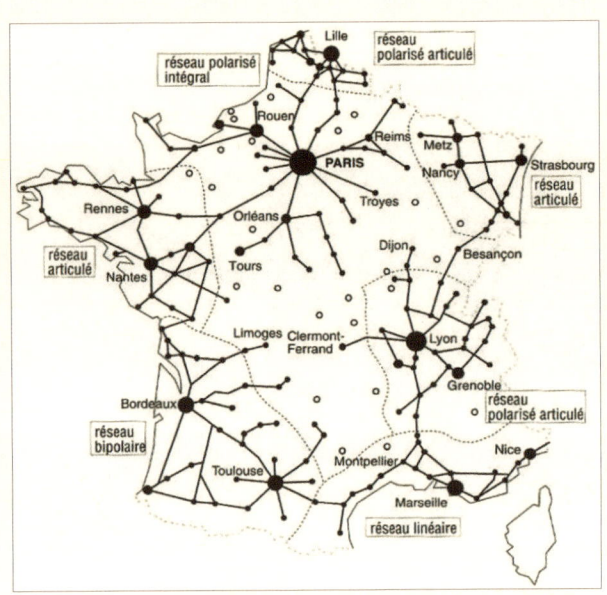

图 15-2 20 世纪 80 年代以来法国城镇体系结构[1]

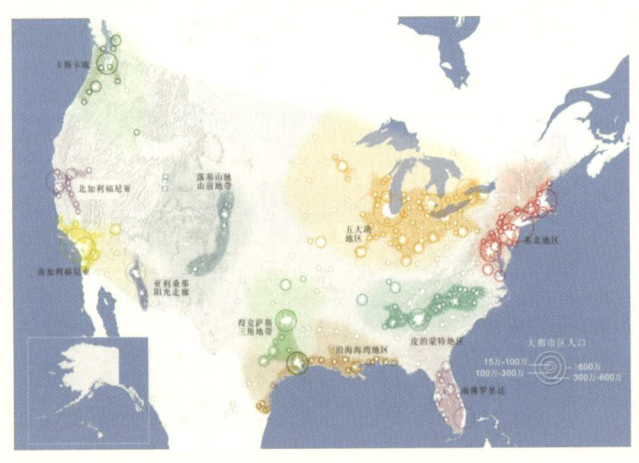

图 15-3 美国 11 个巨型都市区域[2]

1. 图片来源：汤爽爽，叶晨. 法国快速城市化进程中的区域规划、实践与启示 [J]. 现代城市研究，2013(03)：33-41.
2. 图片来源：孙春强，张秋明. 美国国土规划及对我国的启示 [J]. 国土资源情报，2011(8):11-17.

图 16-1 上海市"一城九镇"规划图

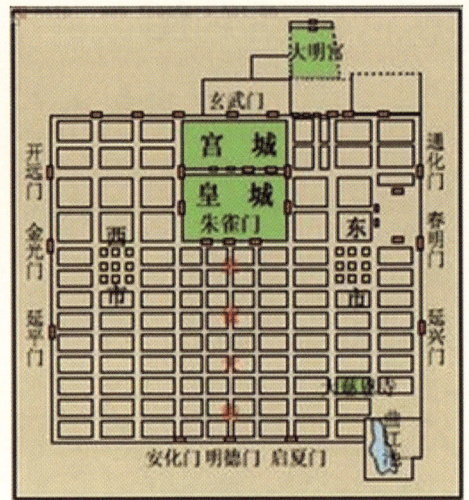

(a) 唐 长安

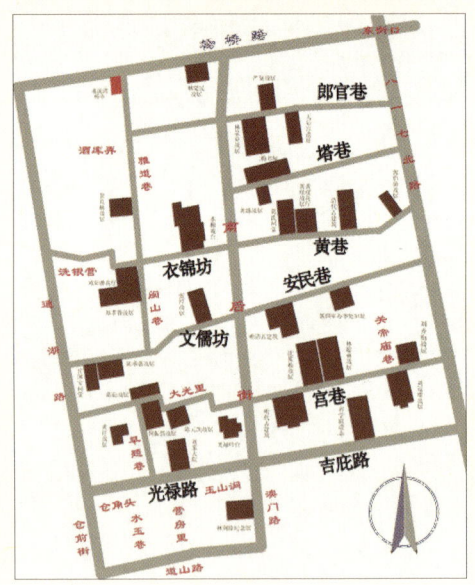

(b) 福州三坊七巷

图 16-2 城市空间肌理（1）

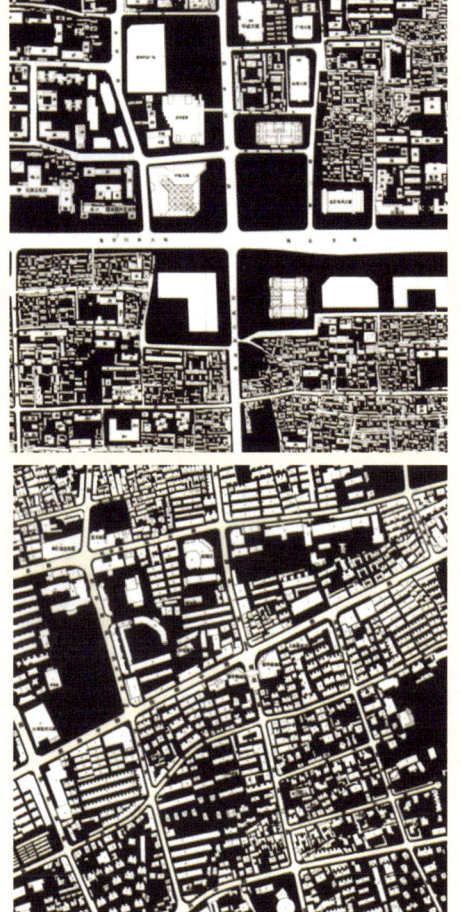

(c) 北京

(d) 上海

图 16-2 城市空间肌理（2）

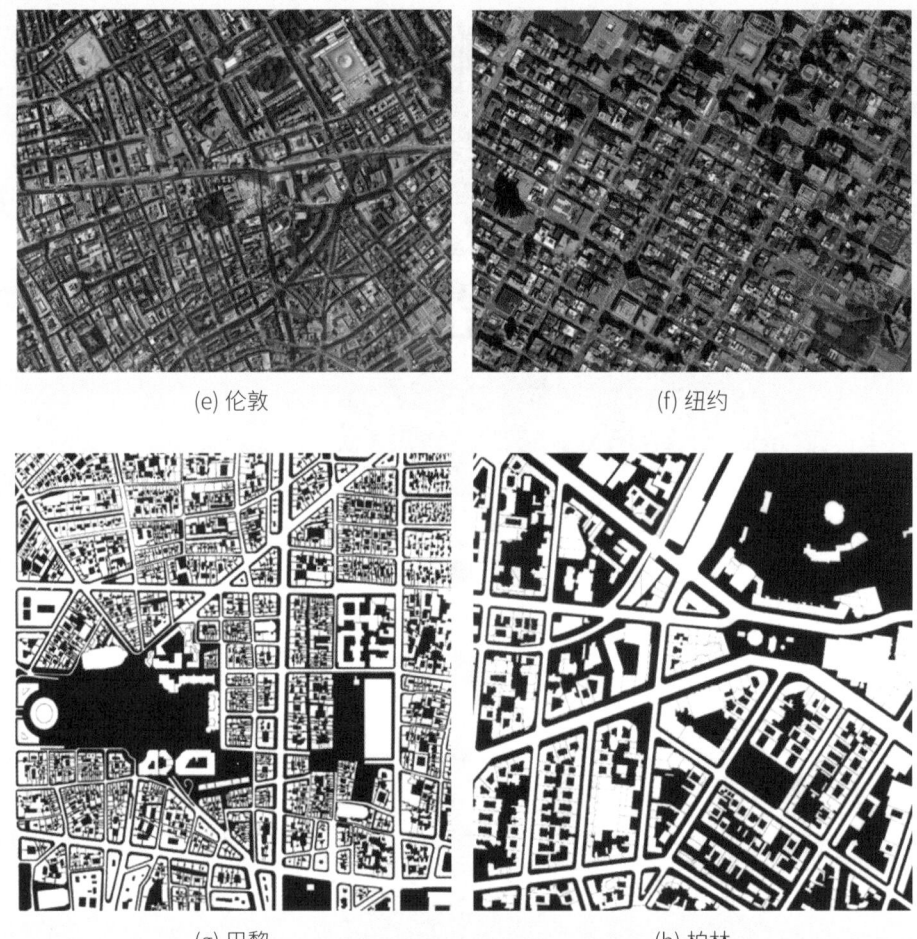

(e) 伦敦　　　　　　　　　　　　(f) 纽约

(g) 巴黎　　　　　　　　　　　　(h) 柏林

图 16-2　城市空间肌理（3）

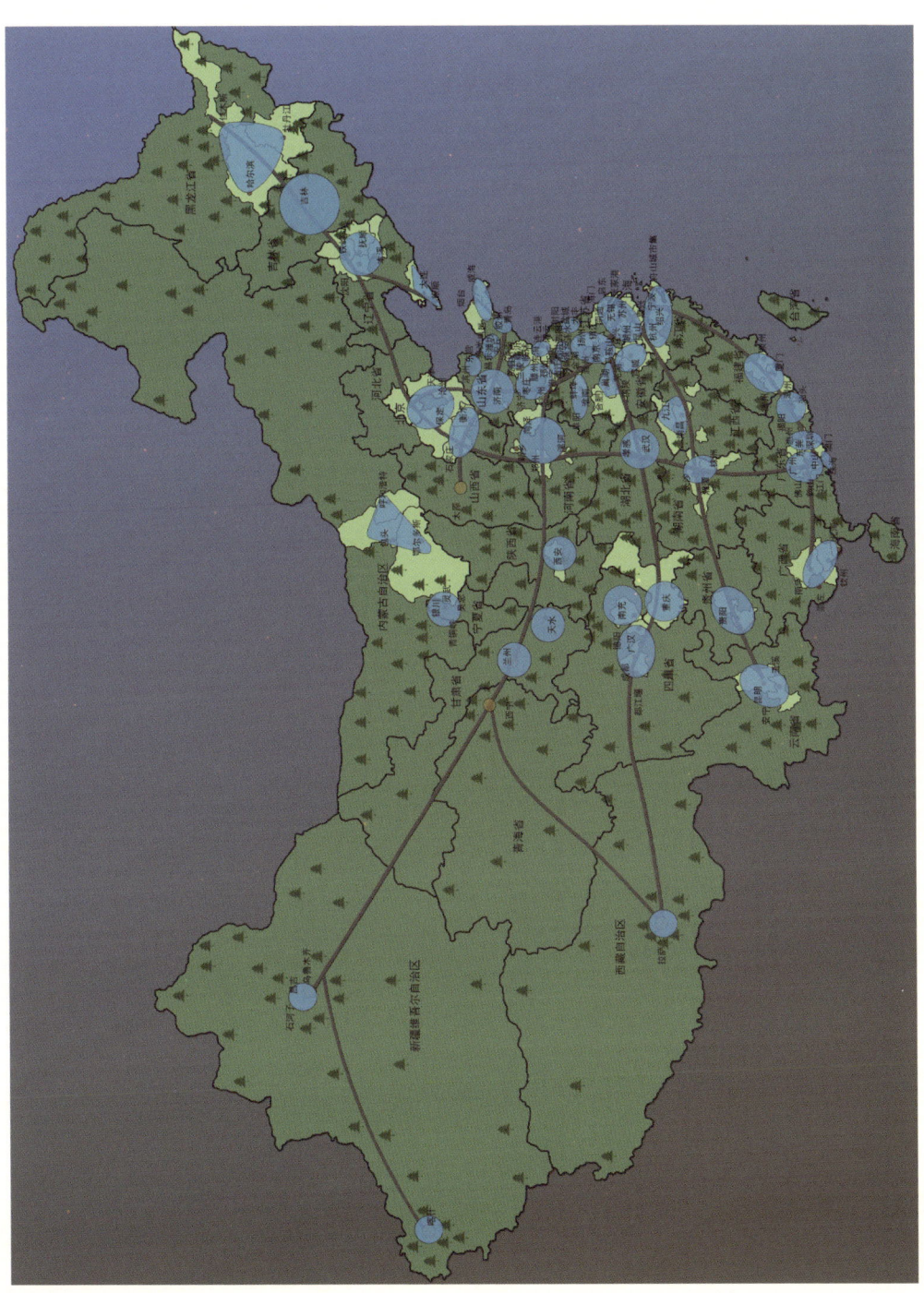

图 18-1 中国大陆地区聚合城市空间分布图[1]

1. 图片来源：刘冰 / 设计.

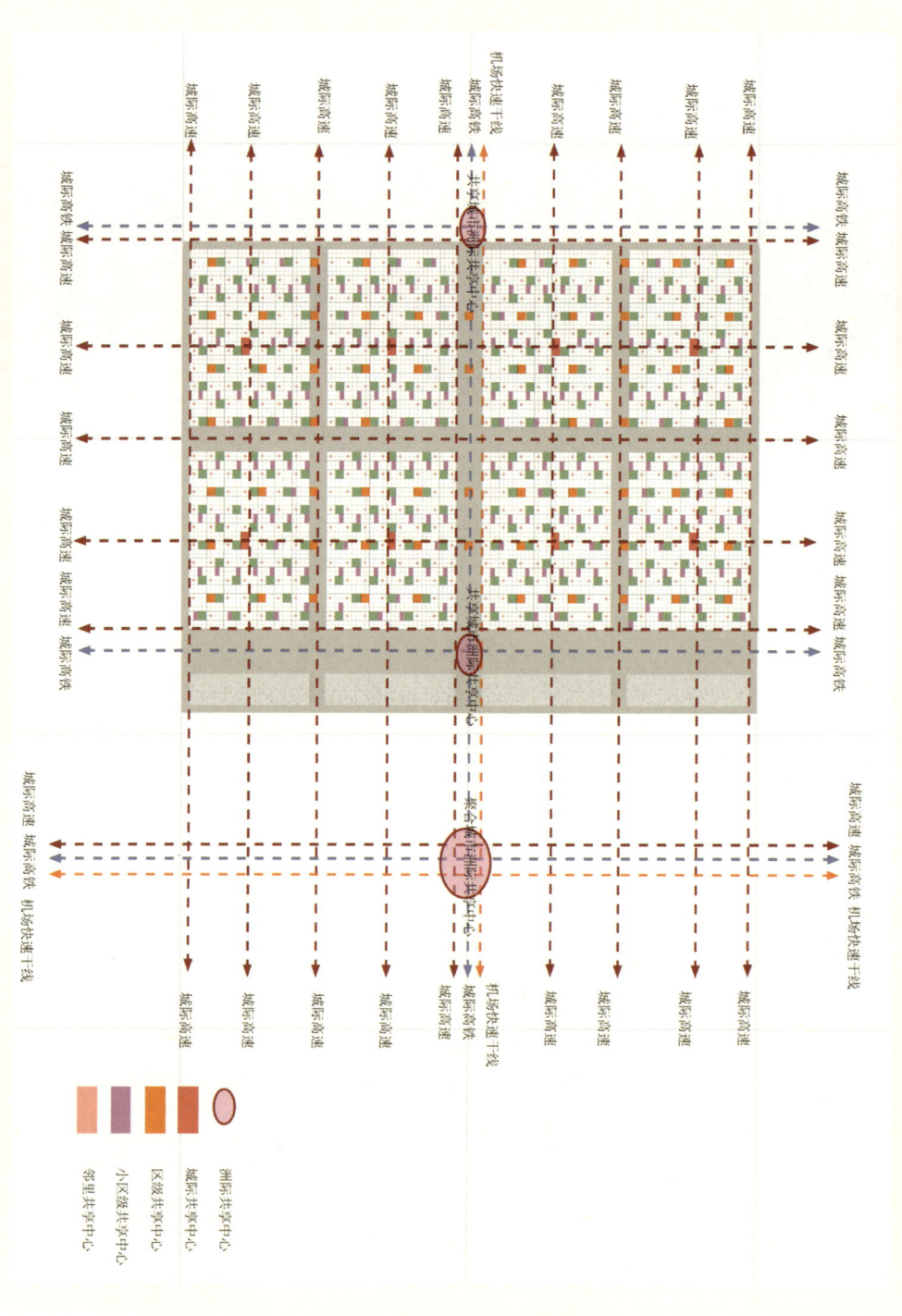

图 19-1 共享中心分布示意图 [1]

1. 图片来源：刘冰 / 设计．

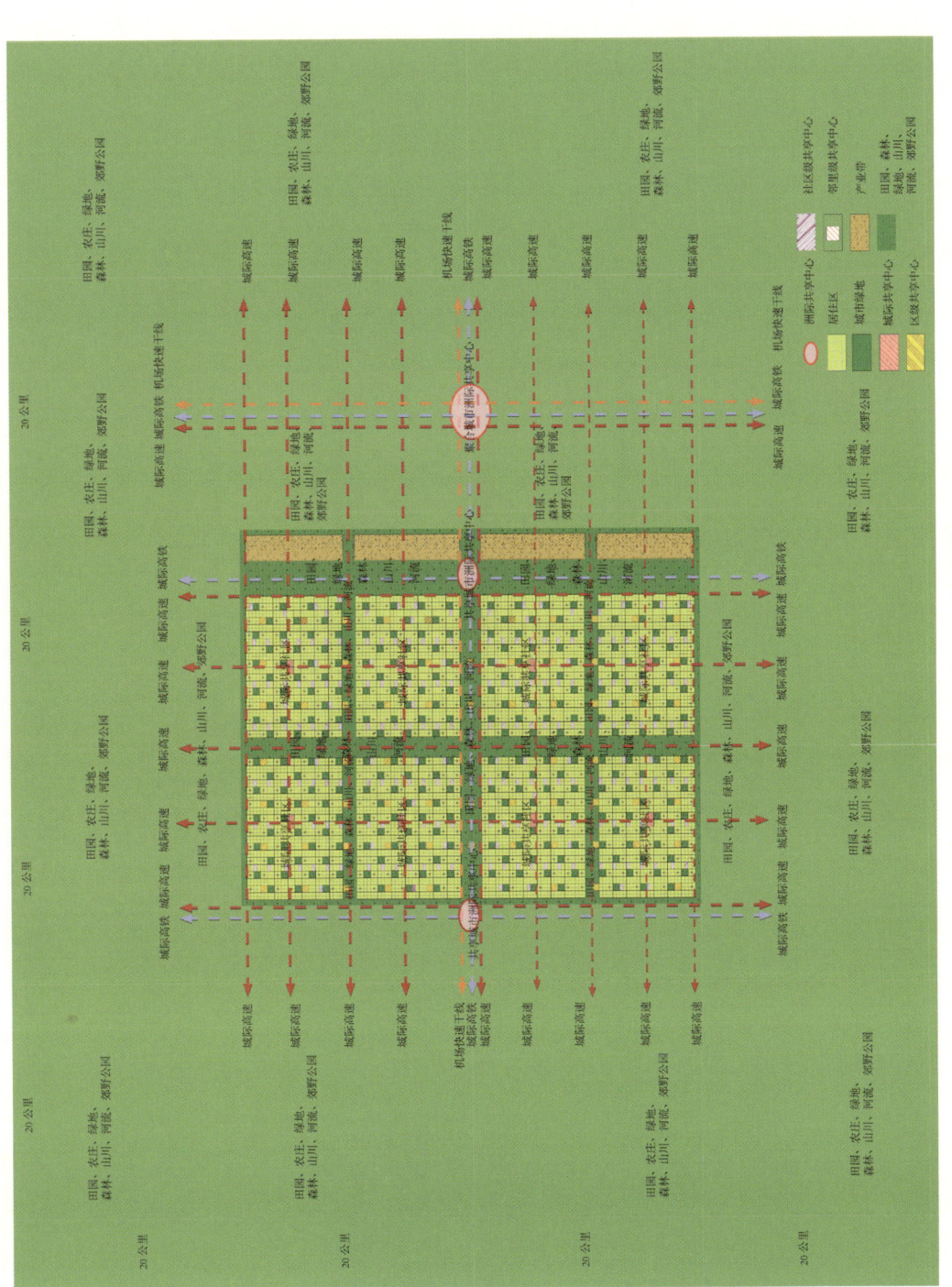

图 19-2 共享城市空间构想图[1]

1. 图片来源：刘冰/设计．

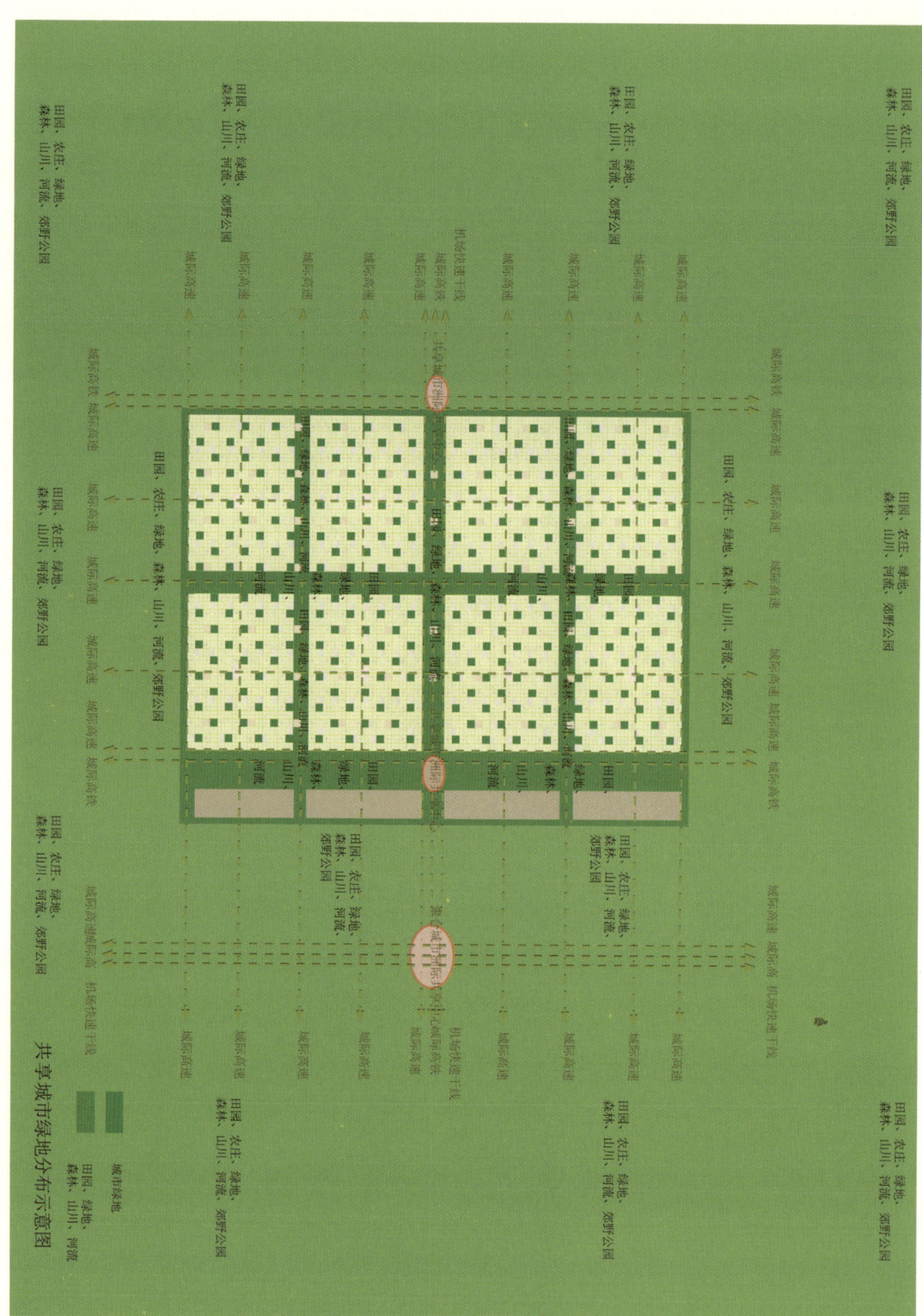

图 19-3 共享城市绿地分布示意图[1]

1. 图片来源：刘冰 / 设计.

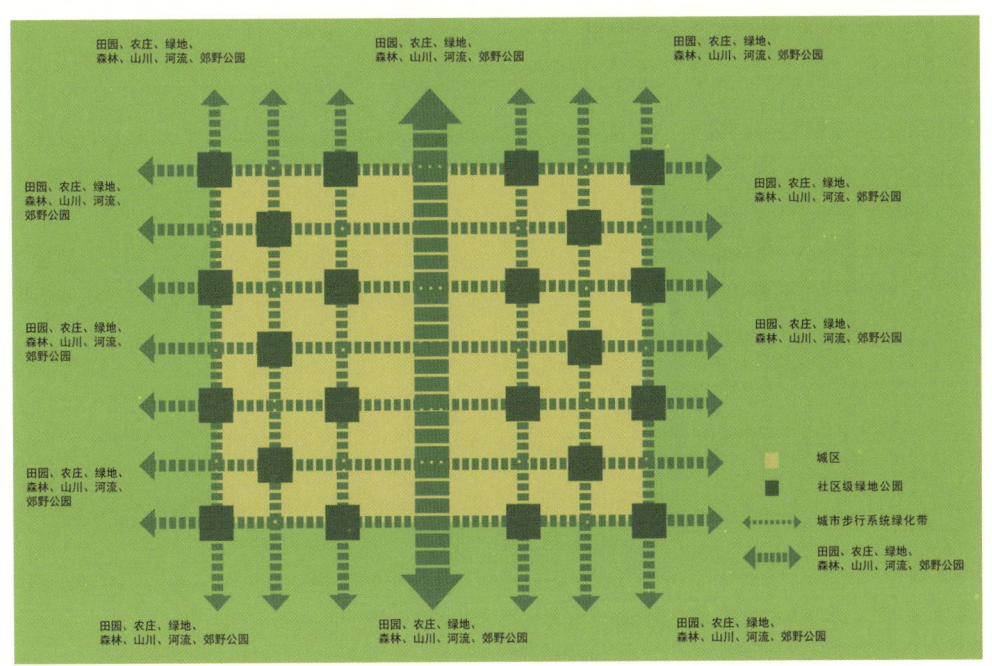

图 19-4 共享城市共同生态圈[1]

1. 图片来源：刘冰 / 设计．

（居住人口：500 -1000 人　用地规模：2- 4 公顷　人口密度： 1 万人 -2.5 万人 / 平方公里）

图 19-5 "共享城市"居住区的小区单元[1]

（居住人口：2000 - 4000 人　用地规模：8 - 16 公顷）

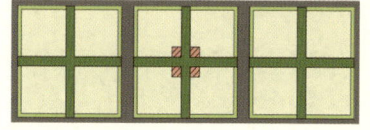

图 19-6 邻里级共享社区[1]

（居住人口：5000-10000 人　用地规模：24 - 48 公顷）

图 19-7 社区级共享社区[1]

（居住人口： 20000 - 30000 人　用地规模：100 - 150 公顷）

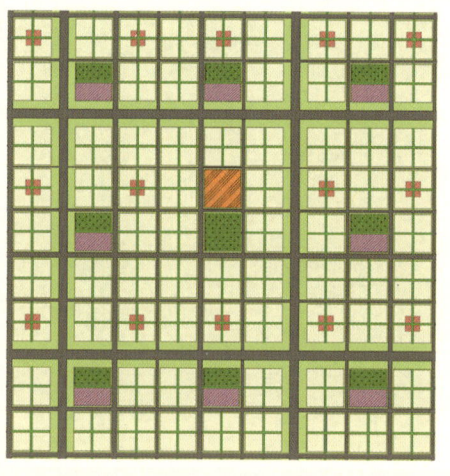

图 19-8 区级共享城区[1]

（居住人口 ≤ 27 万人　用地规模 ≤ 1350 公顷　人口密度：1 万人 -2.5 万人 / 平方公里）

1. 图片来源：刘冰 / 设计.

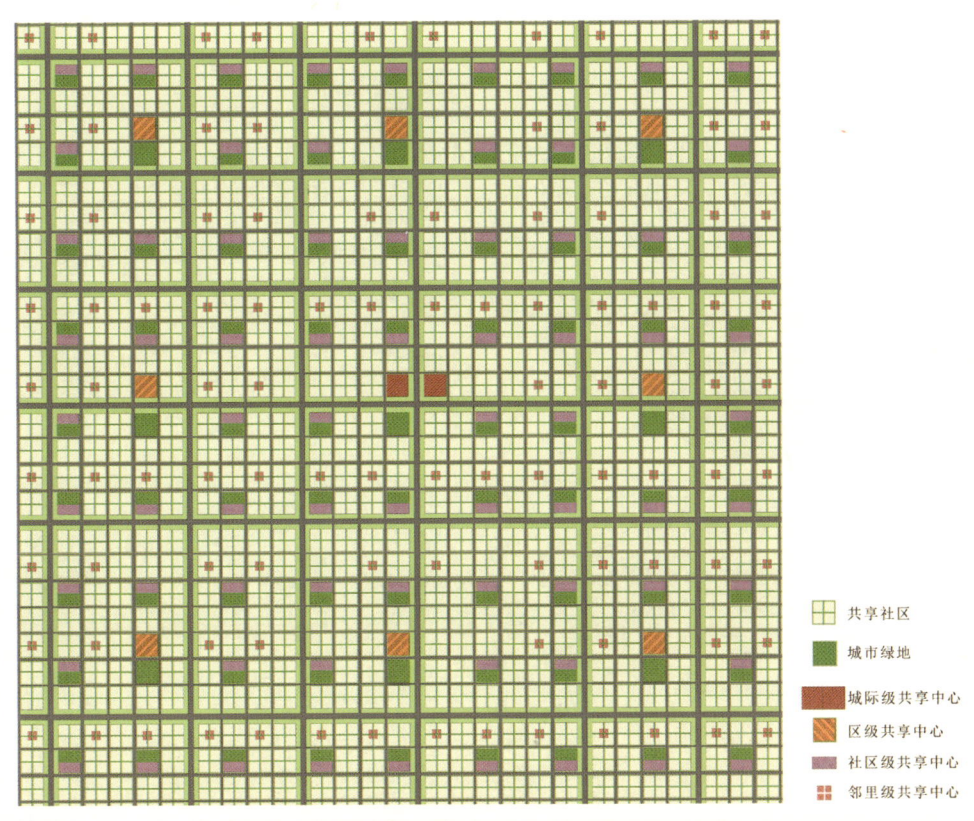

图 19-9 城际共享城区[1]
(居住人口≤240万人 用地规模≤12150公顷 人口密度≤2万人/平方公里)

1. 图片来源：刘冰/设计．

图 19-10 法国的拉德芳斯 CBD 的空间立体规划 [1]

1. 图片来源：刘冰 / 摄.

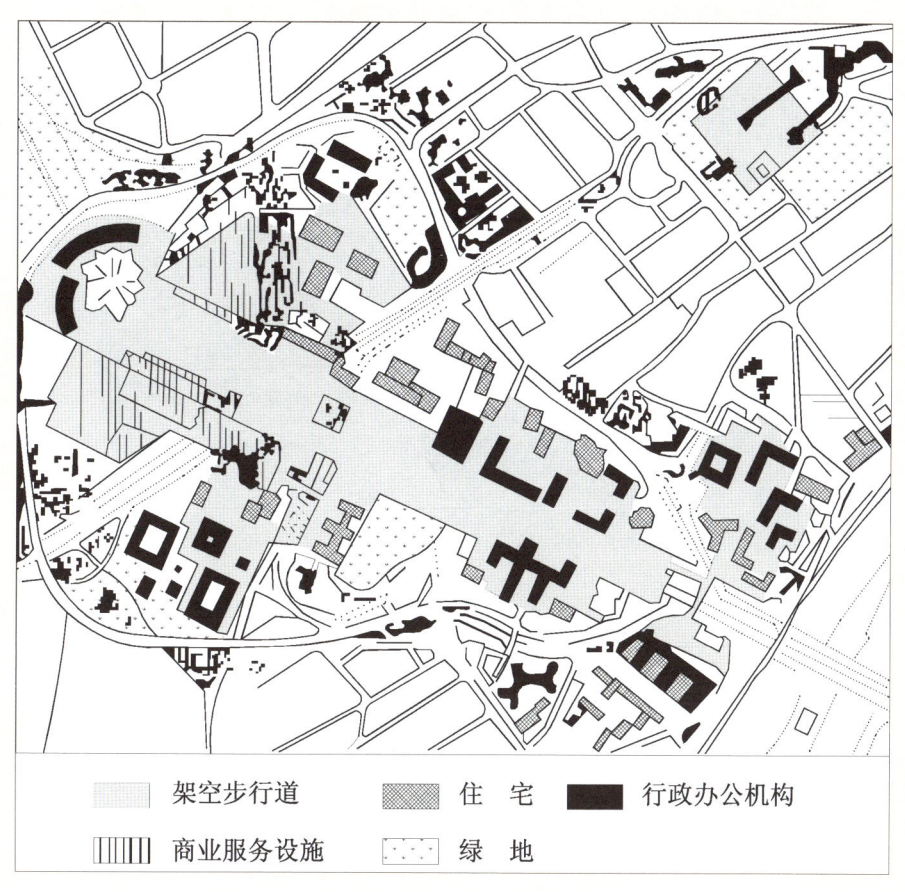

图 19-11 法国的拉德芳斯规划平面图

图 19-12 上海陆家嘴金融中心卫星图

图 19-13 现代的拉德芳斯与古老的凯旋门的空间衔接图[1]

---

1. 图片来源：刘冰/摄.

图 19-14 迪拜哈利法塔下的城市 CBD（1）[1]

1. 图片来源：刘冰/摄．

图 19-14 迪拜哈利法塔下的城市 CBD（2）[1]

1. 图片来源：刘冰 / 摄．

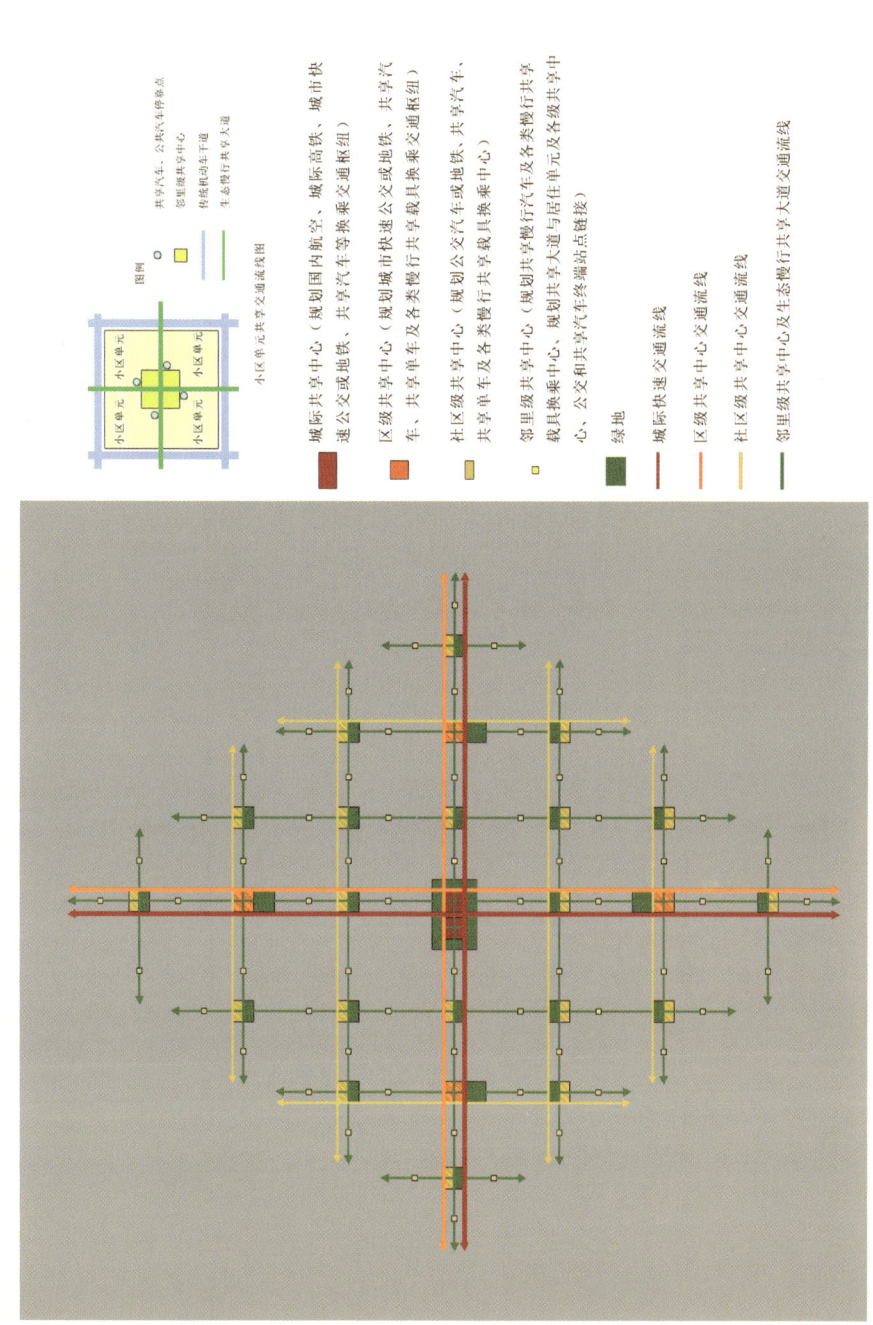

图 19-15 共享城市共享中心交通系统示意图[1]

1. 图片来源：刘冰 / 设计．

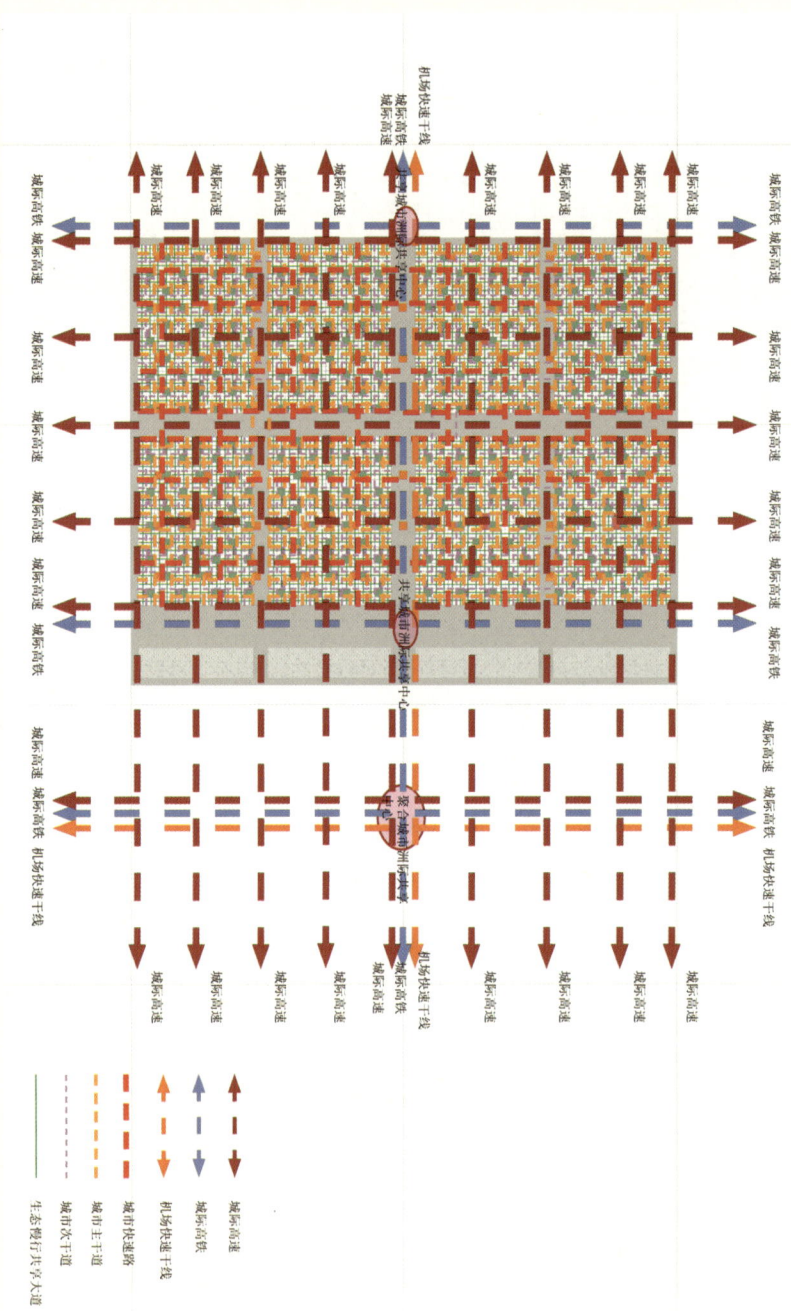

图 19-16 共享城市主要路网布置示意图[1]

1. 图片来源：刘冰 / 设计．

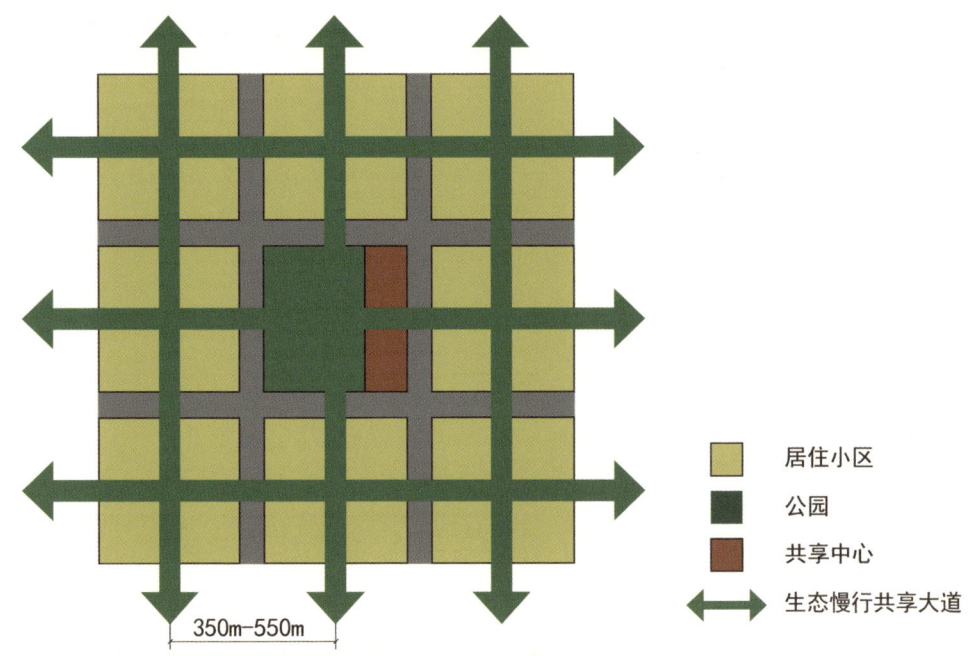

图 19-17 共享城市生态共享大道示意图[1]

1. 图片来源：刘冰 / 设计.

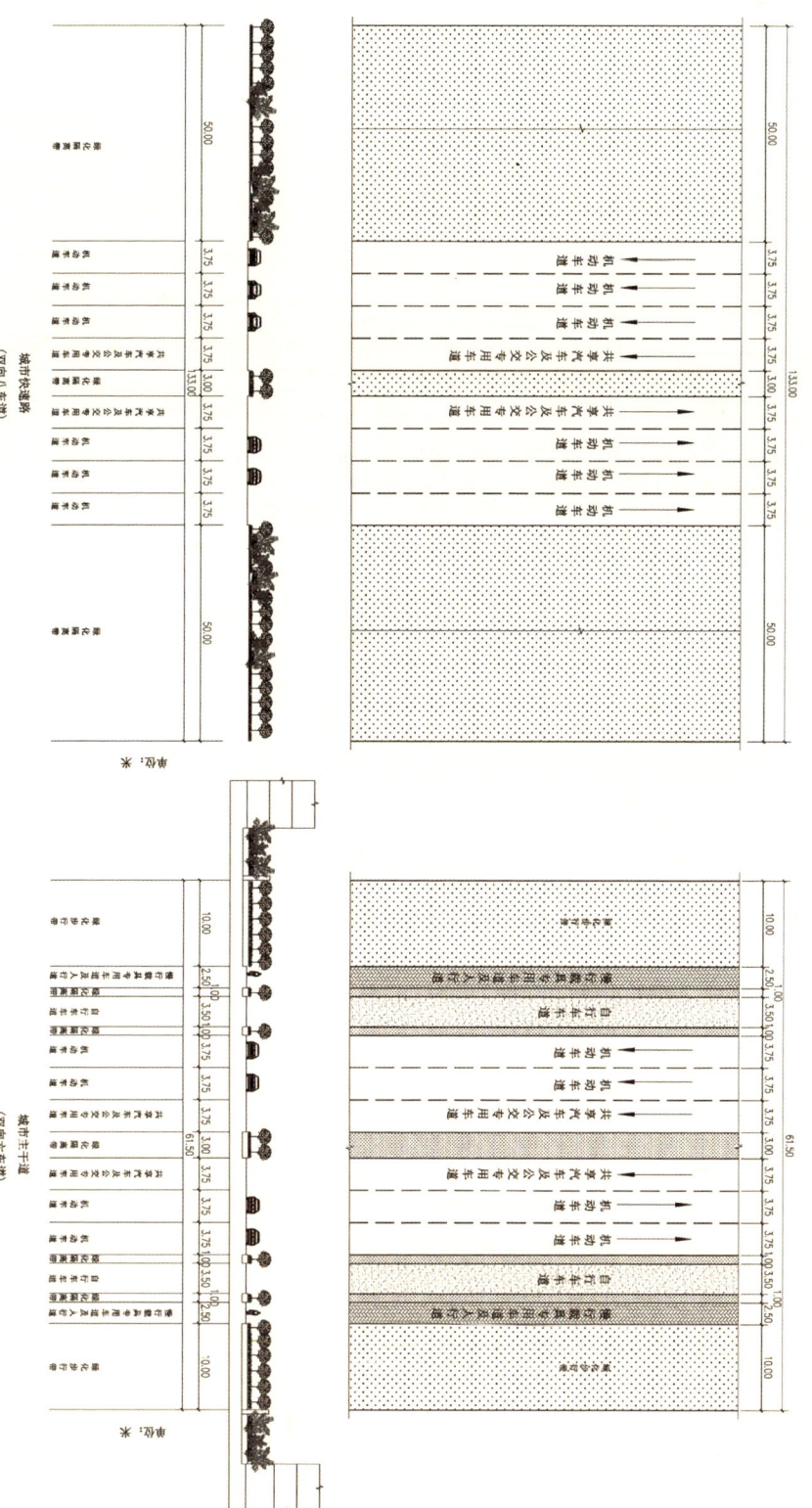

图 19-18 共享城市道路平面图及断面示意图（1）[1]

1. 图片来源：刘冰 / 设计．

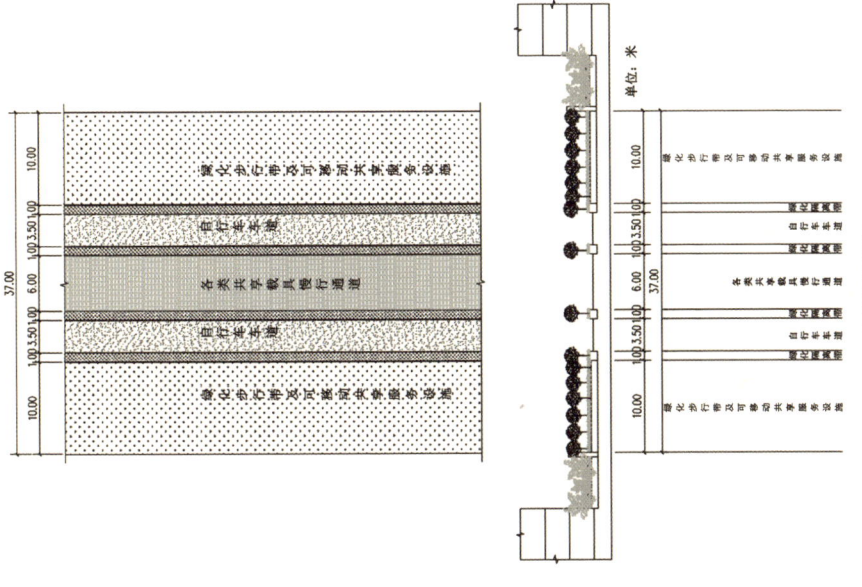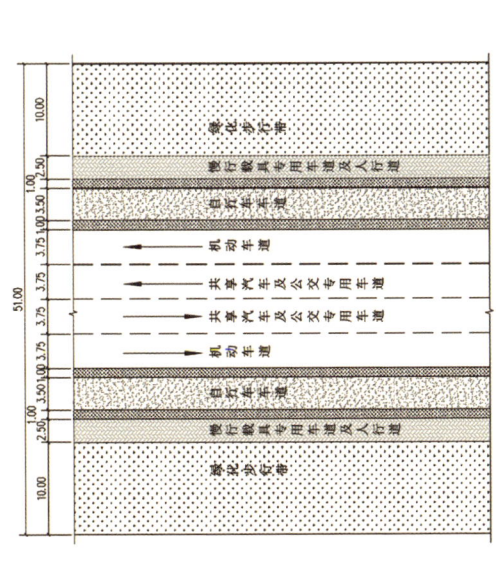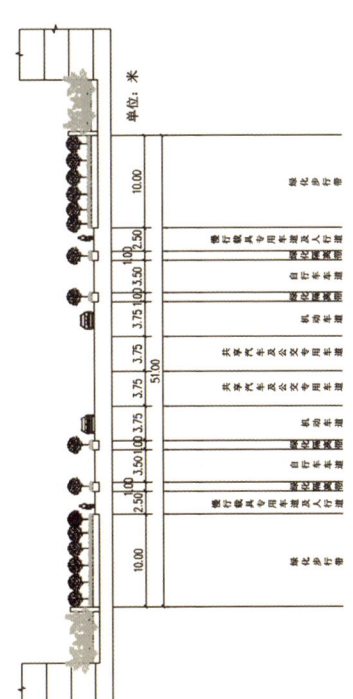

图 19-18 共享城市道路平面图及断面示意图(2)[1]

1. 图片来源：刘冰 / 设计.

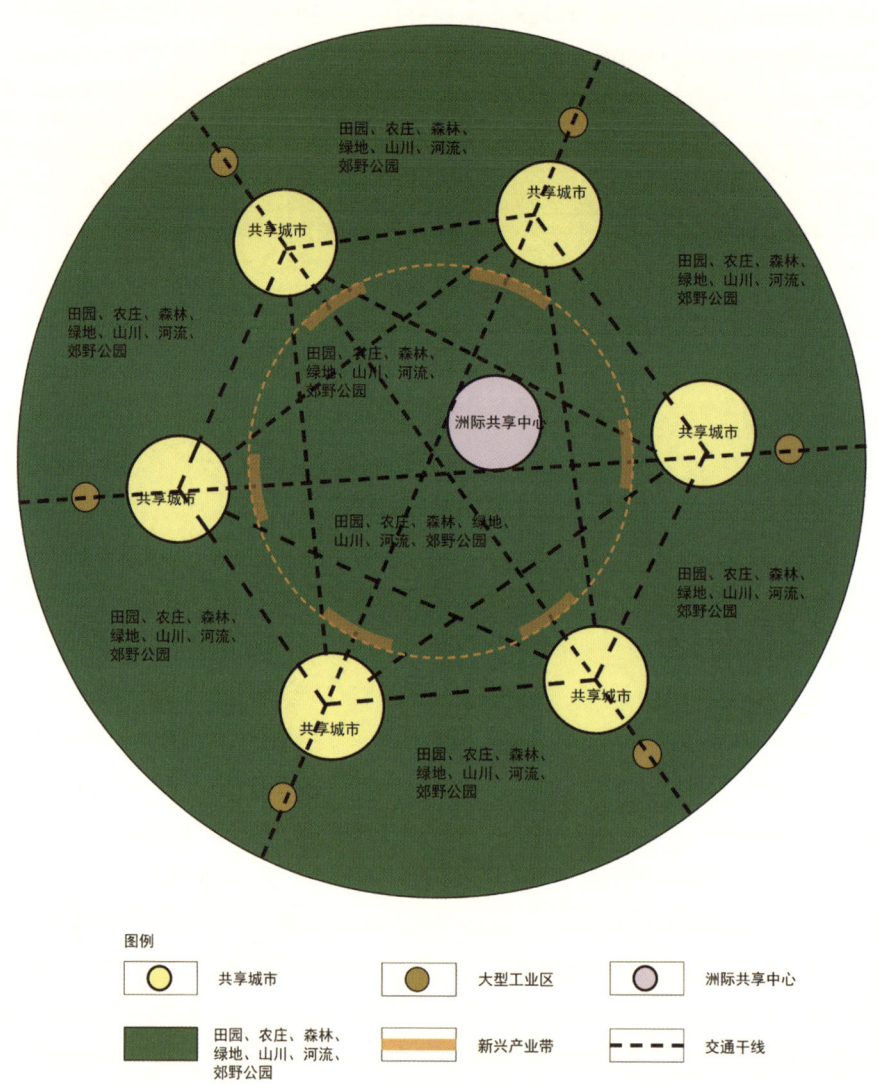

图 21-1 聚合城市模型（1）[1]

1. 图片来源：刘冰 / 设计．

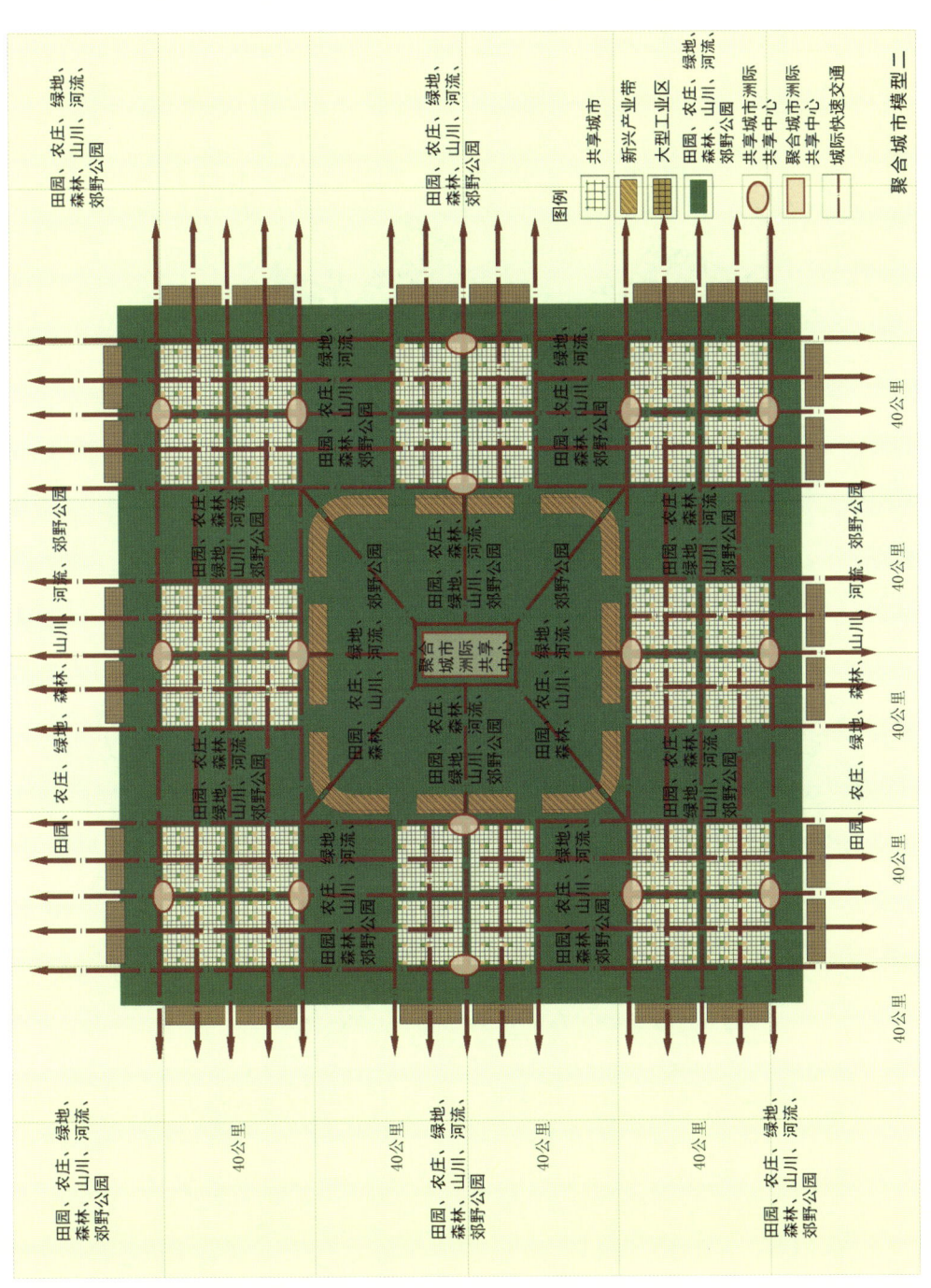

图 21-2 聚合城市模型(2)[1]

1. 图片来源：刘冰/设计.

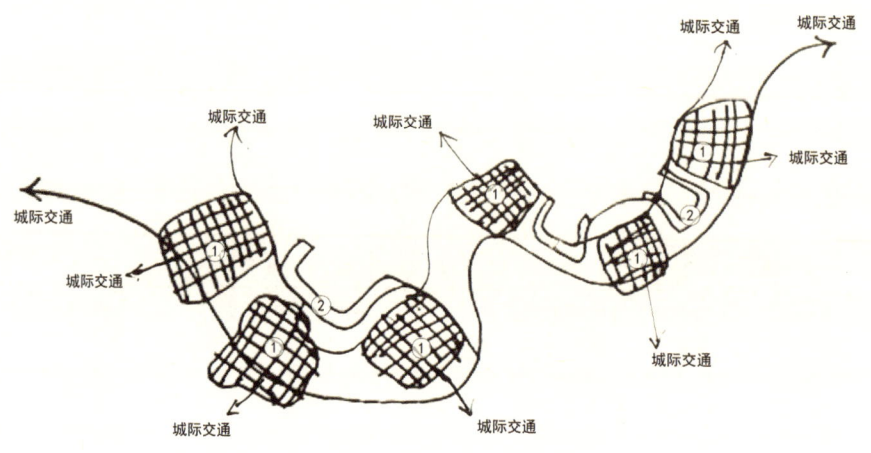

① 共享城市　　② 新兴产业园区

图 21-3　聚合城市模型（3）[1]

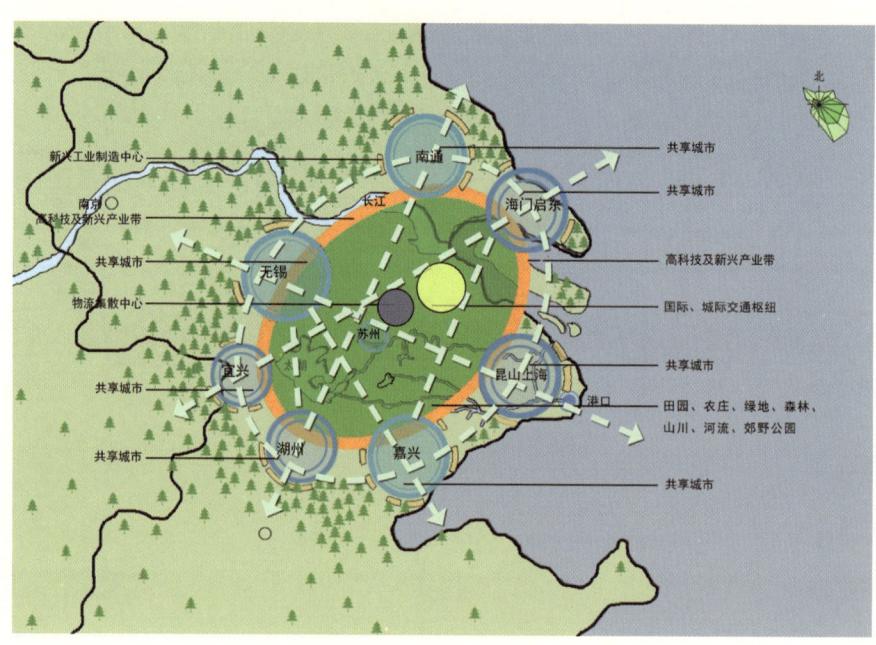

图 21-4　大上海聚合城市战略规划图[1]

1. 图片来源：刘冰/设计．

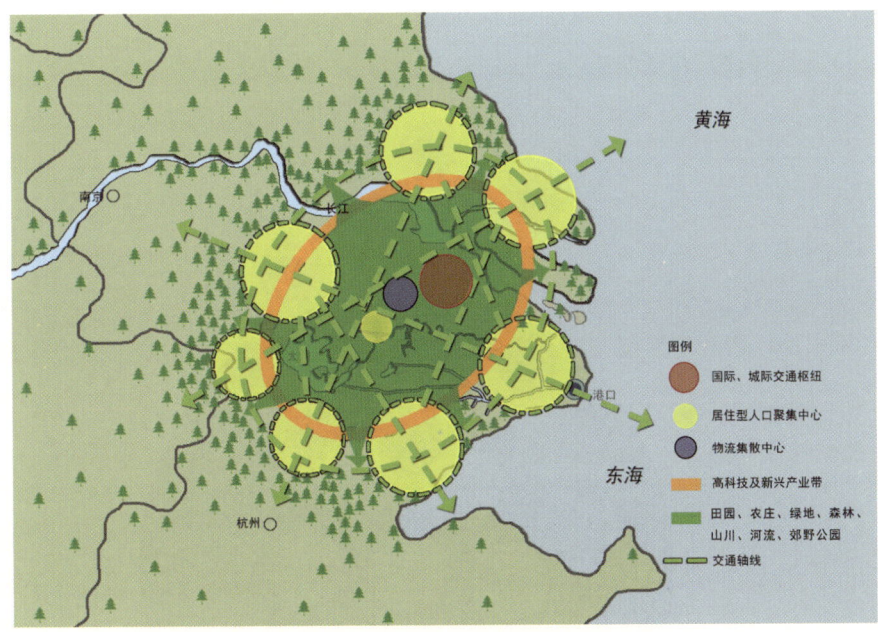

图 21-5 大上海聚合城市功能分析图[1]

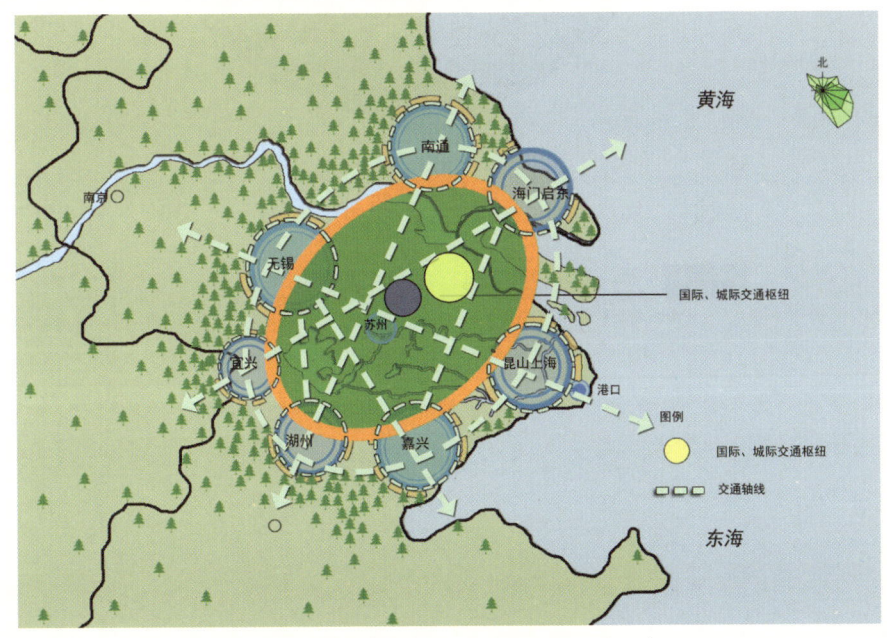

图 21-6 大上海聚合城市城际交通构想图[1]

1. 图片来源：刘冰 / 设计．

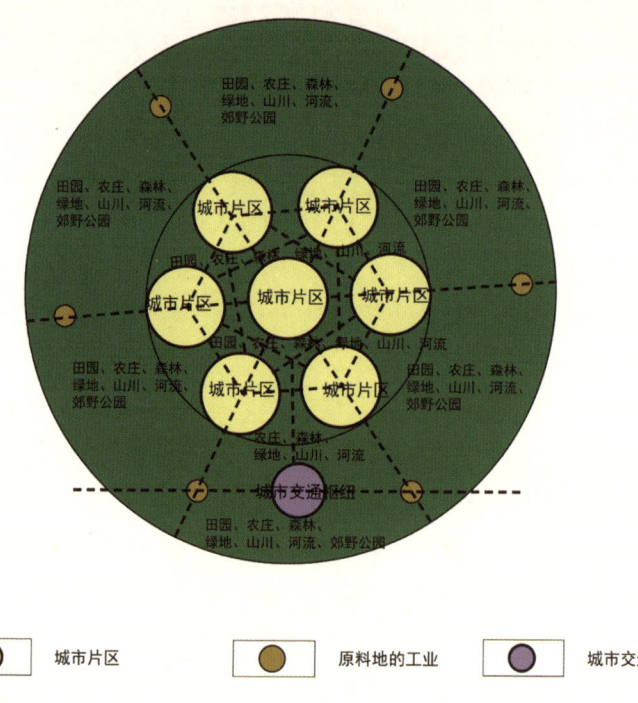

图 22-1 人口 10 万以内的小城市空间构想图 (1) [1]

1. 图片来源：刘冰 / 设计.

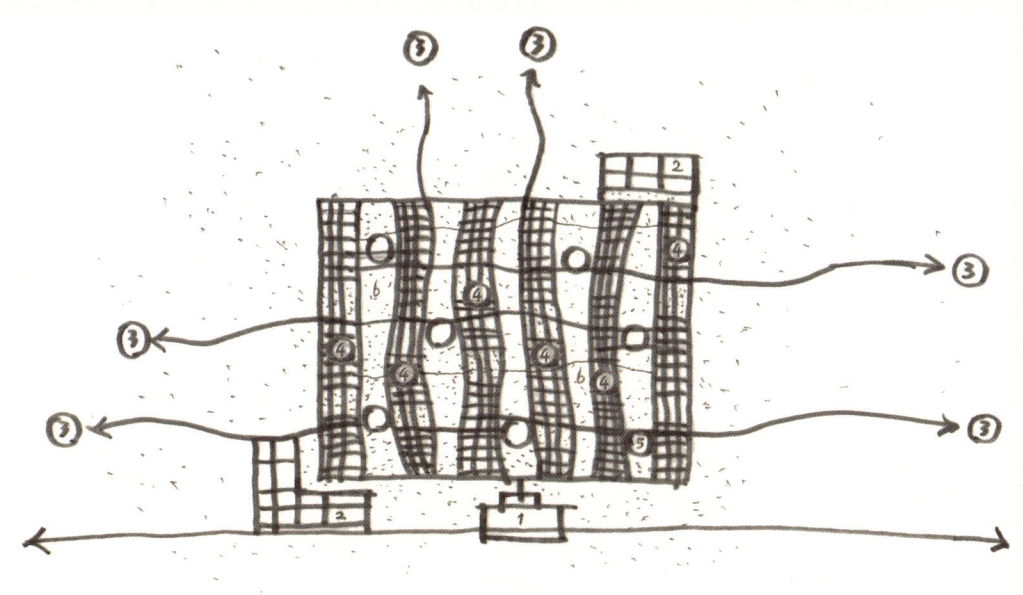

1. 城市交通枢纽　2. 对外贸易型工业区及物流中心　3. 原料地的工业
4. 居住区　　5. 公共服务中心　　6. 城市绿地

图 22-1　人口 10 万以内的小城市空间构想图（2）[1]

---

1. 图片来源：刘冰 / 设计.

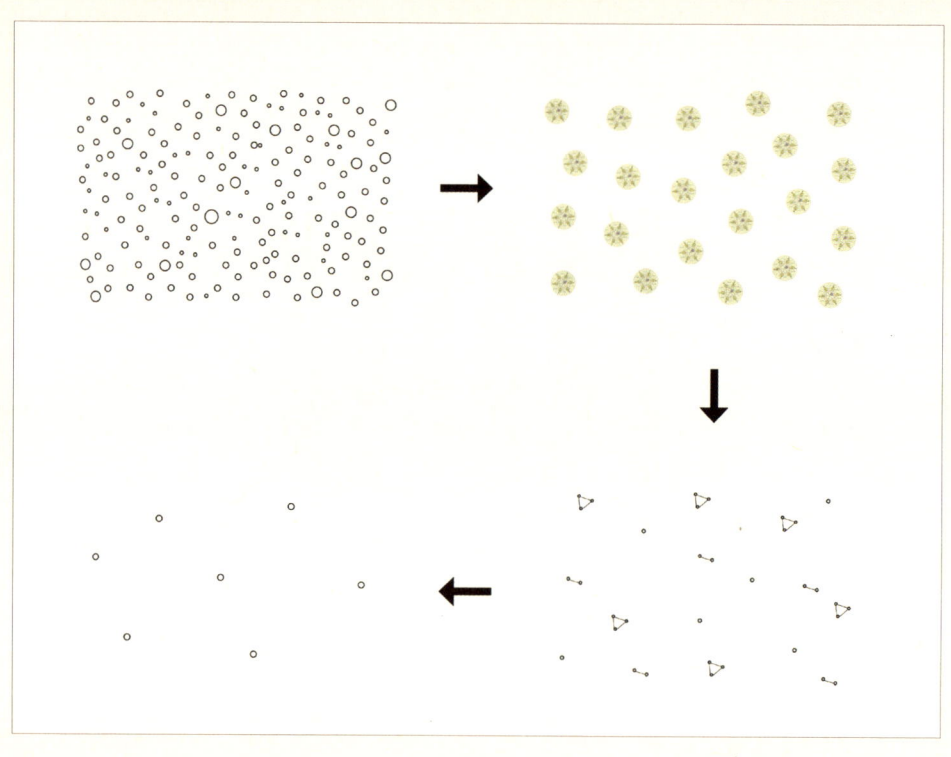

图 23-1 城市空间的演变 [1]

1. 图片来源：刘冰 / 绘.

序

现代国家的崛起源于城市的崛起，每一座伟大的城市都需要三个要素——经济体制、科学技术、国家体制的支撑。工业化时代，国家的竞争力取决于城市竞争力，21世纪的国家间竞争同样也更多来自城市间的竞争。要成为一个伟大的理想国家，就应创造理想的城市。但城市从来不是孤立的存在，解决城市问题同时也意味着我们需要同时面对与城市密切相关的那些人类因素与自然因素及城市诞生的母体——农业地区的问题。

21世纪初，作为一种经济增长方式，数字经济已经登上世界舞台。这种由第三代通信技术革命催生的新经济，并不具有任何资本主义经济或社会主义经济的属性，只是一种纯粹的价值创造方式。但是数字经济正在展现出前所未有的创造力和竞争力，第三次工业技术革命正在实现人类由信息互联走向万物互联，人类过去建立的所有线性的秩序将被更密集的信息及能量链接的空间颠覆，每一种单一的价值链面临来自更多方向链接和价值取向。信息与价值体系串联的时代正在转向并联时代，这将实现信息流速和集群创造效率指数级增长。众多传统领域的优势正在失去，如知识结构、技能、技术、经验、销售渠道、生产体系等，这些建立在过去垂直串联体系内的个人、企业或国家的传统价值体系正在被削弱或消失。传统的垄断体系开始被瓦解。

这给不同国家、企业、个人带来更多同台竞争的历史机遇。国家、企业或个人间的关系已不再是单一的落后与发达的完全竞争，而是创新与非创新之间的协同与合作，来自每个人或国家、城市的财富创造将获得个体之和大于总体的创造极限。一个更加有利于实现由分散的个体进行群体创造的时代到来。这其中最有说服力的表现是任何国家或个人都能够凭借个体创新融入全球经济链或群体创造组织中。这意味着无论是一个国家或是企业、个人，过去那种依赖于单一组织体系或者单打独斗的时代结束，链接、合作、协同、分享、共享、共有将成为新经济时代的主流。

事实上，对于一个国家而言任何经济范式所要面对的核心问题都是如何实现市场价值与社会价值的平衡、实现财富创造与公共福利最大化，以有效缩小收入差距，使人们可以脱离逐利与拜金主义困境，实现自由的、为个人理想创造价值的新生活。这实质上也是资本主义经济学鼻祖亚当·斯密与社会主义经济体系创始人卡尔·马克思所要实现的共同宗旨。因此，只有当数字经济融入这些普惠全人类的理想，数字经济才是具有真正价值的创造。否则，它极有可能将我们引向另一种极端。

但是我们决不要期望大多数人们、企业或国家可以自觉地基于这种具有利他主义的价值创造，而是第三代通信技术革命催生的新经济使人们必须将自我逐利的实现建立在与他人进行信息与价值交互基础之上，相比过去那些更多依赖垄断、自利创造价值的传统经济，新经济更多将基于分享、协同合作，这种需要将信息与价值创造实现交互链接分享与协同合作经济本身存在必然的利他性，这是基于其实现自我价值的必然而非人性使然。

自20世纪初，在资本主义世界就已出现与推崇无限逐利、功利主义的资本主义经济体制相左的"共享经济"思潮。为详细了解这种新经济理论，笔者研究了20世纪以来提倡共享经济的主要思想家，在"上帝让位给市场"的资本主义经济体制下，思想家们的睿智与勇气令人钦佩。同时人们也发现，思想家们的共享经济理念更应属于一种资源的利用方式，若要作为一种可以实现市场价值与社会价值最大化的严谨的经济竞争策略，还不足以抵御那些完全逐利、拜金主义等充斥着凶猛的人性缺憾的经济体制，还没能更细致地考虑到其相对于经济发展不同历史阶段的适应性，也没有完全与第三次工业技术革命的创造力相契合，至少从尚未实现全人类物质极大丰富的现阶段而言，"共享经济"更应属于一种资源的利用方式，否则极易过早成为失去激励并且失去创新动力的平均主义经济。相对于日新月异的第三次工业技术革命时代，要成为一种可以实现市场价值与社会价值平衡并且具有强大竞争力的新经济体制，只有"共享经济"还是不够的，还需要将那些普惠大众的智慧与能够实现效率极限的科技融合，并且还需要给予创造者们激励机制，建立一种公共福利最大化与数字时代的经济效率最大化更为契合的新经济体制，即"共有经济"（在文后详述）。

究其根源，经济问题就是人性问题，从来就不只是单一的物质创造、分配、交易。

经济问题终究是如何实现物质极大丰富、人们自由的创造价值并最终实现人性升华的问题。为此，亚当·斯密经济学寄希望利用自私自利、贪婪的人性创造市场和社会价值，马克思社会主义经济学致力于要通过改造这种人性的弱点，使人们自觉地创造和分配价值。但是我们更为关切的是：如果有一种技术可以替代或无需利用自私自利、贪婪等人性的缺憾作为驱动力实现价值的创造，并且这种技术也能够实现对于人性缺憾改造并能够使人们自律、自觉地完成力所能及的市场价值和社会价值创造、实现公平的分配等经济活动。这是否意味着人类将告别过去，诞生一种基于新技术革命的新经济？这显然是一个令人振奋的议题，并成为本书要探索的最具核心的问题之一"共有经济体制"。

在不同国家日益密切合作的 21 世纪，经济及不可再生资源利用与环境保护问题已不再是各个国家的自身问题，而是更加趋向"共同生存、共同安全、共同生态保护、共同发展"的人类命运共同体的构建问题，国家、企业、个人之间将不只是单边主义的排他性竞争，而是更多一些利他主义的协同与合作。跨越洲际的全球供应链正在构建超越地理边界的国家版图，它的核心动力就来自第三代通信技术革命创造的"点矩阵空间"。

通过对历史上的两次工业技术革命的研究，我们发现对人类财富创造效率带来根本影响的科技因素首先来自人类获得信息速率的不断提升。

第一代通信技术革命是印刷机器和电报的发明，这加快了人们以往通过书写并由传统马匹和邮差完成书信往来的信息传递速度。第二代通信技术革命实现了以电话、电视为媒介，实现了点对多的信息交流方式，但是还没能实现广泛的实时通信。在资本主义率先进入第二代和第三代通信技术交接之际，资本主义国家完成了农业人口向城市转移的城市化，主导了20世纪的经济发展。

以微电子技术创新及电子线路板、芯片技术为基础的第三代通信技术革命诞生了信息互联网，信息互联网实现了多点对多点的实时链接，指数级提升了以往人们信息互联的效率，并使过去传统的线性链接转向信息与能量各点更密集的空间链接矩阵，我们称之为"点矩阵空间"。

事实证明，每一次通信效率的提升都极大促进了人们财富创造的效率，人类信息互联的速率决定人类财富创造的效率。

越来越多的国家都在积极参与第三次工业技术革命，人们值守机器的工业化时代正在转向人机合一的智能时代。工业时代迫使人们成为工作效率的机器，数字经济时代将使智能芯片成为人类脑神经单元的重要组成部分，人工智能技术正在改写传统的工业技术时代，一个与数字经济息息相关的人工智能时代已经到来，人类正在将机器变成自身。成为真正的"超人"。

伴随人工智能技术的突飞猛进,人类试图摆脱肉体的束缚,不断与互联网、智能技术深度融合,逐渐步入"芯片人"时代。芯片人类每时每刻都以超越以往人类肉体的脑神经单元的信息处理与接收速率,建立广泛的全球链接和输入海量的知识体系。基于人们传统经验、知识架构、产权或资本垄断等优势的瓦解,此基础之上的传统经济时代将逐渐消失,转向通过信息与价值不断实时交互、具有自然的利他主义的协同合作,并在此过程中实现价值创造。这种创造过程本身具有利他的行为本质,基于共赢、互惠的利他主义是21世纪新经济活动的一种必然特征与趋势,今天的市场企业家若要更好的把握和融入新经济时代,就应在基于向社会企业家逐渐过渡与融合的过程中创造价值。并且要清楚,这是新经济时代的必然,与高尚无关。

共享率决定资源与空间的利用效率,也将决定城市运营的效率。对于积极参与第三次工业技术革命中的中国,城市通过空间与资源实现聚合与共享,将利于资源及其空间的集约化利用效率,建立利于提升创造效率的一体化区域经济。但是,当共享率到达更高的顶点之时,人们的价值观将发生逆转,即人们对于物质的拥有权将让位给使用权。这将改变城市物质、空间存在的秩序,城市主体功能区空间将变得更具弹性、功能可以更加复合,空间和资源将通过聚合实现共享利用效率和便捷度的最大化。

点矩阵空间涵盖所有的价值链,若从经济角度,市场的终极竞争将主要是点矩阵空间的竞争,各种价值链、供应链竞争结果是由最初的个体垄断走向彼此合作、融合共有的点矩阵空间,最终实现市场价值与社会价值的平衡,这是数字经济的特质与趋势。在点矩阵空间内,互联网实现了人们信息的实时互通,物联网实现了价值互联,能源互联网将为实现人类分布式群体创造奠定基础,区块链技术将实现人们的互信。而经济实质是一种可创造财富的关于信任的游戏。事实上,人类历史从未真正实现人们信任的机制,信任是人类创造未被开发的潜能。显然,能够实现人们互信的

21世纪技术革命将使人类创造步入巅峰。

快速发展的3D打印智能技术与能源互联网融合，将更加广泛地实现人们分布式群体创造，融合点矩阵空间的共有经济体制将实现财富创造的效率极限和公共福利的最大化，并且能够有效化解必将到来的"技术性失业"导致的贫富快速分化和价值再分配等社会问题。我们有理由相信，21世纪上半叶，人类将再次涌现颠覆历史的力量，创造人类历史财富总和的指数级增长；人们将基于命运共同体共识，展开全球化协同与合作，共同实现理想生活。

为了能够确立一种更为全面的、实现人们理想生活的经济体制，我们对两次工业技术革命以来的经济与科学发展进行了系统研究，发现：19世纪以来人类经济始终在两种"主义"的经济体制不断完善和彼此融合的过程中发展。功利主义的资本主义经济创造了人类有史以来最辉煌的100年，也将人们带入"熵"的时代。越来越多的事实证明，亚当·斯密继承者们的功利性、单边主义经济全球化带给人们更多的只是一种幻像。在无数思想家们的激情与哲思中，第三代通信技术革命带给我们两种"主义"经济体制之外的更多选项——这其中我们认为最能够实现经济效率和公共福利最大化的是本书诸多经济论点之一的"共有经济"。因为它既利于激励个人和发挥群体创造的效率优势，又具有灵活精准的市场触觉。

事实上，共有经济早已广泛存在于众多国家经济活动之中，如盛行于美国的众筹经济、合作社经济等，也存在于一些国家或区域经济联盟组织体系之中，如金砖国家合作组织、大湄公河次区域经济合作机制等。甚至在德国和日本盛行的混合经济组织中，也时常体现出国家与私营企业主对于企业管理以及权益的共有现象。

世界经济基于海量的信息与价值链接正在呈现更加复杂的多元化，如混合经济、合作社经济、共筹经济、共享经济、基金经济、区块链经济等。

在 21 世纪，它们表现出的共同内质愈加趋向于一种群体创造、权益共有的机制——即更加需要通过相互协同合作、实现个体创造之和大于总体的共同经济效率，从而实现资本价值与社会价值创造的最大化，并且将更多体现对于资源共享的必要性，而这一切的实现都源自第三代通信技术革命如同血液一般被注入其中。我们将以上这些因素的共同体称为"共有经济"——它既具有激励的机制和发挥群体创造效率的优势，又具有灵活精准的市场触觉，并将能够实现普惠的公共福利最大化。共有经济是市场经济、计划经济、共享理念与第三代通信技术革命创造的"点矩阵空间"（信息互联网、能源互联网、物联网、区块链、大数据）的聚合体。

越来越多的事实一再证明，点矩阵空间改变的不仅是经济方式，还在迅速改变国家间利益版图和城市空间架构以及我们每个人的生活方式。它与任何传统的秩序实现链接融合就将颠覆或诞生新的秩序。它与人工智能技术结合就可以实现更多资源与空间共享利用，它与传统产业融合将颠覆传统产业的劳资关系和创造模式。物联网正在重新配置城市功能空间，将重新定义国家与城市空间的新格局。

因此我们将无法利用旧经济时代的规划理念面对新经济时代任何国家与城市的规划与发展。但是要在历史与未来之间建立起一种理性的符合人们理想的空间，创造理想的国家、城市与生活方式，我们除了对于城市三大要素的深入研究之外，对世界近代城市与乡村发展历史也有更多了解。当然还更广泛地关注了那些与国家和城市发展问题相关联的方方面面。

我们注意到数学家们通过博弈论证明了"均衡点的存在"——事物之间实现某种均衡是获得可持续发展的必要条件。我们在本书中探讨了博弈论对于城市空间的影响以及那些同样也关注到这种联系的规划师们的思想。

要实现整个国家、城市、农业地区的可持续发展，就应建立科学技术、经济体制、城市体制与农业地区等各要素之间的有机联系，寻求各个元素及不同利益方的均衡点。这个均衡点就是本书提出的"聚合城市"。

规划建设聚合城市的宗旨是要实现农业地区与城市空间均衡发展、共同繁荣，构建田园生活与当代都市生活的共同生态圈。在农业地区恢复其自然地理、生态属性和现代农业经济，恢复和保护历史文化城市、村镇等不同特色的历史空间。在城市空间实现人们发展与环境、工作与生活平衡，生态健康、并可以摆脱逐利与拜金主义困境、自由创造价值的城市新生活。

在广阔的国土上，通过收缩大多数分散的、不具备资源承载力、人口处于流失的中小城市空间和资源，在宜居地区、具备资源优势、拥有相近的文化、经济、地理属性的城市实现空间与资源聚合发展；集中农业地区分散的土地，发展现代化农场和庄园经济，提升农业地区经济价值和创造效率。

对于资源的集约利用已成为全球共同生态圈保护共识，共享率的提升意味着资源利用和经济效率的增加，"共享"作为一种更好的资源利用方式完全可以成为城市空间发展与资源利用的重要原则。因此我们定义未来的"聚合城市"也将是"共享城市"，而将经济、科技、人力资源及空间资源实现聚合正是实现共享率最大化并最终实现市场价值与社会价值最大化和城市空间均衡发展的有效途径。未来，聚合城市将成为具有抵御经济风险和强大竞争力的全球超级城市。

刘冰

2018 年 3 月 28 日

前 言

每个人所长期从事的职业往往会带给其一种观察事物与思维的定式。基于对城市经济学、空间规划设计及建筑学的长期学习与研究，我们更加乐于深入世界各地，关注地理、经济、文化、科技、军事、政治等因素带给城市和人们生活方方面面的影响。

很多时候人们对于某些问题的感悟来自问题之外，比如研究国家体制、城市体制或经济问题就往往是从一条河流开始。水作为分布最为广泛的生命之源，在地球表面纵横交错，蜿蜒曲折的河流构成了最为原始的生命链与利益链网络。这些遍及全球的生命之链自古以来鲜有被经济用以逐利而垄断，使人类能够择水而居，实现价值创造。在这些生命链上的人们即使存在利益竞争，也基本能够保持一种非敌非友、接近共享的默契。

我们发现越是那些能够普惠人类的物质，就越是需要接近免费并能够被更多人使用，才能够实现更多的价值创造。这种遍及地球的生命之链如此，难道暗藏于地下的石油和无形的互联网以及住宅、教育、医疗等普惠人类的供应链不应如此吗？

事实上那些自身并不需要多么高深的技术，而是近乎完全凭借庞大资本胜出，并基于公众数据信息的数字经济网络平台也可称为"数字的河流"，如同那些遍布地球的河流和石油，都属于能够普惠人类的共有资源，如阿里巴巴、京东、Facebook 等，他们越是接近免费和不被垄断，就越是有利于人们实现物质创造的效率极限。

人类能否基于第三次技术革命构建一种全人类共有共享的利益与生命之链，一种普惠的新经济，从而结束利益纷争与掠夺战争？这是本书所要探索的核心问题之一。

在北美大陆，水量丰沛的圣劳伦斯河滋润着肥沃的黑土地，养育着加拿大人。加拿大历史文化最为悠久的城市蒙特利尔依山傍水而建，得天独厚的地理资源优势、人文荟萃与良好的公共管理和社会福利体制，使这座城市闻名遐迩。若要更为全面地感知它，就不能停留在美丽富庶、人口密集的圣劳伦斯河两岸，最好是走进它的腹地。

自蒙特利尔向北极方向，沿着魁北克政府努力向北拓展旅游事业的沙土路面，经过 600 多公里无数丛林和如镜湖泊的无人区，就会到达丛林深处一个依水而居的印第安人村落。这个叫做 Manawan 的自然村落，不足 50 户人家，居民们讲法语，配置有设计现代美观的学校 (图 前 -1)、政府办公楼和警察局 (图 前 -2)、一个加油站和小型超市 (图 前 -3) 以及一个非常环保的小旅馆 (图 前 -4)，物价与蒙特利尔完全一致。这里人们没有种植任何作物，地方产业有一个小型木材加工厂和算不上完善的旅游业，居民也会自己制作一些手工艺品，为了保护印第安人的狩猎历史，政府给予印第安人持枪狩猎许可，并给予一定的政府补助。许多居民都拥有森林越野车和小艇，看上去日子过得不错。

17 世纪初，这里逐渐成为法国殖民地，火枪手消灭了投掷铁矛的壮士，但真正使印第安文明灭亡的是对其从儿童教育开始的语言灭绝。今天印第安文明已经成为这个村落的历史以法语书写在墙上。

不由得感叹殖民者当年翻山越岭、深入这原始丛林深处开疆扩土的意志。

世界历史上的胜利者有些是非正义的一方，而非正义的胜利者也会通过自我进化成为一种推动进步的文明。但是这种进化的过程表现出的是弱肉强食的动物本性，因此人类更完美的进化应保证利剑被基于共同命运，共享共有等普惠思想的正义方掌握。

这里具有亚寒带气候的标准特征，虽然降雨量很低，但是由于月平均气温只有零度，低蒸发量使这里依然能够保持湿度。继续往前就没有较为宽阔的沙土路可行，多是狭窄的印第安人狩猎使用的小型四轮森林越野车道。沿途水草丰茂，沼泽与蔚蓝的湖泊遍布，渺无人烟。湛蓝天空下迷宫一般的针叶林，间或有稀疏的鸟和蛙鸣声衬托出周围死亡般的寂静，和着被雷电击中燃烧后的枯树苍穹、满目凋零，驻足其间犹如穿越洪荒时代的侏罗纪（图前 -5）。

这个时代真正阻挡前进的不是环境的艰险，而是互联网信息的中断。手机和导航、工作电脑成了毫无用处的摆设。行走在这变幻的风景深处，与工作、熟人及所有熟悉的世界彻底失去联系，彷佛步入世界的尽头，在万物互联的世界里，被工作效率支配的人们已与网络信号的数字流难以分离。但是此刻，我忽然感觉到其实河流与道路并没有尽头，每一条流尽最后一滴水的河流并没有尽头，是因为它已化作新的生命，对于探索者来说，道路的尽头是一场新的开始与拓展。

始自北美五大湖的圣劳伦斯河水穿山越岭日夜奔腾不息地流入大西洋，维系着蜿蜒千里的生态链，两岸成为加拿大最富饶的森林、牧场、良田。在它的上游向西是濒临西太平洋、被墨西哥丢失的广阔的北美沙漠绿洲，从洛杉矶到旧金山，随处可见的西班牙风格建筑，很容易让我想起这里的历史，我相信如果当年曾被西班牙殖民的墨西哥知道地下蕴藏着大量石油而并非只是表面的沙漠荒丘，绝不会轻易地拱手相让。在这里有水的地方才可以有城市，没有胡佛水库就没有拉斯维加斯。始于西部大开发时期的大量城市建设，需要在科罗拉多河上游建设更多的水库以满足城市用水需求（图 前 -6），但正是这些水库导致了科罗拉多河水流尽最后一滴也未能流入太平洋，上游的旧金山、洛杉矶、拉斯维加斯等众多城市生活和工业用水大量使用,导致了河水含盐量增加与水质污染,大量蓄水库的建设延缓了流速,增加了水量的蒸发和渗漏,曾经充满绿野和生命的中下游及三角洲逐渐盐碱化或成为沙漠,大量鱼类及其它物种灭绝,自20世纪40年代美国西部大开发,科罗拉多河及其广袤的中下游地区逐渐面临共同的生存危机。

从空中望去,褐色的大地上零星的黑色圆点并非是秘密的军工厂,而是采用滴灌技术的农业种植园,这里的墨西哥后裔和美国农民们以此为生(图前-7),除此之外便是无尽的荒芜,这种河流与城市及农业地区间的发展关系及其带给生态环境的影响与中国黄河流域及西部发展与环境矛盾问题有着诸多共性。对于中国西部大开发,我在2015年的著作《世纪之城:中国城市规划再出发》一书中曾基于环境因素和经济因素对于城市发展的制约,提出限制西部城市总体空间规模及限制其工业经济发展规模的策略,针对国家区域规划实施城市空间及经济、人口向宜居的东部发展转移的西退东进战略。

对于水资源及河流生态保护与开发观念的不同选择,影响着国家空间规划与城市空间发展的总体格局。

科罗拉多河是美国西部的母亲河,是包括3000万人口和那些濒临灭绝鱼类等多种生物的共同生态链,科罗拉多河水决定了这里的一切。围绕这条2000多公里的生态链,为了争取赖以生存的水资源,生态链上的美国西部各州及墨西哥之间争执与官司不断。美国曾提出购买五大湖丰富的水源,但是担心破坏区域生态平衡的加拿大政府毫不犹豫地拒绝了美国。美国西部城市崛起的大开发导致了科罗拉多河流域生态环境持续恶化,水资源一直成为该流域争执的焦点。但是总体而言,无论是北美科罗拉多河流域的美国和墨西哥、亚洲的雅鲁藏布江上下游各国、湄公河流域的东南亚各国,还是亚马逊河、多瑙河等诸多流域的国家,都能较好地共享这些人类共同的自然资源。

当资本主义经济率先告别农耕时代,步入石化能源主导的机器时代,人类对于河流这种利益链的共享传统开始被对于石油的豪取强夺所替代,石油供应链逐渐处于无限逐利的霸权垄断,这种供应链的争夺成为全球区域发展与纷争的焦点。

20世纪末,延续近百年的石油垄断与战争日益胶着之际,人类正在悄然崛起另一种无形的能量流动之链——信息链。在21世纪初,它正在超越一切传统的力量构建全球新的价值链——物联网和区块链。互联网实现了人类信息的互通,区块链正在建立人类世界的互信,物联网正在超越人类信息互联,实现人类物质与价值交换互联的效率极限。第三代通信技术革命正在实现由链(价值链、信息链)向空间(点矩阵空间)转变,时间正在被空间扭转,数字流正在带动能量更加快速地发生交互融合,并将使不同能量创造物质的效率到达极限,事物的秩序或将由这种数字流链接的点矩阵空间重新界定。

21世纪的国家要实现经济效率最大化需要做到以下几个方面:

1. 应实现本身基于公众数据的数字流接近免费利用的最大化普及,比如将阿里巴巴、京东、腾讯、滴滴打车、亚马逊、脸书等各类互联网、物联网中介平台通过国家干预实现接近于免费使用,或者将其转变为公共资源,以实现能量点的快速、广泛、高效率的链接,将全社会分散的个体(点)快速构建成为点矩阵空间,实现个体之和大于总体的群体创造、全社会物质创造效率的极限。

2. 21世纪计算机的计算速度和资源共享率决定经济效率,应基于信息技术与人工智能技术实现各类能量点获得更快的交流速率和共享利用效率。如通过实现全国甚至全球范围内更多计算机实现并联工作或提升芯片技术等提升计算速度,通过国内人口的自由流动、全球人才的自由流入实现人力资源的共享,通过物联网、各类共享平台经济等实现各类资源的充分共享。

3. 积极参与到第三次工业技术革命创新进程中,构建全球化的点矩阵空间的基础设施,(物联网、互联网、区块链)实现信息技术、人工智能技术、人类生命科学技术与经济和国家体制高度融合。

当华为、苹果手机开始每年两次的新品发布会，聚合更多功能的手机时常让人们感觉被广告骚扰却与人们愈加难以分离。当人们通过手机随时拍摄照片、浏览视频，通过网络自由消费和进行资金存汇，照相机、摄像机、计算器、纸媒、大型娱乐游戏设备等产业开始被颠覆或消失，钱包开始滞销，银行卡连同更多银行网点开始逐渐消失，阿里的超市已经不再需要收银员，全球银行业等众多传统行业悄然崛起退工潮，金融业等众多行业的格局开始被改写，那些曾经门庭若市的传统商业和卖场如今门可罗雀。当人们无需再去寻找一部台式电脑而可以随时利用手机浏览数字图书馆，更多书店开始搬进咖啡馆。越来越多的传统企业主陷入迷茫甚至企业关闭的困境。

伴随时速可达音速的超级真空列车技术日趋成熟，时速抵近飞机的高铁普及，无人驾驶汽车、各类共享交通的实现，人们发现，曾因不具海洋地理优势而陷入衰退的那些内陆城市开始重现生机。万里之外的波兰、吉尔吉斯坦、土库曼斯坦、哈萨克斯坦等众多欧亚内陆国家亟待出口的商品，现在仅需航海运输一半的时间即可运抵成都、郑州等亚洲大型内陆城市，并在 48 小时内输送至中国及东南亚市场。高速铁路正在改写城市空间的历史格局，空间设计师们不得不重新开始构想城市新空间，技术革命催生的跨越全球的供应链正在重构世界城市版图。

2018 年 6 月国际移动通信标准化组织 3GPP 在美国圣地亚哥宣布 5G 的第一阶段组网标准，预计在 2020 年网速将达目前 4G 网络 100 倍以上。5G 网络的时延将从 20 毫秒缩短至 1 毫秒，全面增强的互联网带宽和超越人类神经单元的响应速度，令人工智能在众多领域开始超越和接替人类成为现实，将使无人驾驶汽车、智能机器人等更快更安全地普及，视频系统、终端感知系统将真正实现实时通畅，为实现城市生活、生产智能共享化提供可靠的技术支撑。通信技术革命正在信息、能源和物质领域颠覆传统经济秩序、城市空间、人们的价值观，它们开始需要空间设计师和经济学家们赋予新的存在秩序、价值体系和经济模式。

诸如手机此类的信息终端装备越加微型化、智能化地贴近人们，人们便可以越加快捷、实时、自由地利用生活或生产所需要的资源，而不断被技术更新淘汰的装备将使未来人们对于资源的使用价值超越对其拥有的价值预期。

当我们还在评估互联网、物联网、区块链所形成的虚拟空间存在及创造力的极限时，建立在虚拟空间的商业帝国阿里刚刚完成对中国零售商业巨头大润发的收购。大润发集数十年积累的庞大规模、丰富的经验与雄厚的资本战胜所有对手，却在毫无此类商业经验的数字公司面前不堪一击。第三代通信技术革命无情地颠覆人们曾经的经验和资本构建的经济体系，大数据的聚合、算法与分析，价值与信息双重传输的信息技术以及物联网的快速发展，更替了传统企业曾经视若生命的"经验""销售渠道""资本垄断"的重要性。系统正在通过手机实现跨越国界的全球贸易和消费、服务等交易。第三代通信技术革命对于传统经济的颠覆开始在世界范围内快速弥散。

当技术更新周期的速率超越自然季节的轮回，带给我们每个人安全感的那些经验和曾经稳固的知识结构不断受到来自技术进步的淘汰而必须不断地被迫更新，这给人们带来某种不断超越的兴奋惊奇，也带来无形的压力和不安的惊悚，因为技术革命创造了效率也正在摧毁构成我们自身视若能力的经验和过去的知识体系。

恒定的时间相对与其长期共存的事物或规律被快速更替，令人们感觉时光仿佛被无形的力量压缩，人们真实地感觉到时间变快了。

阿尔伯特·爱因斯坦的相对论很好地证明和解释了数字信息的流速与参照物之间的变化，导致更多人心理压力骤增且感受到时空错觉的存在。信息流速率的指数级增长，在瓦解了我们过去的经验和维系我们自身安全感的知识结构的同时，也能够实时带给我们海量的知识和能量，使任何个人或企业都有机会凭借这种快速的信息流所传递的价值成功实现跨界链接与发展。数字时代，跨界与链接既是一种必然，也是一种通往成功的有效路径。

人们发现可以远离那些车水马龙的现实世界，生活在数字的虚拟空间里，虚拟空间的力量越来越超出我们的想象力。人们信息互联的方式已经从过去的信息和能量点对点的单链方式发展到实现无数点之间的实时链接，数据信息及能量传输从过去单一的线性传输正在转变成为密集点的矩阵传输。但是想要准确具象地将这种虚拟空间带给我们和城市深刻的影响力表达清晰，我必须为这种令人敬畏的虚拟空间给出一个具体的称谓，我们后来将其归纳为"点矩阵空间"。

当人们越是深入其中，越发感觉到一种史无前例的来自数字虚拟世界的力量正在吞噬着我们的城市空间。在世界各地看到那些人去楼空的厂房和路边商店，忽然间感觉到传统的城市空间开始塌陷或隆起，一些城市正在经历人口流失的收缩，而另一些城市却在走向持续扩张和繁荣。智能机器人正在越来越多地接替人们传统的工作，仿佛世界范围内的失业洪流将即刻来临，我甚至怀疑思想家们预言的"工作终结"时代很快就要到来。正如我们所见，传统城市的结构正在快速塌陷中面临重新构建，虚拟的世界正在越来越占满我们的生活和思维空间。当我们通过任何一种互联网终端设备浏览信息时，信息也在浏览我们自己，并且悄无声息、夜以继日地记录我们衣食住行的所有数据，而这些数据可以成为我们自身无法控制的价值。

如果将这些数以亿万的个体数据实现实时链接，就可以实现服务和创造的效率极限；如果链接某些特定群体，就会颠覆这些特定群体的传统格局，创造新的价值体系或生产服务体系空间。

例如将一定区域内的"点"（消费者）的数据链接入物联网系统，形成具有一定数据规模的点矩阵空间，并让数据接受算法分析，就可以实现生产或服务与消费终端的直接的实时服务交易，并且可以非常准确地确定消费习惯、规模和分布的地点，使过去由生产驱动消费转向消费者支配生产。这种精准的消费区位定向和消费定量就可以使过去的集中式规模化的生产服务及仓储实现分布式小规模的生产或布局仓储系统，这将使未来城市产业布局、仓储布局实现可分布式，使服务更快捷更加接近聚居区，从而颠覆了传统的城市空间格局。

例如一个教学组织可以依据来自学生们的数据信息构建的点矩阵空间规模精准地确定需要的师资规模，更加经济地进行跨越国界的远程教学，其教学团队可以根据市场所在的区域内点矩阵空间规模实现全球分布式、扁平化的师资架构，而无需像传统的教学机构必须时刻保持垂直化、集中式、规模化的组织体系。这类似将全球计算机实现并联工作而不再是传统的串联形式，效率就能够实现几何倍数的增长。这种跨国点矩阵空间远程视频教学目前已经非常普遍。伴随 5G 网络的投入使用，这些远程教学就可以实现在完全虚拟的教室、校园以及分布在世界各地的同学们面对面交流等各种情景下的实时互动教学，数字技术甚至将带给人们比现实更有吸引力的世界。

如果将医院的病人信息实现链接，就能够建立病人之间的点矩阵空间，在这个空间内可针对某一相同病症治疗经验的分享或研讨，实现病人之间的相互医疗，这或将实现由病人主导的网络医院诞生。传统的医院（医生经验＋机器设备）或将只是提供机器设备和医药仓储的共享中心，由医院、医生主导病人的传统时代或将终结。

人类步入数据信息传输价值与创造价值的新经济时代。在众多经济领域，数据规模将决定其经济规模。产业布局将基于数据的精准，出现普遍的小而多的分布式形态，使生产、服务空间更加接近人们的聚居地，个人生产活动也将在更多领域实现分布式，这将给城市空间带来巨大影响，使人们实现职住平衡的空间构想成为可能。

当爱因斯坦定义的世界核心构成之一"信息"互联的速度正在被人类智慧提高至极限，人类开始步入信息实时互联的时代。我确信一种新经济体制必将诞生，我们赖以生存的城市空间也将开始划时代的重构，早已游走在自由经济和计划经济之间的凯恩斯主义及其20世纪的追随者们的资本主义经济主导的时代或将成为过去。

人们已无法停留在原处，运用过去那些所谓的经济理论和规划经验，粗鲁地面对这个时代和充满生命内涵的城市。当我们审慎地将新经济体制和虚拟的点矩阵空间辨别清晰，发现新经济与虚拟的"点矩阵"融合带给人们快捷、互信、互助以及彼此协同与合作创造财富的效率将呈现指数级提升，一种可分布式的集群创造的新经济时代已经来临。这种社会化大生产所产生的能量将超越人们的想象力，几乎所有的政治、军事、经济、文化艺术活动等都将因数字虚拟的点矩阵实现效率的指数级提升。而这其中被称为第二代互联网技术的"区块链"将进一步颠覆几乎所有行业的交易或者管理模式，并且将建立一种无需任何征信系统的互信机制，使所有的政治、经济、军事活动几乎无需中间环节。这将导致处于中间环节的那些地方政府、经济组织等开始面临瓦解。各种组织存在的形式将发生颠覆式巨变。

我们符合逻辑地认为人类社会将在21世纪基于全球共同的信息、智能网络平台形成对于地球生命更多共同认知，意识到人类命运的休戚与共，成为与万物共生的命运共同体。因为技术革命不仅仅革了传统经济的命，最重要的是还将革新人们的世界观。

人类历次通信技术革命证明，信息互联的速度决定人类财富创造的效率，人类数字化信息互联的速度越快越扁平化，人类创造财富的效率也将指数级增长并越加接近极限。但这并非完全代表21世纪人类的创造力，人们还在借助智能机器人来实现超乎想象的创造力超越。

人类的思维创造需要建立在前人基础之上，但是人与智能机器人围棋对弈的事实证明：机器人并不需要这种人类传承的传统思维和知识架构。人类技术革命正在终结过去，也或将终结自身。

20世纪的人们需要单方面值守机器,为了效率,人们需要熟悉机器的每一颗螺丝,21世纪的人类与机器的交流是双向的,变得更加亲密无间。纳米级智能机器正在试图替代手机逐步嵌入人们的身体,记录、整理、聚合人类生命数据,以更好地实现人机合一,从而实现创造的效率极限。人工智能机器人的智商正在不断突破极限向超越人类的神经功能迈进,甚至在某些方面已经远超大多数人类的智商。在20世纪,人们可以自信没有什么能比自己更了解自己,但是21世纪越来越多的事实证明,智能算法及大数据技术比人们更了解自己,数据系统可以丝毫不漏地记忆人们每天的生活、工作、需求、消费活动等,人们会忘记自己过去很久的这些数据记忆,但智能机器不会忘记,智能算法可以始终保持理性的记忆,基于海量的数据(这是每个人所无法记忆的)理性告知人们曾经容易为情感波动所干扰的决策:"是"或"不是"。它们逐渐将人们从工作岗位上代离,即使机器与人们互动交流的数据也可以史无前例地创造第三方价值。

大数据创造与传输价值、机器替代人类的时代已经悄然而至。

越来越多的事实一再证明:一个曾盛行数百年的资本经济时代正在与我们渐行渐远,数字经济时代已经来临。这意味着什么?是人类迎来共同的富足,还是"技术性失业"带来广泛的贫富差距和阶级对立?这让我们联想起这个星球上争执百年令我们所有人都无法回避的"两种主义",事实上"两种主义"的缔造者们几乎影响和定义了所有人的生活方式,任何关于理想生活的探索都难以回避这其中两位思想巨匠。对于来自卡尔·马克思和亚当·斯密及其继承者凯恩斯的"两种主义"的研究,我们发现一直以来被理解为彼此对立的来自"两种主义"的公有制经济创造者卡尔·马克思与坚持私有经济的凯恩斯(19世纪资本主义经济学鼻祖亚当·斯密的20世纪继承者)之间存在终极理想的共性。

创造了资本主义经济学的亚当·斯密及其继承者凯恩斯这样描述他的理

想社会:"伴随阳光普照的新时代到来——那时人们享有近乎免费的商品或者各类服务,整个社会达到富足的生活水准,人们从拜金和逐利的困境中解脱,实现为理想而生活工作,关注生活的艺术和实现自我生命价值中的人性升华。"

卡尔·马克思政治经济学要实现的理想社会是:"实现物质财富极大丰富,人民精神境界极大提高,每个人自由而全面发展。"

两位思想家的理想社会竟是如此惊人地一致。如果我们进一步系统地比较,我们会发现二者定义的理想生活方式的前提条件也是一致的,即"物质的极大丰富",事实上,他们都在试图寻找一种可以实现经济效率极限的经济体制。在百年的实践历程中,我们发现这两种经济体制存在着不同程度的"互补性",而导致他们共同理想追求却走向殊路的根本原因是实践者们基于"人性"的定义不同。

经济问题终究是"人性"的问题。

亚当·斯密创造的资本主义经济学奴役或者说巧妙地利用了"人性"——贪婪、自私自利的本性。资本主义经济的建立和创造财富的动力定义在放任人性贪婪自私的逐利基础之上。国家鼓励并不得干预个人对于财富的自由追逐和无限占有。

卡尔·马克思政治经济学宏观地揭示了人类经济发展规律和历史进程,提出资本主义经济终将被社会主义经济取代。马克思创造了基于实现国民财富均衡的公有制经济体制,强调国家为主导的经济体制、实现以国家为全民利益代表的有计划的生产和消费。但是马克思在其《资本论》中并没有具体提出国家如何实施计划经济来实现生产资料、个人消费以及财富等社会价值与个人之间的平衡。在《资本论》中的公有制经济体制基础上,1906年列宁在其著作《土地的问题和争取自由的斗争》中明确提出计划经济理念。在后来的世界经济学发展实践中,凯恩斯进一步融合了两种主义的经济学理念,否定存在"看不见的手"——亚当·斯密关于市场对于个人利益和社会利益均衡的调节作用。提出国家干预、市场主导的资本主义宏观经济学，主导了 20 世纪上半叶资本主义世界的经济。作为其继承者们，20 世纪 70 年代罗伯特·卢卡斯为代表的"理性预期"等各经济学派兴起，经济学与科学技术的不断创新，资本主义经济创造了 20 世纪人类财富增长超越历史总和的辉煌。

现代国家大都同时共存多种经济增长模式或经济体制，如混合经济、国有经济、个体经济、集体经济、合作社经济等。当人们越是趋于理性的对于理想生活的渴望与探索，两种主义创立之初的那种激烈对抗就越容易被人们淡化而渐行远去，代之以越加难分彼此地走向理性融合。

从历史看，经济体制是建立在人们生产关系和生产资料归属基础之上的，并且伴随其变化处于运动的状态。当人们的某种生产关系消失以及生产资料属性发生根本改变，一种经济体制也将走向消亡。当数据开始成为一种生产资料，互联网成为一种全新的生产关系，那些能够被其取代的经济体制就开始走向必然的消亡。作为生产资料的"数据"归属不同，决定数字经济的市场价值和社会价值的属性不同。针对效率而言，数据越是接近零利率使用，越利于实现群体创造，数字经济创造的社会总价值越高。

揭开资本主义工业化早期的灰暗历史，或许我们无需过于指责资本主义经济对于物质与效率的追逐，并将人们的生活与一切劳动创造都带入市场化、商品化的拜金主义时代。基于"人性论"功利主义的资本主义经济创造了 20 世纪的辉煌，无论在科学技术方面还是在物质层面都超越了人类以往历史的总和。但其缔造者之一凯恩斯也明确指出，资本主义经济体制存在难以治愈的"垄断与惰性"的顽疾，承认这种"无限自由拜金主义"时代只是历史进程的过渡。一种经济体制的过渡相对于漫长的人类历史进程，需要变相地引导甚至是温和或激烈地迫使人们改变某些既定方向去顺应这种过渡期的经济潮流。但令人遗憾的是，凯恩斯除了没能解释资本主义经济的根本矛盾之外，也没有明确解释资本主义经济过渡之后的历史阶段将以怎样的方式、带领人们走向哪里。

当这种过渡时期的资本家群体意识垄断了国家意志，人的本性与资本的"垄断与惰性"就会以国家的形式存在并被放大，很容易蔓延成为国家间的掠夺战争和新的经济殖民主义，致使较早成功实现财富积累的富国将资本经济的"垄断与惰性"及人性的贪婪，通过精巧的国际经济体制转移给众多发展中国家，而并非与其分享经验与技术，也不是要带领人们共同走向富足的生活，而只是消耗人类共同的地球资源，单边的谋取利益或对于财富与资源的掠夺。其至连关系基本民生并且涉及全球共同生态利益的环境保护技术也被垄断用于谋利，这在思想家们和发展中国家人们看来至少是非正义和有失公允的。这种兴起于20世纪末的单边主义经济全球化给世界蒙上时隐时现的阴影，并且逐渐被发展中国家觉醒的可持续发展意识潮流所抵制。金砖五国、东盟、南亚区域合作联盟、比荷卢经济体等分布全球各地经济组织的崛起，意味着单边主义的经济全球化受阻并趋向失败。

资本主义经济成于垄断也将毁于垄断。这本身符合其创造者亚当·斯密及其20世纪的继承者凯恩斯的经济学定律，并且他们也承认"垄断"是一直存在的顽疾及其潜在的周期性破坏力。

21世纪整个资本主义经济日渐步入贫富失衡，社会阶层固化、分裂的颓势，一场史无前例的人类第三次工业技术革命却正在悄然来临。它正在透过现实，将人们带入未曾体验过的新经济时空，不但真实地改变了每个人的生活，还在颠覆或改变与人们生活相关的方方面面。

传统经济时代正在转向数字经济时代，人们值守机器的工业化时代正在转向人机合一的人工智能与"芯片人"时代；人、网、物质合一的物联网经济将实现自私自利的竞争时代转向利他主义的协同合作的共赢时代；市场企业家向社会企业家过渡，资本经济开始更多的转向共享理念为核心的共有经济；全球范围内失衡的城市空间将走向聚合与更新，城市空间开始一方面收缩，另一方面走向聚合与共享。

techn术越是进步，人与机器的距离越是更加亲密无间，人类创造经济效率将越加接近极限。我们可以符合逻辑地相信：第三次工业技术革命创造的财富将超越人类历史的总和。这将颠覆人们对于世界历史进程的时空感知。过去几十代人才能够经历的历史进程画卷，人们今天只需要几十年，甚至将会更快。如果排除某些偶然，人类经济或将在21世纪中叶到达人们所期待的"顶点"。

经济是一种可创造财富的关于信任的游戏。无论是保障财富自由流通的庞大金融体系、还是全球货币交易以及机器化的生产和跨越国界的贸易等，归根结底，对于财富高效率的共同创造有赖于社会群体的信任机制。

信任是人类群体创造财富的基石和尚未被完全开发的潜在能量。因为历史上任何时代的任何国家都未能成功建立全体国民的信任机制，但是技术革命再次带给了人们又一次史无前例的战略机遇，一种可建立信任的技术正在走向成熟。

源于第三代通信技术革命的区块链技术将为人们打开建立人类群体信任体制之门，这种基于互联网的智能密码技术将赋予人类所有企业或个人经济、生活、工作等全部不可逆改的数据身份锁定。区块链将实现人们之间的相互信任，人类信任的能量将被释放，同时将可以实现分布世界各地的计算机以及互不相识的人们为某一共同任务展开并联式的共同工作，显然这将史无前例的提高人类工作及经济创造的效率。

我们将这些可创造效率极限的虚拟空间技术能量和这种来自虚拟世界的信任机制统称为"点矩阵空间"，我们将这其中可建立信任机制的智能技术和网络传输价值体系与传统的经济体制融合为可激发群体创造的"共有经济体制"。当然它不属于历史上的任何主义，也不是对于资本主义经济的完全更替，而是来自于进行中的第三次技术革命与人们共同生活理想的时代碰撞。它源于技术催生的信任机制与群体创造的融合，是基于政府、企业家、基层群体等可实现集群创造力极限、极具凝聚力的新经济体，可迅速提升经济体的竞争力。

当然这种经济体制同样可以创造私营企业家经济的更高效率，并将平衡未来"技术性失业"导致人们经济收入的差距，可有效防御即将到来的技术性失业洪流导致的潜在社会危机，实现经济效益与社会效益的平衡和效率的极限，创造公正、和谐的社会秩序。之所以如此肯定，并不是说我们有多么超前的眼光，而是来自于科技进步及生活带给我们方方面面的真实体验。

毋庸置疑，当代最好的经济体制应该是能够实现每个人市场价值的同时，也能够创造社会价值。并最终能够实现市场价值与社会价值的平衡与效率的最大化。

我们发现第三代通信技术革命创建的信息互联网、区块链、能源互联网、物联网、大数据等构建的点矩阵空间与传统经济嫁接融合，正在实现传统资本经济转向数字经济和数据作为生产资料的群体创新的新经济时代，越加有利于实现个人价值创造和群体创造效率的极限。新经济在未来能够实现技术与文化、经济与生活的平衡，为实现物质极大丰富、人们富足、公正、自由创造价值，实现生活与工作平衡的城市空间秩序打造坚实的基础。

现代国家的崛起始自城市的崛起，城市的繁荣奠定国家的强盛，要认识一个国家经济或者政治就要从认知城市开始，城市是一个国家的缩影，是人类智慧思想聚合的结晶。21世纪的国家与城市更加休戚与共。如何建立具有创造力、全球竞争力的宜居城市是本书后半部的重点。事实上"聚合城市"的最初架构来自我对点矩阵空间不同能量点链接的空间启示，并且其空间形态接近一致。当然这里面还有我们对于欧美城市集群发展的长期考察与研究。当技术实现更为广泛的个体创造价值可实时聚合成为群体创造力的时代到来，当技术实现信息流与交通流的更高速度，城市空间及其传统边际也必将走向与之相应的巨变。

期望朋友们通过阅读，与我们共同洞察技术革命、近代资本与经济的真相，或将重新定义我们曾经根植于内心深处的对于世界经济体制、财富、生活、工作价值的取向，能够从中看见一种不同以往的城市和未来新的城市生活方式。或者至少相信我们不仅仅是那些陈旧理念的执行者，我们更应基于对那些曾经为我们所忽视或未知的人类及自然元素的探索，通过努力能够成为创造城市新生活方式的参与者。在此我用约翰·M·利维的一段文字作为我这个观点的引证：

> "最好的和最有成效的规划师是那些具有良好边缘学科知识的人，他们不仅掌握规划技巧，而且熟悉规划问题与围绕这些问题的社会力量间的相互关系。"

城市历史证明，每一座伟大的现代城市都具备了良好的科学技术、经济增长方式、城市体制三大要素。基于科学技术、经济体制对于城市及人们生活无可争辩的影响力，构想生活美好的城市空间，应从科学技术发展以及与城市发展问题相关联的自然和人类元素的宏观角度深刻认识未来的城市与经济发展趋势开始。

本书首先呈现的是第三次工业技术革命带给人们生活方式及其对经济体制、城市体制的影响。我所认识到的新科技的深刻影响力最初来自我们生活中方方面面的变化，并由此开始进入与彼此相关联的、不同方向的研究。

将科学技术、城市经济学、城市体制作为上半部论述的重点，基于对这些与城市息息相关的问题及其对于城市空间及生活方式的影响力，及如何运用这些影响力来解决城市问题进行详尽的论述之后，在后半部开始阐述城市空间与农业地区的发展战略，以及城市建成区更新策略。并构想建立资源和空间共享的城市。

后半部分论述的重点实质是我2015年出版的著作《世纪之城：中国城市规划再出发》核心理念的继续与深化。基于新技术与新经济对城市影响力的研判，我将原著中提及的城市共享元素在本书中继续深入扩展到城市的更多领域。时隔3年，回顾过去的城市发展历程，我们欣慰地发现，《世纪之城：中国城市规划再出发》中的主要理念已经在中国得到广泛的实施，不仅有人们熟悉的"京津冀"跨越传统辖区的空间聚合，主要还包括：针对分散的中国城市实行集约化、同城化、一体化空间发展战略；农业地区的土地再次实现集中发展利用，并实现小型农场化庄园化发展；规划发展特色小城镇；强化城市设计在城市规划中的比重；虚拟城市空间规划；减小城市居住区空间单元（控制在200米内）；增加城市支路网密度；推广无人驾驶共享汽车及其基础设施的规划建设；合理限制不符合城市未来发展趋势的城市地铁、轻轨等规划建设等。我们深信《世纪之城：中国城市规划再出发》与本书的诸多理念将会更多在大地上落地生根，为国家繁荣富强和实现人们理想生活贡献思想的力量。

正如我们所愿，今天的中国城市正在谋划走向资源的集约与空间的聚合，跨越传统辖区的城市聚合与经济合作正在进行，旧的行政区域空间模式开始出现松动与重构的良好趋势，一方面农业地区的土地正在走向集中利用，一方面农业人口也在同步加快城市化进程。这是令我们感到欣慰和振奋的力量。相比较今天的社会发展现实，我们当时的很多思想似乎仍然有些保守，这促使我们从更为宽泛的因素思索人们的城市生活。显然当我们想要告诉人们21世纪的新经济新城市将带给人们什么，必须弄清楚世界城市曾经诉求的生活方式及其本质，还要明白今天的人们正在经历、正在需要的是什么，问题显然超越了城市的范畴，这促使我们与不同国家、不同立场的思想家们展开交流，去了解世界不同国家城市的过去和现在。

因此在本书上半部除了追溯经济发展的历史，也关注到第三次工业技术革命背景下的国家间及其具有代表性的思想家们对于人类经济发展及创造新生活方式的思考与努力。当人们从日新月异的城市生活和对历史的梳理中清晰的感知这一切时，一种与过去和未来可以建立联系的新经济体制及其背景之下的城市空间开始渐渐清晰地浮现。

越来越多的事实一再证明，数字与人工智能技术足以在21世纪激发人类创造物质与精神财富的效率极限，每一个深谙这个时代变迁的规划师必然要致力于将城市的人们、物理空间、虚拟（数字）空间完美地规划合一，聚合数字世界与人类世界的能量。这种聚合的力量将成为实现人们理想生活的主力。

在这其中想要真实地论述一些与人们当下切身利益相关的种种现象，同时提出一种涉及当下所有人利益的新经济和新城市体制，其实是一项非常艰难的工作。

写一部关于国家与城市发展的历史并不难，因为那时候的主角早已退出历史舞台而消失不见，所有的论述评判，都不会伤害他们的情感。但是要真实反映现实中的那些问题，真实地揭示当代城市发生了什么、社会经济与城市将走向何方，却非常困难，因为那些困扰我们的各种难题，也是与我们自身息息相关的，它们要么困扰过我们，要么取悦或恩泽于我们。我们很难用一种美化的语言进行论述，因为任何新经济体制与城市规划理念都不是一种创造利润的商业宣传，它需要理智与公正以及审慎的探索与实践。而现实是对于任何关于人类经济体制和城市发展方向问题，都没有一个绝对的答案。因此我们每一代人都必须重新奋斗。

刘冰

2018 年 3 月 9 日

目 录

序 i
前言 ix

第 1 章 繁荣的化石盛宴 01
  1.1 共同的问题 01
  1.2 两次工业革命的启示 04
  1.3 经济全球化的幻象 08
  1.4 "熵"时代 13

第 2 章 集群创造的时代 16
  2.1 生物的共性 16
  2.2 神经单元链 18
  2.3 点矩阵 20
  2.4 点矩阵空间群体创造 23

第 3 章 区块链 26
  3.1 信任的游戏 26
  3.2 区块链应用 31

第 4 章 新经济时代 36
  4.1 数字经济 36
  4.2 资本的宗旨 41

第 5 章　我们为什么需要那么多　　47
5.1 经济杀手的自白　　47
5.2 供应链上的群雄　　52

第 6 章　多元竞争　　56
6.1 文化竞争　　56
6.2 金融较量　　57
6.3 信息链、供应链竞争　　59

第 7 章　人类命运共同体　　62
7.1 体制之争　　62
7.2 命运共同体　　69
7.3 理想生活的边缘　　73

第 8 章　经济问题就是人性问题　　77
8.1 人性的缺憾　　77
8.2 共享的载体　　82

第 9 章　共享体制　　85
9.1 什么是共享体制　　85
9.2 共享理论探索　　86
9.3 共享与共有体制的原则　　92

第 10 章　共有经济体制　　96
10.1 什么是共有经济　　96
10.2 共有经济的宗旨　　101
10.3 共有经济的竞争优势　　104

第 11 章　新经济背景下的城市　　109
11.1 城市边际的消失　　109
11.2 走向聚合与共享的城市　　112

第 12 章　从 1.0 城市到 4.0 城市　　115
12.1　城市生活的变迁　　115
12.2　从《雅典宪章》到《马丘比丘宪章》　　121

第 13 章　体制的力量　　134
13.1　国家体制与城市化进程　　134
13.2　创新的中国　　139
13.3　节制体制　　140
13.4　家庭体制　　145
13.5　法律体制　　149

第 14 章　由计划转向自由的新中国城市发展　　152
14.1　世袭之城　　152
14.2　工业化进程中的城市与乡村　　154
14.3　粗放式发展的中国城市　　161

第 15 章　中、法、日、美空间规划比较　　166
15.1　日本城市、农业、工业区空间布局　　167
15.2　中、日城市、农业及工业区空间对比　　170
15.3　日、欧、美国家土地利用空间结构　　172

第 16 章　失控之城　　176
16.1　利益的蔓延　　177
16.2　失控之城　　181
16.3　双重危机　　192

第 17 章　博弈论空间规划　　196
17.1　基于博弈论的非对称均衡理念　　196
17.2　博弈论与中国城乡空间发展的融合　　201

第 18 章　国家城乡规划策略　　204
18.1 实施新城乡规划的意义　　204
18.2 规划目标　　207
18.3 行政区域再划分　　209
18.4 农业地区发展策略　　210
18.5 建立 N 个聚合城市　　214
18.6 自然资源保护区　　220
18.7 产业区　　220

第 19 章　共享城市策略　　221
19.1 城市主体功能空间规划及更新策略　　222
19.2 共享城市居住区多极复合空间规划　　226
19.3 共享城市政策规划　　227
19.4 城市设计及建筑设计　　230
19.5 4.0 交通规划　　233
19.6 产业园区规划　　237

第 20 章　数字空间与物理空间规划合一　　239
20.1 什么是数字城市　　239
20.2 数字城市与物理城市的规划合一　　240
20.3 数字城市基础设施规划建设　　241
20.4 创造更高效率的智能城市运营　　244
20.5 数字产业规划　　245

第 21 章　聚合城市空间规划　　247
21.1 实现聚合城市的意义　　248
21.2 聚合城市与都市圈的差别　　250
21.3 聚合城市空间规划　　251
21.4 交通规划　　254
21.5 工业区规划　　256

21.6 聚合城市——上海	257

第 22 章 小城镇空间发展策略   **259**
  22.1 小城镇空间规划   259
  22.2 交通规划   261
  22.3 产业规划   262
  22.4 自然资源与历史文化保护   264

第 23 章 致未来   **269**

第 1 章　繁荣的化石盛宴

1.1 共同的问题

当我乘坐的飞机穿越北极，到达西伯利亚的上空时，透过舷窗，可望见苍茫无尽、河流蜿蜒的冰雪大陆。强烈的阳光投射进舷窗，空气异常通明，在万米高空也能清晰分辨每一条自然造化的河流，自切尔斯基山脉延伸入北冰洋和北太平洋。而在肃然空寂的地表之下是全球最大规模的永久冻土层，储藏着地球 1/3 的碳含量。这是人类最后一块未被大面积开发的大陆，没有人类的经济活动，也没有互联网信息。

从空中望去，蜿蜒曲折、纵横交错的自然肌理如凝固的银色金属浮雕，仿如无数涌动的生命戛然而止却仍保持着瞬间的阴阳交错。我可以感受到那停滞、死亡一般的沉寂中一定曾孕育过无数的生命。根据科学家的研究显示，这里是历史沧海桑田的见证，成千上万年前已经完全灭绝的物种都能在这里找到。人类在此恒古之地，不过是万千物种轮回中的一个闭环。2008 年佛罗里达大学爱德华·索尔的一项研究表明，东西伯利亚永久冻结带中锁定的碳，是大气中碳含量的两倍。基于人类发展与环境破坏导致的潜在危机的争议，这里是需要实现繁荣还是需要永远沉寂？

2009 年的哥本哈根世界气候大会上，与会各国面对一个共同关切并且争论不休的议题：科学家们的研究证明，以人类现在的碳排放标准所导致的全球地表变暖，将使东西伯利亚的永久冻土层内蕴含的碳加快释放，全球变暖的速度将增加10%～25%。由美国汉森研究小组提供的数据显示，如无变化，地球温度将在21世纪末或此后不久上升6℃，这将导致人类文明的消亡。

如果数据足够准确，人类的毁灭就将从这洪荒的西伯利亚大陆开始。并不在乎数据的乐观者们则给出了另一种诠释，全球变暖将导致西伯利亚和加拿大广袤的北部冻土地区成为千里沃野，拥有通往各大城市铁路的丘吉尔港将成为加拿大腹地链接世界的全球之港。俄罗斯和加拿大将成为全球变暖赢家。凭借西部资源优势，加拿大的经济中心将西移北进，凭借辽阔的西伯利亚平原，俄罗斯或将成为全球最大粮食供应国，世界利益格局将为之转变。但是没有人给出这种假设的情景能够维持多久。

不管怎样，碳排放对于生态圈危害事实已为世界公认，哥本哈根气候会议关于保护全球共同生态圈精神和经济可持续发展观点引起世界广泛共识，对于碳排放的控制引起各国重视。但全球除了中国、德国等少数国家积极行动之外，还没有多少政府愿意更广泛地响应和进行可再生清洁能源的研究与推广，也未见对主导20世纪经济的无限逐利的资本主义经济体制结构进行根本改革，以使碳排放降到350ppm（汉森研究小组提出拯救人类所需的水平）。

在功利主义与石化能源主导的20世纪资本主义经济成功实现工业化的进程中，世界各国经济发展存有先后之分。不同发展阶段的国家围绕碳排放控制指标分配的公正性争吵不断。发达国家甚至不考虑落后国家的经济发展阶段、人口、具体国情等差异，希望发展中国家近乎无差别的承担责任，这造成发达国家提出的控制碳排放及碳关税与发展中国家经济发展的矛盾，甚至有发展中国家提出发达国家对于碳排放问题的不公正是对发展中国家经济发展的阴谋遏制。

许多发展中国家认为，发达国家早于其工业化的过程排放了大量二氧化碳，应该承担更多责任，或者应该为发展中国家减排提供技术和资金支持。而事实上，即使资本主义工业化的历史可以过往不究，全球化的供应链和生产线也已经很难再以国家界定碳排放的控制标准。延伸向世界各地的供应链早已经模糊了国家的地理辖区概念，经济全球化使碳排放出现实质性外包、转移，这也是经济全球化面临发展中国家质疑的原因之一。

全球各国之间的产业融合与跨界经济合作已经使环境问题难以界定是某一个国家的责任，同样，时常发生的贸易战也越加难以厘清贸易赤字的真实性，因为贸易顺差国的出口产品往往是由来自逆差国的委托代加工，或来自第三方生产的零部件组装，其碳排放指标实质被转移了。显然环境问题已经成为世界各国难以分割的共同问题。

不争的事实是，石化能源主导的20世纪，石油、天然气等能源价格、经济活动竞争不断升级，石化能源日益面临枯竭，碳排放不断增加，地球生态环境持续恶化。全球经济发展失衡、贫富差距加大、不同文明的潜在对立、争夺石化能源控制权的局部战争以及全球恐怖主义等，涉及人类社会可持续发展的环境与安全问题，已成为全球各国必须应对的共同问题。即便是英国壳牌公司前任首席执行官约翰·布朗也曾这样说道：

"石化能源之于地球之恶，就如同吸烟之于人体。"

显然在这基于传统石化能源的财富创造与无限逐利的时代，财富的增加意味着碳排放的增加，财富实质就是碳排放。科学研究数据告诉人们，按今天的碳排放标准，地球留给人类生存的时间已不足百年。

这让人们不得不开始重新思考财富创造的意义和价值取向：

人们是选择继续贪婪地拥抱财富与地球生物圈共同走向消亡，还是放弃自私与贪婪接受可持续的满足于人类共同需求的共有价值观；是延续这种传统的化石经济还是努力寻求一个通往共同生态的富足与创造出口呢？

这显然是一个需要审慎而宏观的问题研究，将在后续篇章继续探讨。

毫无疑问，越来越多的人们已经清晰预见到石化能源创造的 20 世纪人类繁荣盛宴背后的危机。但在人类历史上的很多时候，当某种重大危机显现时，往往是一场新技术革命的酝酿与开始，思想家们的创造力往往超越人们的想象并带给人类新的历史机遇，借此人们或许还可以保持审慎的乐观。

1.2 两次工业革命的启示

爱因斯坦认为，"信息、能量、物质"是构成人类客观世界的三大要素。纵观人类历史上的两次工业技术革命，正是始自三大要素的创新与变革，并由此建立新的经济、城市空间秩序，重构了全球利益版图及国家政治格局。

18 世纪无线电报的发明提高了书信和报纸等传统信息媒介的效率。英国发明使用蒸汽机技术，并利用煤炭替代木材提供人们生产、经济活动与生活所需的热能。这些来自通信、能源、物质要素的创新发明，极大地提升了财富的创造效率，使英国率先通过第一次工业技术革命成为 19 世纪全球霸主。19 世纪下半叶，伴随电话、无线电广播、电视、电气、内燃机、汽车、飞机的发明应用，美国、德国率先完成第二次工业技术革命，大英帝国没落，美国成为 20 世纪全球霸主，石油、天然气等石化能源成为 20 世纪人类繁荣的基础动力。

在信息方面，作为信息传播的媒介，电话、广播、电视等通信技术发明与应用更替了之前的报纸、刊物等媒介的信息交流节奏，其被我们称为第二代通信技术革命，它使人类情感与智慧交流的距离与速度被大幅缩减与提升，提高了石化能源时代人类经济活动的效率。更为重要的是，它使人类由单向交流实现了双向实时信息互联，开始构建来自个体意识的共同神经单元链。这种具有实时性、指向性、线性的链接，使人类共同面对的问题更容易得以全球性展开思索与共同反应，人类跨越洲际的协同能力开始得以提升，提高了资本主义经济活动的协同与合作效率，使资本主义在 20 世纪创造了人类历史以来的物质极大丰富的辉煌，也为资本主义实施经济全球化奠定了基础。21世纪的第三代通信技术革命创造的互联网等各种信息技术，又进一步实现了人类双向实时互联升级为无限量的人们及信息之间的互联互通。相对于经济、政治等事物而言，我们发现技术革命最早改变的是人类之间信息交流的广度与速率的不断提升，随后开始创造经济效率和社会价值呈N次方增长的奇迹。

在物质层面，以美国福特汽车的大量产能提升为代表，20世纪的第一个10年里，人们开始丢掉马车，汽车这种人类机器开始遍布西方的城市乡村。为了满足人们汽车、火车、飞机等快速通行的需要，基础设施也迅速跟进，1956年《州际公路法案》通过，以铁路、城际高速公路、城市道路等交通体系为先导，人类通勤效率与社会生产效率迅速提升、服务半径获得空间距离的延伸，世界经济总量呈几何倍数增长、规模空前庞大。城市空间也随之呈现急剧扩张态势。在世界范围内，城市沿着高速公路和主要交通干线迅速扩张，现代城市空间新格局逐步奠定。新的商业中心、聚居区、工业区等城市空间开始重新配置，传统城市空间格局被颠覆。

伴随城市人口的剧增，交通机器的大量投入使用，"城市单极化、郊区化、线性大规模扩张"是这一时期世界发达国家城市化进程中城市空间发展的普遍特征。各种机器物质开始成为城市生活的新宠。人们对于海量的新机器生产和基础设施建设的需求，已经很难由个人或者传统作坊来完成。对于庞大社会力量和资本投入的需求开始催生垂直化、系统化的管理体系和规模化的经济实体，利润成为社会资本和规模化的经济实体创造效率的激情与动力。资本主义经济体制及其宗旨恰逢其时地主导了20世纪的全球经济。

在能量方面，伴随机器的迅速普及以及人们对于财富的完全功利性获取，导致人类对于石化能源的需求急速膨胀，展开全球性的地球资源大开采和不断的掠夺战争，并将其转化成为20世纪资本主义世界的个人财富。功利性的资本主义经济既实现了其财富的成功，也将其对于属于全球人类共同的不可再生资源及世界秩序和生态环境的破坏性发展到了极致。

通过两次工业技术革命改变人类历史进程的现实，我们发现技术革命的集中表现在于率先改变了爱因斯坦定义的世界构成的三大要素。但是人们似乎忽略了两个与我们生活变化和城市发展相关联的重要细节：人类信息交流的速率变化和经济体制的改变。

每一次工业技术革命从根本上提升了人类信息与情感的交流速率，正是这种速率的提升使人类的创造力不断向前推进。人类创造财富的效率与人们信息获取及彼此互联互通的速度密不可分。这带给身处信息技术革命时代的我们这样一种推论：如果今天人类信息技术创造了人们信息获取与互联的速度极限，是否意味着人类创造价值的活动也将实现效率的极限？那么，这种效率的极限将带给我们怎样的生活情景？这显然是一个令人兴奋的大问题，让我们一起愉快地用后面的章节来共同探讨吧。

至少我发现存在这样一个有趣的规律：人类创造财富的效率取决于人类信息交换的速度与广度（范围）。

现代国家或城市发展与竞争的三大要素是：科学技术、经济体制（经济增长方式）、国家体制（城市体制）。经济是科技力量转化与价值创造最为广泛的人类活动和最为直接的表现方式。18世纪末亚当·斯密出版著名的《富国论》，基于"人性论"的现代资本主义经济学诞生。亚当·斯密认为：人的本性是自私自利的，若要充分发挥每个人的创造力，应放任利己主义的个人自由创造财富，国家不作任何干涉；个人在实现自我价值最大化的同时，可以实现整个国家、社会经济的发展；企业追逐利润最大化也是正常的，等同于"人性论"原理；市场可以自动调节个人、企业、社会、国家之间的资源与供给平衡，国家不得给予任何干预。斯密认为完全自由的市场是可以进行合理调节的"看不见的手"。

斯密的经济学理论被大多数国家接受并被引用，并且在其19、20世纪继承者们的继续完善改进之下主导了 20 世纪资本主义经济发展。的确！一种比较好的经济体制至少应能够充分调动每个人积极创造价值，并能够很好地实现社会公共利益，实现市场价值与社会价值的平衡。但是人们或许忽略了这样一个事实：第二次工业技术革命事实上颠覆了亚当·斯密的经济学理论。只是其继承者们或许刻意模糊了这样一个历史事实："看不见的手"事实上是不存在的，即市场对于市场价值和社会价值的自动调节作用是失效的。

作为一种经济体制，对于市场的调节作用的肯定和国家不得干预经济的定义，是斯密经济学体系区别于其他经济学最重要的基本特征。

当第二次工业技术革命促进的资本主义工业化大生产抵达鼎盛之时，斯密的经济学理论在 19 世纪 40 年代席卷整个资本主义世界的经济危机中表现得无能为力。工业技术革命使更多的机器投入使用，促使生产效率大幅提升，商品、物质极大丰富，但工人工资却并没有在"看不见的手"的调节作用下表现出适时调整，反而因为机器的大量投入、生产效率的提升下，导致大量工人失业并且得不到相应的社会保障。工业技术革命创造的财富事实上集中在了少数资本家及其家族手中，农业地区也长期处于贫困的发展失衡状态。

这些因素最终导致整个社会贫富分化严重失衡，需求方消费能力大幅下降，供给方生产大量过剩。"看不见的手"没能如斯密所设想的那样对于市场和社会之间的财富和资源分配失衡危机给予自动平衡调节。这些因素导致了 1929 年至 1933 年席卷美、英、法、德、意等整个资本主义世界的经济危机。这在当时引起整个资本主义世界轩然大波，马克思经济学理论也开始重新被人们热议，甚至当时已经成为资本主义国家摆在办公室桌面讨论的另一种选择。

作为斯密经济学的继承者，凯恩斯巧妙地在两者之间做出了一个权衡，即在不破坏资本主义总体经济政策的前提下，提出"看不见的手"是不存在的，建议国家干预市场，以解决供给不足的市场失衡。我相信凯恩斯的灵感应是来自马克思经济学强调国家干预的"计划经济理论"。还算善于演讲的凯恩斯赢得了信任，成为20世纪"捍卫自由经济的战士"，但从社会发展进程看，斯密经济学的灵魂自此已经消失，自那时起就已经被后继者们颠覆更新，与人们渐行渐远。从此一种新的、甚至综合了某些马列主义"计划经济"思想的主要经济体制逐渐开始成熟并风靡资本主义世界，即延续至今的"混合经济体制"。

在第三次工业技术革命进行之时，我们将有幸共同见证技术革命将怎样再次改写人类的经济体制、生活方式及我们赖以生存的城市空间秩序。这也是本书论述的重点之一。

1.3 经济全球化的幻象

第二次工业技术革命使提供热能的木材、煤炭被石油、电气等新能源替代，石化能源支配经济的能量体系延续至今，世界经济也始终随着石化能源价格的涨落而起伏不定。世界经济与石油供应捆绑紧密。石化能源时代崛起的大国要保持经济霸主地位，最好的捷径是实现对世界石油供应链和定价权的控制。对于石油定价权控制的最有效方式是实行对于交易货币的控制，当然作为终极较量的利器"军事"也必须足够锋利。全球最强大的军事力量沿供应链部署并且可实现全球快速打击的背景下，1971年美国国家安全委员会顾问基辛格博士通过沙特政府与欧佩克毫无悬念地缔结秘密协议，协议确定美元成为欧佩克石油贸易组织唯一结算货币。人类共同的地球资源"石油"开始正式被垄断在以国家为代表的少数经济寡头手中。

事实上石油产业发展需要庞大的资金和公司规模，很难由众多小公司驾驭。往往越是那些跨越国界的规模化、战略性行业，以及涉及更多人福祉的资源开发利用等，越是显现出国家机器对于实现资本逐利与社会价值创造的重要性。显然资本主义经济在这些领域若要实现完全逐利最大化，就要首先完成对国家权力的控制，以国家为工具实现对全球石化能源或者重要供应链的垄断，事实成为经济寡头对于全球不可再生资源等经济掠夺的重要方式。这成为20世纪全球经济发展失衡、经常性的局部战争的重要根源。

当资本寡头垄断国家权力，亚当·斯密所定义的资本主义经济学的"人性论"——完全功利主义的破坏性就将借助国家的强大工具被同时放大。由他们所倡导的经济全球化，事实上成为资本家们全球范围内的新经济殖民运动，因为利润是这些经济寡头们把控的资本主义体制存在的血液，"垄断与惰性"是资本主义经济体制内部难以化解的根本矛盾，功利性是19世纪资本主义经济体系创始人亚当·斯密及其20世纪继承者们的思想灵魂。

即使是涉及发展中国家自然环境与人身基本健康安全的垃圾焚烧、净水处理等民生技术也被限制出口严格垄断。经济全球化所要的仅仅是利润，是对本国碳排放的巧妙转移，并且他们在转移碳排放的同时还在制定限制碳排放的全球标准，而不是与落后国家分享其发展的成果，也不会顾及这些国家人们长远的公共福利和经济发展的可持续性。这种对于利润的无限追逐常引发对于石化能源争夺的局部战争，军事的巧取豪夺、金融战争嗜血般的投机，这些刺破人类进入文明时代数千年以来的价值观、道德观底线的行径，不但不为资本主义"精英"所唾弃，反而成为资本主义世界的英雄价值观，令世人瞠目结舌。

这种全球化的行径已经导致人们对于资本主义经济体制存在的道德与公正性产生质疑。这种从宏观到微观经济的垄断经济体系，导致世界不同国家经济发展严重失衡，贫富差距日趋加大。这让我想起美国经济学家约翰·帕金斯在其畅销书《一个经济杀手的自白》中的一段文字：

> "在美国，究竟还有没有人是清白无辜的？我们国家绝大多数的人，都是靠剥削发展中国家来维持我们美好的生活……当然，获得最多好处的是处于社会经济体制金字塔最顶端的人。"

帕金斯毫无遮拦地揭示了资本主义经济的虚伪性。事实上美国普通民众并没有成为这种剥削经济的受益者，反而成为这种体制下全球家庭负债率最高的国家的公民。并且在美国同样存在大量贫困阶层，即使在GDP位列全球第二的大城市纽约，贫富分化也如第三世界国家一般。

作为人类共有的、有限的不可再生资源被毫无节制地开采、销售或转化成为生产资料，最终大多被用于满足少数人对于财富无止境的贪婪占有。当财富越来越无限制地集聚于少数人时，对于人类而言，这些财富已经失去其真正的价值，反而成为碳排放的始作俑者。经济学家帕金斯也同样提出这样质疑：

"我怀疑，地球上有限的资源能否让世界人民都过上美国人那样富裕的生活，实际上，在美国境内也有千千万万的居民生活在贫困中。"

事实上作为那些对于财富的无限追逐者们，其财富到达一定的顶点，其存在的社会价值就开始趋向负面。而那些睿智的企业家们却能够认识到"熵"的量变关系，适时地表现出当代企业家的社会精神，在追逐利润的同时也不忘记对于社会价值的创造。正如美国经济学家卡罗尔·罗斯教授所言：

"只有在社会中被绝大多数成员使用时，财产本身才最有价值。"

但这只是长期以来思想家们的设想，资本主义经济体系的本质是以最大多数人的公共资源被占有为代价，实现少数人的崛起。

财富与技术的垄断和无止境的私人占有所导致的周期性经济危机一直是资本主义经济体系至今无解的根本矛盾，这种周期性的危机使资本主义即是人类物质的创造者也成为人类社会的最大破坏者。这种创造力和破坏性在20世纪分别到达顶峰，穿越过黑暗的隧道却没能如凯恩斯所设想的那样使得人们可以摆脱逐利的困境走向共同富足的光明彼岸，却引领人类社会步入"熵"时代。

资本主义社会带给世界的破坏不仅仅来自经济层面,还在于坐拥巨富的经济寡头们对于国家权力的日益垄断。他们热衷于推崇巴莱多定律(二八定律),仿佛找到了足以证明其优越于80%国民的真理。一个完全倒向无限追逐个人利润的利益体系只代表不到20%国民的所谓精英阶层,基于创造利润的各种信息媒体也无一例外地掌握在供其奶水的资本寡头手中。为了给精英们的经济游戏创造令全人类信任的环境,媒体控制舆论的导向无时无刻不在灌输给全世界人们关于精英政治、民主选举、工作效率对于自身的重要性等虚幻的游戏规则。而那些游行在大街上抗议的民众几乎很少能够改变政府的重大决策。被垄断的政治体系经常性带给人们不情愿的生活选项和战争威胁。

但资本主义经济主导的舆论机器制造的"民主"幻象吸粉无数,依然令无数不明真相的粉丝们趋之若鹜。这种幻觉的误导和破坏性对于发展中国家兴起的中产阶级而言尤为严重,导致众多发展中国家的强国梦夭折于中产阶层的幼稚病,如埃及、乌克兰和前苏联等。这些国家幼稚的中产者们沉湎于民主与经济全球化的幻象,忘却了或根本不知资本主义经济所崇尚的巴莱多定律及资本主义经济无限逐利的嗜血本性,熟视无睹资本主义经济在全球国家间推行的单边主义的贸易与经济掠夺实质。事实上资本主义经济的"精英"们早已经将"经济全球化"视若面向全球的经济战争。而那些发展中国家千千万万幼稚、充满迷幻的中产者们,只看到一种在梦幻里向往已久的自由和民主像一个艳妇一样时不时向他们暧昧地露出乳沟,但似乎并不知道他们几乎永远也不会属于巴莱多定律中那20%。因为这种早已被资本垄断的媒体包装出的"民主政治"只是一种幻象,当那些迷惑中的粉丝们张开拥抱的双臂,会清醒的发现那只是空气。

越来越多的事实证明,发展中国家崛起的中产阶层存在普遍的、被迷幻的关于"民主、自由"的幼稚病,这些幼稚病患者是导致一个发展中国家发展夭折的最危险的群体,国家应给予其及时引导治疗,否则就很容易陷入苏联、埃及、乌克兰、叙利亚等国家发展中途被夭折的陷阱。

美国媒体人丹尼尔·哥顿 2007 年出版了《入学的代价》，从教育视角揭示了资本主义国家阶层固化的现实。阶层固化早已成为西方社会学家们关注的焦点。

例如整个北美地区，从小学教育阶段开始，占最多数的国家免费公立学校并不注重基础学科的教育，教学目标几乎等于在为社会培养蓝领阶层。只有收费高昂的私立学校才会进行高强度的基础学科应试教育以及大量需要额外付费的兴趣培养，这导致进入名牌大学的学生大多来自私立学校的富人家庭，这基本界定了中产阶层。再往上就是选拔精英阶层，顶级的一流大学的录取除了成绩选拔之外还会对学生的家庭出身、学生的相关兴趣技能等多方面提出全面严苛要求，并且重视社会名流或捐款人的推荐录取。这样就导致只有少数的富翁和社会精英名流家庭的子女才能够凭借这些实力跻身顶级大学，而这一切都建立在雄厚的资本基础之上，绝非一个普通蓝领家庭所能实现。

来自经济生态和社会生态的矛盾，在近些年逐渐引起思想家们热议和整个社会的反思，这在一定程度上导致资本主义社会的内部分裂和矛盾，除了思想家们的著作热议之外，还时常表现在经常的激烈的民众抗议行动。曾经令我们钦佩其创造力的资本主义体制在 21 世纪来临之时逐渐被经济寡头所控制。

正如美国特种作战司令部高级地缘政治顾问帕拉格·康纳所言：

"这算得上民治、民有、民享吗？"

哲学家对于政治的剖析往往可以更深入地剥离表面的光彩。卡西尔在其著作《国家的神话》中有这样耐人回味的哲思："在人类一切的幻象中，政治幻象即市场幻象，是最危险又最持久的幻象。"

在众多华丽的辞藻如"民主、人权"等的背后，往往是经济寡头与垄断组织体系制造的基于逐利的"精英谎言"。在 21 世纪初，资本主义经济体系既步入左右国家政治决策的权力与财富的顶峰，也开始日益表现出面临人们质疑和必然的颓势。这种被资本寡头绑架的单边主义资本主义经济已经将人类带往"熵"的时代。单边主义的经济全球化事实上已经成为世界的敌人。

1.4 "熵"时代

20世纪既是人类物质创造的辉煌时代，也是人类步入"熵"的时代。

资本主义经济主导的20世纪，是追逐利润与生产效率的工业化时代，早期庞大的农业体系和城市、大自然之间长期相对稳定的关系，被快速的工业化、城市化打破，最不同以往的是，仿佛整个世界都已沉湎于经济利益的争夺与较量。城市成为资本游戏的主战场，时势造就"英雄"，成功的逐利者们也不忘问鼎权力，资本主义经济寡头成为众多国家与城市的主宰。

资本主义经济体制的宗旨是要将人们生活的一切都商业化、市场化、交易化。完全被商业化、交易化定义的城市生活事实上具有脱离人本需求、过度放任人性自私、无限逐利的虚伪性。城市的个人生活被定义在追逐商业利益与财富体系之上，实质是少数的个人财富无限集聚和崛起建立在对于全人类共同的地球资源的消耗基础之上，属于全人类的地球资源被开发转化成为被少数人占有的财富。少数人的财富积累速度越快，越是追求生产的效率，碳排放持续增加导致全球生态急剧恶化的同时，地球资源的消耗也越加迅速的面临枯竭。

显然20世纪功利性的资本主义经济体制下的个人财富的无限追逐，使人类已经走向财富追逐与资源攫取的"熵"时代。对于财富的贪婪追逐实质正在令人类面临生存的环境危机，思想家、科学家们的研究一再证明：人类正在面临石化能源时代事关生存的自然生态与关于信任的社会生态的双重危机。

但即便如此，也无法唤起那些经济寡头们的社会企业家精神。他们逐利的本性，使20世纪末兴起的经济全球化成为名为共赢，实质充斥着单边主义逐利的美妙幻象。

刘易斯·芒福德在《城市的起源》里这样描述城市："当城市到达一定的规模，法律与道德就将面临崩溃。"事实正是如此。被利润、市场定义的城市生活具有道德的脆弱性与物质表面繁华之下的虚伪性。城市是一个国家的缩影，城市与国家具有血缘的共性。

"没有永恒的朋友，也没有永恒的敌人，只有永恒的利益"这段来自英国首相丘吉尔的格言，几乎成为20世纪资本主义经济国家竞争及城市生活的座右铭。从日常的工作交往到家庭餐盘里的一日三餐，人们必须或被动遵循于市场、商业利益、利润的法则。城市人们交往的目的更多时候也必须服从于某种利益，每一个人都被迫创造利润，否则生活便难以为继。

一个番茄并不会从农民的果园里很快地交换给城市的人们，而是要经过商人们数度的包装和利润盘剥的交易与权衡之后，才会走入每个家庭。在利润至上的城市里，为了最大化减少长途贩运的损耗，那些食材往往都要被喷洒损害健康的防腐剂，怎样保证一个番茄作为健康的食品相对于利润就会变得并不重要。同样道理，我们就不难理解人们为何质疑那些追逐利润的制药大公司和转基因食品等基于完全商业性质的研发和机器化生产的真实性，甚至还不及对于农业手工经济时代取自大自然的草药材的信任。

事实上21世纪的人们不光是对环境、制药、食品、不可再生资源等涉及生存的方方面面被无限逐利的资本主义经济左右的城市生活产生忧虑。整个城市、国家经济运营体系的公正性、道德性，早已面临人们和思想家、人类学家们的质疑："资本主义经济究竟帮助了谁？"

这种实质对于无限逐利、单边主义的资本主义生产体系的质疑在西方思想家群体和民众之间日益广泛。那些面对生活失望、难以获得真相的普通民众，更多选择走向街头表达他们最质朴的抗议，人们怀疑经济全球化、怀疑资本主义经济、也怀疑碳排放和石油储量的危机。越来越多的科学家和经济学家们给出的答案是：继续20世纪以来基于个人无限逐利的经济体制，人类留在地球的大限或不足百年。

技术越是进步、资本越是进入完全市场化的后碳时代，人类愈加难以辨别与自身安危休戚相关的那些真相。技术的进步既给我们创造新契机的喜悦，也给我们带来焦虑。而当追逐利润的欲望突破理智的屏障，机器时代就会显现出比农业时代更为危险的自然生态和社会生态的双重危机。因此，经济体制创新比以往任何时代都更具紧迫性和重要性，这似乎成为平衡技术所带来的种种不确定性的最好路径。当然，技术革命本身也是旧的经济体走向变革的最直接的推动力。每一次工业技术革命的到来，伴随的必然是一种新的经济体制的诞生。

从历史上的两次工业技术革命历史来看，传统的经济体系最强盛之时往往也是新技术革命即将到来之日。基于深层次的通信技术与能源革命，传统经济体制和全球利益版图也将发生重大变革。在20世纪末，信息技术革命已经悄然打破垄断封闭的旧体制的穹庐，为第三次工业技术革命的开启和人类踏上新的历史征程投入希望之光。

第 2 章　集群创造的时代

2.1 生物的共性

人们在某个领域的创新其实大多来自跨界的启示。亚当·斯密经济学的创立事实上源自对于伦理学的研究，这种跨专业的交叉研究，成就了亚当·斯密的另一部巨著《道德情操论》。斯密基于对人性的哲学思辨，发现了经济创造与人性潜在的动机中某些共性的力量，最终融合成为影响整个人类的斯密经济学巨著《国富论》。达尔文打破传统的学说《人类的起源》的灵感，事实来自于加拉帕戈斯群岛的雀鸟观察和研究。达尔文的成就除了得益于对动物的兴趣，还得益于 5 年的环球旅行。因此，对于想要挑战未知世界的每个人而言，所需要的不仅是忠情于某一专业，还需要学会在某些时候放弃，从另一个深远的地方开始，重新打量自己。

通过生物学研究最终却使人类社会学难题获得解决的例子很多。对于生物群体与人类群体活动之间的某些共性的研究，较早来自哈佛大学教授、昆虫学家威廉·莫顿·惠勒，在 1911 年曾发表过一篇令人震惊的短文《作为有机体的蚁群》。惠勒认为："无论从哪个重要的科学层面来看，昆虫群体就是一个有机体，就像细胞或者人，表现为一个一元整体，在空间中保持自己的特性以抗拒解体……这不是一个概念，而是一种持续的波涌或进程。"惠勒通过对蚂蚁具体活动的多年观察和论述，证明蚂蚁群体存在"涌现"聚合力量。惠勒通过生物学研究证明人类群体与生物群体存在"涌现"的共性。一个几万人或者几万只蜜蜂的群体，即使没有得到任何明确的指令，同样可以依靠彼此间的信息传递完成一项复杂的任务，并且能够自发地维系这个群体的整体存在。

美国著名思想家、科普作家凯文·凯利在其著作《失控》中，透过蜜蜂群体活动的现象深刻揭示了生物群体协同合作产生的创造力，与人类群体之间存在的共性关系。长期以来基于整个西方世界对于中国经济不凡成就存在的不解与困惑，我非常理解凯利为何对蜂群的观察如此情有独钟。凯利凝视着窗外的蜂群，仿佛恍然顿悟，他曾这样描述：

> "当蜂群从蜂巢前面的狭小出口涌出时，蜂后只能跟着。蜂后的女儿负责选择蜂群应该在何时何地安顿下来；五六只无名的工蜂在前方侦察，核查可能安置蜂巢的树洞和墙洞，它们回来后，用圈子越来越小的舞蹈向休息的蜂群报告；在报告中，侦察员的舞蹈越夸张，说明它主张使用的地点越好；接着一些头目们根据舞蹈的强烈程度核查几个备选地点，并以加入侦察员旋转舞蹈的方式表示同意……这就引起更多蜜蜂参与进来进行甄别……渐渐地，一个更大的群舞会以滚雪球的方式形成……最终最大的蜂群获胜。"

凯利通过对蜂群的细致观察，肯定了蜂群存在有机的执行力和自下而上的聚合力量。紧接着凯利还例举了一个由5000人作为乘客共同模拟控制飞机并完成着陆的有趣游戏。通过5000人在没有任何统一指挥的情况下，顺利完成复杂的飞行与降落过程，参与者做到了类似鸟儿做的事。他们成功结群，类似飞行途中的一只鸟儿对于鸟群的形态并没有全局的概念，却可以通过集群传递更快的协作信息，实现整个鸟群的行动一致。在生物界，鸟群疾转逃离掠食者时，通过高速摄像机显示，转向的动作以波状传感的方式以大约1/70秒的速度从一只鸟传到另一只鸟，比单只鸟的反应要快得多。鸟群远非鸟的简单聚合。

人与生物具有完全的共性。人类也同样存在群体之间自下而上形成聚合的力量。在保证信息能够链接每一个人的情景下，人群远非人的简单聚合，这种聚合力量远远超越他们每个人的能量之和。每个人只是作为一个独立的神经单元，存在于自己无法认识和确定其形态的群体中，而即使处于群氓状态的集体，也能够通过聚合实现更高级的智慧涌现。

凯利对此也有此共识。群聚的个体孕育出必要的复杂性，足以产生涌现的事物。随着成员数目的增加，两个或更多成员之间可能的相互作用呈指数级增长。当连接度足够高且成员数目足够大时，就产生了群体行为的量变引起质变。科学家们认为：要想洞悉一个系统所蕴藏的涌现结构，最快捷、最直接也是唯一可靠的方法就是运行它。

并行分布式计算机处理复杂性的能力要好于以体积庞大、运算速度超快的串行计算机为基础的传统超级计算机。21世纪的区块链技术正在试图通过智能密码技术和信任机制，首先实现分布全球的计算机共同参与解决某个问题的能力，并且正在开始融入人们经济及管理活动的方方面面中，这必将产生人们难以预料的能量。

第二次工业技术革命创造了人类点对点实时互联的信息链，实现了个人与个人之间双向信息更加快速的传输。第三次工业技术革命实现无限个点的互联互通，人类神经单元与虚拟的数字技术日趋紧密链接，并构建了点矩阵空间与人类空间的融合，实现信息与价值的双重传输。如果我们能够有效地运行它们，人类就将进入可分布式集群创新的时代，这必将产生出乎人类预料的力量。

2.2 神经单元链

伴随第三代通信技术的快速发展，光纤、互联网技术、网络基础设施的快速建设，可再生能源如风能、太阳能、光伏发电、新材料、人工智能技术等的研发和投入使用，这些基于信息、能源、物质领域的世界构成要素的伟大变革，使21世纪的时光机正在指向人类第三次工业技术革命。

历史上的两次工业技术革命均以信息通信技术革命为先导展开人类新的历史篇章。透过历史我们发现，真正改变人类的是人类信息交流速率的改变。前两次工业技术革命使人类信息交流的方式由原始的书信变为可瞬时跨越国界的无线电及电视影像传播。但这种交流只能建立在双向点对点和单向个点对多点的信息交流传播，还无法建立人们之间实时、双向的无限多点互动。但即便没能建立更多人信息互动的链接，依然推动了世界格局的巨变和人类创造财富的辉煌。

21世纪人类第三代通信技术革命实现了人类前两次工业技术革命以来人类信息交流速率的指数级提升，这是因为人们可以实现点对点、点对无限数量点的实时互通互联，实现了全人类的信息与情感的链接。今天的人们每一天所接收或者交流的信息、思想和知识的总量较之前人类是一种指数级增长。信息技术在20世纪末完成了对于人类神经单元的链接，并逐渐形成跨越国界的全球"神经单元链"，这为人类走向集群协同创造、万物互联奠定了基础。

开始于20世纪末的第三代通信技术革命的标志之一，是互联网创造了人们可以实现信息互联互通的数据链，并且在21世纪初开始走向实际应用。其标志是互联网数字虚拟空间与人工智能、远程自动控制、物质与能量的融合，超越以往的信息互联实现点对点、单点对多点信息与价值的双重传输与全球链接，从而提升了人们经济、政治、军事等活动的效率。

21世纪的第三代通信技术已经实现由信息互通互联和物质传输的高度融合，这促使一种新的交易方式"物联网"诞生。这种新的经济活动正在改变传统的供求关系。过去是生产寻求需求，现在是需求寻求和决定生产。全球分布式的物联网仓储使过去需要数月的跨国交易现在仅需数天时间，小件商品甚至当天就可完成交易，同城交易从网上选购到收取商品只需要几十分钟。

第三代通信技术革命深刻影响力的范式是将第二代通信技术革命创造的线性形态的全球"神经单元链",改变成为一个多维的可以横向与纵向无限链接扩展的"神经单元矩阵"。每一个人都作为一个独立的字节,在这个全球性的数字矩阵内链接属于自己的位置。每一个人都可以有机会获得人生的尊严。这改变了人们传统的存在、思维与信息交流的方式。人类思想沟通与传播从过去相对单一的通道,获得来自互联网的无限量的密集通路;人类接收信息或者思想碰撞的频率和效应呈现指数级提升放大。而当这些通路与传统物流业、金融业等融合,就可带动价值与财富的高效率传输与创造。

这导致人类贸易及物质交换的方式发生根本改变,这是人类由早期的物物交换进入货币交换时代以来的又一次经济增长方式的革命,人们可完全脱离实物通过数字平台实现交易。这种通过数字信息完成交易和价值创造的经济活动,将在一个由数字构建的虚拟矩阵内进行,我们称之为"点矩阵"。

第三次工业技术革命率先从虚拟空间展开了人类技术裂变式发展和经济体制的新纪元。越来越多的迹象表明,其将创造的财富甚至将超越有史以来人类所创造的财富总和。

2.3 点矩阵

第三代通信技术革命颠覆了传统的供应链存在形式及其基础设施的单一概念。传统供应链存在的形式是垂直化的线性形态,每一个供应链往往对应的是一个垂直的多个中间节点组合的供需组织体系。21世纪的新供应链体系的形态是横向的、扁平化的形态,对应的是多个供应链的横向与纵向链接。供应链的基础设施也由过去单一的实体设施转变为由互联网接入分布广泛的"能量点"形成的虚拟空间与实体空间融合的节点。这些节点的总和就是"点矩阵"。点矩阵涵盖五大要素:信息互联网、能源互联网、物联网、区块链、数据。

与第二代通信技术革命相比，第三代通信技术可实现无线通信网络广泛密集的分布接入和信息点对点、点对多的即时链接，无数密集海量的"点"（人、信息、能量、物质、数据）链接成为点矩阵。信息技术革命使人类个体智慧交流和信息的传播具有瞬时性、即时性、多维度链接。分布全球的计算机也由过去的串联工作逐渐转向区域并网，并联对于串联的替代极大增加了计算机的工作效率，与每一个人被链接入一个超级共享群体空间一样，计算机也表现出与生物学现象相符的群体创造优势。

20世纪末，人们获得一个信息的最佳途径不是去图书馆翻阅图书，而是去家中或者办公室的一台电脑登陆互联网；但在21世纪初，人们已经可以随时通过随身携带的互联网终端设备，通过更多渠道获得几乎任何想要的信息和物质，帮助自己创造价值或者协助他人成功。显然如果矩阵内的点向其他各点主动发出信息并得到及时回应，就能够产生群体的协同与创造的能量回路，并实现能量的迅速聚合，使这种矩阵构成了具有庞大吞噬力的能量虚拟空间，我们称其为"点矩阵空间"（图2-1）。

20世纪的互联网实现了信息互联；21世纪的点矩阵空间实现了信息与物质的双重价值互联，并且数据本身也在创造第三方价值，成为数字经济重要的生产资料。

数据被网络链接，并接受来自芯片的智能算法，就能够形成总体大于孤立的单个数据所能创造的价值总合，形成共同协作的价值链。这些"链"构成点矩阵空间的基本形态。数据作为生产资料，具有任意组链的自主性。对于某一领域的市场，更多的资本可以实现更多数据被链接，在没有政府干预的市场环境下，资本可以通过与数据交易，构建垄断的链和点矩阵空间，如阿里巴巴、京东、滴滴出行、亚马逊等。但是如果在反垄断的经济生态内，若失去国家公共网络的支撑，这些几乎完全凭借资本优势压倒对手形成垄断谋利几无可能。类似此类低技术，依赖庞大资本构建的规模化点矩阵平台经济，要实现其对社会总体效益的提升及公共利益的平衡，就需要政府的合理干预引导其成为一种市场价值与社会价值平衡的共有混合经济。否则这种建立在公网和公众数据基础上，通过资本垄断市场供应链的物联网平台将走向不可持续的寡头经济。

互联网的终端设备对于人类而言，已经由过去的外挂式的机器互联转变成为"人机合一、人网合一"的"芯片人"互联时代。不断超越的智能技术甚至已经开始植入人类的身体，人机合一的芯片人类进入信息与物质价值实时链接与分享的时代，我们也可以称其为"分享代"。分享代们所获得的信息量相比以往任何时代呈现爆炸式的几何倍数的增长。他们随时操作着网络终端设备，很多时候也在被设备的智能程序所操作或者影响内心的价值取向。他们与智能设备越加联系紧密，其获取的信息与能量及其创造价值的效率越接近人类极限，并且乐于分享的快乐。

或许你也是分享代的其中一个。你每天都会从别人分享给你的信息中获得快乐、惊喜，或者是知识、财富的收获；你也会经常将一些有益于他人的信息转发给朋友，甚至应朋友之邀毫无功利地转发给一些微信群友；有时候你还会通过来自微信的求助信息，善良地捐上一笔善款。

这种不经意的生活及信息交流方式的改变，正在潜移默化地使"分享代"们的内心世界悄然改变。他们比以往任何时代的人类都更加切身感受到分享与合作的快乐，日久天长，这种乐趣的累积效应越是难以离弃，逐渐成为人们一种接近固定的生活方式。这种基于根本的生活方式的改变，正在潜移默化地重新定义人们的价值观和物质财富的创造方式。

这完全颠覆了自亚当·斯密及其继承者们的资本主义经济体系所倡导的建立在个人主义、自私利己的人性、追求个人利益最大化基础之上的旧经济体制思维。人们开始设身处地感受到分享的快乐与协作的效率，比如人们通过网络群体分享自己的某种技能或专业技术，就会获得来自成千上万需求者的收益，通过互联网与他人分享自己的汽车、完成购物交易或货币交易等就可以实现接近零边际成本的市场价值和社会价值的创造。这些通过信息分享、共享过程中的价值创造，令人们正在更多领域实现成就自己也利于他人的双重价值。这意味着建立在个人实现利己的独自奋斗的经济偶像时代结束了，而方向正确的领袖或思想却也比以往更容易被世界迅速传播或接受，但前提是要融入或被融入这个信息与价值互联的矩阵。

第三次技术革命使人类越加接近人尽其能的平权与更加公正的创造时代。资本通过网络更加容易创造来自个点聚合的市场规模，却也更加容易被个点抛弃，因为个点同时链接着更多价值链，拥有更多选择空间。

2.4 点矩阵空间群体创造

第三代通信技术正在与智能技术、经济、交通、能源、物质以及人类自身相互融合，将曾经分散的万物及个人的象征"点"实现并联，突破了传统的能量串联方式，通过并联黏合成为共同作用超越以往串联的点矩阵空间，人类能量个点由过去的"链"的形态转变成为高度密集、多维链接的点矩阵空间时代。第三次工业技术革命构建的信息与物质能量融合的点矩阵空间，奠定了遍布各地的人们或计算机等实现群体创造效率极限的基础。人类万物互联所迸发的吞噬力、创造力将超越人们的想象。但凡被其链接之处，便可迅速展开事物间的纵向与横向的多维链接，打破传统经济的垂直体系，很快开始生成一种新的扁平化的经济循环体。

例如，将点矩阵的数据库与私人汽车链接，就可以形成私人汽车为主体的自主性、去中心化的群体创造组织。如果每个拥有某种技能的个人链接入点矩阵空间，就可以为自己创造收入。如果将众多资本及企业或个人链接，就可以成为一个无需银行等中间机构并能够提供资本流通与投融资的平台或供应链等。这种创造价值的经济体系是分布式的群体创造。这些数字平台或供应链并不一定需要庞大规模、复杂、垂直化的机构，甚至仅需要一个共同的智能数字化合约。

只有充分构建点矩阵空间，才能成功创造整体大于个体之和的经济效率极限。未来更多企业的规模将取决于点矩阵空间的规模。但是大多数据平台经济的重要特点是：当其到达一定规模顶点时，其总边际收益将会递减，这主要是由变动成本（数据）不断增加导致（边际收益＝售价－变动成本）。

点矩阵空间正在颠覆或创造所有行业的利益格局。点矩阵空间可融合来自不同方向的能量节点，将这些节点的能量聚合，实现聚合能量的传输。这种聚合力量超越各点总和，并实现能量的指数级增长。点矩阵空间可实现人类集群生产力的效率极限。

由此我们可以推论，如果将这种原理利用于国家或者城市之间的合作，在作为各个能量点的国家或者城市之间建立有效的点矩阵空间链接以及实体的交通设施链接，那么这些被链接的国家或者城市也必将产生强大的聚合力，就能够实现经济效率的最大化。

同样，如果针对国家内部的人民或者一个企业的全体员工之间建立一种基于互信和能够发挥每个人创造力的群体链接，也必将极大提高群体的创造力。

基于这种推论，一幅国家庞大的世界经济版图和一种如同点矩阵空间的城市空间形态就开始浮现，人们可以符合逻辑地判断，未来国家的经济版图的扩展可以建立在点矩阵空间这种数字虚拟经济和实体的交通运输链接的供应链基础之上，将更多国家链接成为一个整体，其经济活动将创造经济效率的指数级增长，使链接在共同供应链上的共享空间内的所有国家共同受益。基于点矩阵空间思维的经济发展模式，或将实现国家经济活动效率的极限，更利于创造全球利益共同体经济新版图。

同理，也可将各个城市通过点矩阵空间及实体供应链基础设施彼此互相链接建立合作，也必将实现各个城市的聚合能量大于独立单个城市能量之和的效率极限。因此我认为未来的城市如果要实现可持续的经济效率的最大化，其空间构成的形态应与点矩阵空间的特征与技术内涵相适应。（见第 21 章 "聚合城市模型")

21世纪的经济规模取决于将这两种基础设施有效融合的点矩阵空间分布的密集性与广泛性。从经济学角度分析,数据是点矩阵空间创造价值基本生产资料,互联网构建生产与消费的关系,其生产力是基于不断提升的算法技术。要实现更高的市场经济效率,在于使"点矩阵空间"链接更多数据、覆盖更多的区域。

事实上在硅谷和华尔街一些成就斐然的创新公司中在上个世纪就已经广泛的出现群体创造的雏形,这种最初由几个人或几十个人通过共同合约建立的群体创造机制表现出非常强大的创造力,成为硅谷崛起的中坚力量。

这完全符合"点矩阵空间"集群创造能量的原理:单个点向另外的各点发出信息,能够得到无数个点的积极反馈,迅速使困难或问题获得群体反馈直至得到解决。而这种信息的共享本身可引发无数爱好者参与其中,它们还可以自行决定是否公开还是保密的情景下有偿还是免费的提供服务。

这种越是接近零利润的共享平台加个人的创造方式将越能够创造强大的群体力量,越能够创造更多的总价值(市场价值与社会价值总合)。这是点矩阵空间的典型特征。

经济是一种离不开信任的游戏,要想让"点矩阵空间"可全球分布、更广泛的整合资源创造价值,基于一个共享的平台、效率最大化的从事大宗复杂的经济贸易活动,最好是将"点矩阵空间"构建成为一种信息安全的、可独立的、各相关利益方可信任、去中心化分布、能够智能化自动完成合约与交易,交易合约等数据能够不可更改的被自动存储备查、能够利用全球或特定区域内计算机或个人共同完成某项任务、自动完成内部审核及激励机制,拥有能够无须支付第三方中间费用的零边际成本的智能运营平台。去除交易中间环节实现计算机并联工作本身符合效率最大化的经济学原理。"区块链"技术做到了这些。

第 3 章　区块链

互联网技术实现了人类的信息互联，区块链技术实现人类互信。

3.1 信任的游戏

什么是区块链？我们可以这样简单地理解：互联网技术实现人类的信息互联，区块链技术实现人类互信。

在不久的将来，区块链技术将建立人类互信的时代。人们之间的经济活动将可通过区块链建立的数字虚拟空间，实现彼此信任、权益对等，在此基础上可实现分布全球各地亿万台计算机并联工作、共同完成某一任务，这将进一步释放和增强人类基于消除了隔阂、实现权益与义务公正透明、相互信任情景下的创造力。

具有戏剧性的是，能够实现人们建立互信的区块链技术自身却出身神秘，至少到目前为止，区块链最早出自谁手尚无定论。但区块链技术却被全球的技术人才不断向应用领域完善推进，展现了人类群体创新的新时代来临的事实。这不得不归功于通信技术革命让全人类的信息和价值实现了实时互通。过去人们在一项技术成熟应用并作为商品推向市场之前很难接触到它们，更是无从参与；而现在一种新技术还在雏形阶段便很容易获得来自世界各地的科学家的共同参与创造。

经济是一种信任的游戏，如果区块链建立了利益各方的信任，就可以使世界各地的劳动者通过物联网和区块链以及 3D 打印等技术公平、积极地参与共同创造，实现自我价值和社会价值。传统的经济时代追求的是靠技术或者资本垄断创造经济效益的最大化，信息技术革命使世界各地的陌生的人们可通过信任与协同合作创造经济的效率极限。

要实现每个人都可有序、高效地参与到集群创造，还要求作为一个经济组织或者一个技术研发团队必须采取一种利于个体共同参与创造的机制。这需要一种技术在通往实现人们共同富足的财富顶点的创造活动进程中，让所有劳动者获得彼此信任各尽其能的劳动机会，以及与其自身能力相应的荣誉与财富分配。这种技术就是"区块链"。因为区块链既可建立组织及个人之间的信任，还可提供组织和个人不可逆改的真实数据库。并且能够链接亿万个人或计算机，进行有偿有激励措施地完成某一项生产或交易任务，能够通过智能技术建立的信任机制实现全球计算机并联式工作，通过智能分析和算法技术可以实现每个劳动者能力与价值创造的量化准确。曾经风靡一时的比特币正是利用了其中的基本原理。如果区块链技术得以不断进步完善，将导致传统的经济体制甚至政治体制发生革命性改变。

区块链是一种目前尚处于被整个人类群体不断更新创造、不断扩展其服务领域的智能合约与密码技术。区块链目前可分为公共网、企业网、个人网。从区块链目前所展示的应用情景来看，它将是人类继互联网之后的又一次信息技术革命，或将颠覆未来世界的各个方面。

这种几乎完全脱离以往工业技术体系的新技术，将令所有的国家不分经济与科技发达与否，均可获得同台竞争、跃上顶峰的历史机遇。我们或许有一天会发现，改变人类世界格局的创新不是来自欧洲强国、也不是来自美日同盟，或将来自任何一个第三世界国家。21 世纪的国家已经不是发达与落后的国家概念，而是创新与非创新国家概念。

信息技术革命创造的人类神经单元的实时互通，以及区块链技术带来的信任机制的建立，其共同创造的将是一个可以实现群体创新的时代。如何激发群体创新的力量，是一种经济体制的关键。区块链的神秘性、群发性诞生过程本身就给我们展现了这种群体创新的真实情景。

根据一些公开资料显示，最早于2009年由美国人中本聪创造了区块链技术和数字货币比特币——但是其本人坚决否认创造了这种游戏的核心技术区块链。此后，几乎在世界各地都出现了自称是区块链创始人的声音，一直自称其本人就是"中本聪"的澳大利亚人克雷格莱特在2016年创立了区块链研究类公司。美国思想家杰里米·里夫金（Jeremy Rifkin）认为埃米尔·塔基（Amir Taaki）和唐纳德·诺曼（Donald Norman）也是这类技术应用的创始人。而早在2001年加拿大人维塔利克·布特林（Vitaik Buterin）创建了以太坊，并于2014年建立了与中国市场的联系，使最初并不是很健全的区块链技术更加完善，扩展了区块链的应用范围，被理解为第二代区块链技术。

但区块链技术最早应用于人们敏感的数字货币交易游戏，这导致比特币虽然扩展了区块链的知名度，也令不明真相的人们曲解了区块链技术。要澄清的是区块链决不是一种投机软件，区块链技术未来或将借密码与智能算法等技术构建所有行业及组织的管理和信任机制，甚至将颠覆传统世界的秩序。2014年区块链技术在中国尚处于启蒙阶段；2015年区块链技术开始在上海出现年度峰会，并开始引起政府、经济界关注。

从其已经产生的实际应用来看，区块链是一种以密码学为基础的，依据时间顺序将数据节点（区块）按顺序构成的数据链，利用可增加编辑的数据块来验证与存储数据、并以哈希值命名方式保证的不可逆改、不可伪造的分布式账本，使用密码学技术保障数据传输和访问以及存储的独立性、安全性。区块链具有去中心化、独立运行的基本特征，是由自动化的智能合约编程运行的分布式数据架构与计算方式构成。其积极意义还在于较早实现了分布全球各地的计算机可并联共同完成一项工作。

区块链技术最初被定义为个人、企业、组织机构不可逆改和伪造的账本。随着研究者们的深入研究和实践应用，区块链技术已经突破单一的功能走向所有交易或者组织机构的更多环节，早期最具有代表性的应用是作为比特币的基础架构。没有区块链技术就不存在比特币，也很难有未来的数字交易。区块链将是未来数字货币及所有交易的合约、担保、公正和征信机制等中介环节替代者和技术基础。

区块链技术目前正在被研究者们不断丰富和更新。目前的区块链由基础数据层、去中心化的网络层、各利益方共识层、智能合约层、权益激励分配层和应用展示层组成。基础数据包括基本数据以及相关数据加密、解密和时间戳等技术；去中心化的网络层包括分布式去中心化组网体制、数据传播以及数据验证体制等；各利益方共识层主要包括数据节点的各类共识算法；智能合约层主要包括各类样本、计算方法和合约；权益激励分配层将经济价值体系集成到区块链技术体系中来，主要包括经济体系内的发行机制和分配机制等；应用展示层包括区块链的各种应用场景和实践案例。

该架构中，时间戳界定的是链式区块结构、分布式数据节点的各利益方共识获得机制，基于共识算力的权益分配和独立可编程是区块链技术的核心创新价值。区块链是一种去中心化的数据库，它包含一张被称为区块的列表，有着持续增长并且按时间顺序排列整齐的记录账本。每个区块都包含一个时间戳与前一区块链接；经过设计的区块链保证哈希值（文件的身份代码）不可逆改。

2008年日裔美国人中本聪发表的一篇论文中首次提出关于"区块"和"链"的描述。在中本聪的原始论文中，"区块"和"链"这两个词是被分开使用的，而在被广泛使用时被合称为"区块—链"，到2016年才被变成一个名词"区块链"。中本聪设计了一种可增编的数据块，每一块都有一个哈希值（散列函数，简单地说，就是将任意长度的消息压缩到某一固定长度的消息摘要的函数。散列函数可以设计成具有相同大小的定义域和值域间的一一对应。一一对应的散列函数也称为排列。其具有可逆性，可逆性可以通过一系列的对于输入值的可逆"混合"运算而得到）加密代号，这个代号对应该数据块的内容，每一块都可以与之前的数据块的加密哈希值合并，以保证整个数据链的持续建设生成。

由于哈希值与其定义域信息一一对应，因此具有不可更改性，即使对于输入值修改并且重新运算也难以生成与原哈希相同的值。这种特质使区块链信息的身份不能被随意改写，每一个信息文件对应的是独一无二的身份证"哈希值"，这使区块链可成为毋需怀疑的共识平台。中本聪提到区块链可实现"两方在不需要信任和第三方的条件下实现交易"。

事实上区块链技术最早的雏形来自 2013 年图灵奖得主莱斯利·兰伯特在 1982 年对于点对点通信信息丢失的问题研究，即如果信息传输者本人不够可靠，是否有可能让所有人得到一致的信息？使信息可以通过更多人的验证以保证其真实性。但是这样就对于信息加密技术提出了要求。

1991 年，由斯图尔特·哈伯（Stuart Haber）和 W·斯科特·斯托尔内塔（W. Scott Stornetta）第一次提出关于数据区块的加密保护链产品。2000 年，斯特凡·康斯特（Stefan Konst）发表了加密保护链的统一理论，针对文件签名的匿名性和安全性提出了一整套实施方案。这些技术最终实现了信息的不可逆改性和在保密的前提下被更多人认证的区块链技术体系，并且开始在应用领域创造奇迹。其更为重要的应用价值是，可以实现原本互不信任的各方借此迅速建立相互信任的合作。

2014 年，作为"区块链 2.0"版本的以太坊技术成为一个关于去中心化区块链数据库的术语。对这个第二代可编程区块链，经济学家认为它的成就是"它是一种编程语言，可以允许用户写出更精密和智能的协议，因此，当利润达到一定程度的时候，系统就能够从完成的货运订单或者共享证书的分红中获得收益"。区块链 2.0 技术跳过了交易和价值交换中担任金钱和信息仲裁的中介机构。它们有时候也被用来使人们远离互联网中心，使隐私得到保护，使人们"将掌握的信息兑换成货币"，并且有能力保证知识产权的所有者得到收益。

2016 年，行业贸易组织共创了全球区块链论坛。2016 年 1 月 20 日，中国人民银行数字货币研讨会宣布对数字货币研究取得阶段性成果。会议肯定了数字货币在降低传统货币发行等方面的价值，并表示央行在探索发行数字货币。2016 年，俄罗斯联邦中央证券所（NSD）宣布了一个基于区块链技术的试点项目。许多在音乐产业中具有监管权的机构开始利用区块链技术建立测试模型，用以征收版税和在世界范围内管理版权。2016 年 7 月，IBM 在新加坡开设了一个区块链创新研究中心。2016 年 11 月，世界经济论坛的一个工作组举行会议，讨论了关于区块链政府治理模式的发展。据埃森哲公司（Accenture）的一份关于创新理论发展的调查显示，2016 年区块链在经济领域获得 13.5% 的使用率。

区块链曾一度被认为是继蒸汽机、电气、互联网技术之后的第四大发明。2018 年《麻省理工科技评论》正式揭晓的"全球十大突破技术"之一"零知识验证"技术（区块链核心技术之一），使区块链的核心密码技术用于经济活动变得更加完善。虽然区块链长期以来仍处于技术完善和应用实践的交织行进中，但是其表现出普惠人类世界的潜力足以证明，21 世纪区块链基于人类信任的建立，将重构人类社会的架构。

3.2 区块链应用

在点矩阵空间内的各种资源体系或者经济体系中，区块链技术增强了数字节点的合作性、协同性。成为不同的数字节点间的黏合剂，实现了点矩阵可以离开主网独立运行，实现去中心化、共享化、可分布、可管控等，互联网实现了信息互通共享，区块链实现了价值互通与陌生人们之间的零成本信任。这是区块链技术对于新经济体系的重要贡献。

区块链可以应用的领域主要有：政务管理、物联网、电子商务、分布式制造、交易担保、选举投票、身份验证、公司管理、众筹、信用证明、证券金融交易、股权众筹、智能合约、知识产权、数据文件永久存储等。区块链技术正在协同点矩阵内各个要素在不同领域更加迅速地生成新经济循环体系、管理体系、价值体系，可以帮助物流业、大型集团公司、跨国贸易、制造业等建立分布式经济运营和经济活动全程跟踪服务和监管等一体化管理运营系统，实现企业成本控制、运输、生产、销售、合同智能生成签约、产品或服务全寿命监控、交易数据按时间顺序永久记录等。

例如针对某个企业管理，它的应用场景是：一个部门发出任务请求，其他相关部门即可凭密钥登陆区块链，对该任务形成共识，确认后的任务信息被设计成是不可逆改的，只要修改任务栏内的任何值，该任务的文件名也将自动被修改，并且被时间戳技术按时间顺序自动永久性存储在区块链数据系统中。整个交易过程的数据可随时备查，任务获得共识后智能签约系统自动生成合约，合约也同样具有不可逆改性。合约阶段完成后，系统的激励系统可对各个部门的工作效率进行自动评分，进入个人的劳动价值和激励评估程序，自动实现企业内部各部门的绩效考核并完成奖惩。最终整个流程都被区块链按时间顺序永久储存在区块链系统，使整个交易过程都可以被信任被永久记录。事实上未来任何企业甚至个人都将需要区块链技术，都可基于区块链技术建立信用和价值传输体系。

区块链的应用其实远不止于经济领域，有更为广泛的应用前景。其对于国家、城市空间的影响也不容忽视，区块链技术可以构建不同城市之间针对资源和经济活动进行数据登记和接入，建立有效的合作互信机制，并实现高效率的独立运营管理，为城市实现资源共享、集约利用等创造公正的一体化协同合作的运行平台，使不同城市之间及利益各方得以建立高效率的制度管理和协同生产互信机制。过去繁杂的甚至难以调和的不同城市之间的矛盾问题都可借此技术分散传达给无数个相关利益方进行共识表决，迅速达成彼此间利益最大化的共识。这是过去传统的会议讨论根本无法实现的。这将使未来城市走向聚合、实现跨越辖区的协同合作获得有效的技术支持。

区块链还可建立每个人的职业、教育、医疗、财产、消费记录等不可逆改信息，实时记录与永久存储个人档案，使整个国家公民的个人信息通过国家公共区块链技术实现完全数字化管理和监控，借此可建立整个国家公民的个人区块链信用征信与互信系统。国家只要建立一个类似企业管理形式的全民参与国家政务决策和战略发展的决策区块链，就可实现国家管理与运营全民参与的效率极限。

区块链技术与混合型经济体制融合，可实现政府对于国家战略型行业进行宏观精准的战略引导。对于执行力更强的中国国有企业，如果融合区块链技术，可以化解国企和央企内部的传统矛盾，创造企业内部民主、公正和经济运行高效率；并且利于中国庞大的国企成功转变成为一种具有竞争力的共有经济体制，使国企和央企能够成为创造经济利润与实现全民公共福利的高价值载体。并且利于化解新技术革命带来的"技术性失业"和贫富分化问题，实现国民共同富足的生活。

作为点矩阵五大要素之一的区块链技术可能将颠覆所有行业以及国家政治组织、城市空间等的结构形式。其未来对于事物的影响趋势是：

1. 经济活动领域

基于区块链对于个人征信的认证以及金融业对于区块链的应用，未来人们的经济活动将会实现无实体货币的数字化货币智能网络化交易。

基于个人信息、产品、生产资料、生产、创造等完全数据化，并被接入统一的数据共享平台，未来所有涉及经济活动的传统中间机构将瓦解，几乎所有行业都将面临技术性失业问题。

物联网成为传统的生产者与消费者之间众多中间环节的替代者，但是伴随 3D 打印技术的日趋成熟，在众多行业领域，消费者也将是生产者。这或将抵消大部分的技术失业率。

区块链将会进一步拓展更多经济领域实现全网计算机并联工作，将极大提高数据处理能力，指数级提升经济运营效率。

2. 国家政务管理领域

国家对于国民及组织机构的监管成本将指数级降低，每个国民既是监督者也是被监督者，同时也是随时可以被信任的管理参与者，国民将更加自律，更加积极公正的参与市场和社会价值创造，更快实现人性升华。

国家组织机构将面临较大范围的调整，处于国家管理中间环节的地方政府将逐渐失去价值或将面临瓦解。

国家间基于信任的确立将使国民越加趋于互信、理解、协同合作，社会价值观趋向大同，并将创造全球经济活动的效率极限，财富的创造力将超越以往任何时代。

3. 价值观的改变

社会财富价值观由过去"重拥有权"将开始逐渐向"重使用权"过渡，定义个人价值标准将由过去的资本价值转向更多一些社会价值的平衡。

4. 城市空间的改变

由于区块链带给新经济活动方式的改变导致城市产业格局、生产方式、消费方式、价值观等转变，将颠覆城市主体功能区与聚居区的传统空间格局。

21世纪的今天，互联网、物联网、区块链、人工智能技术、新能源等的出现与融合应用，使越来越多的国家开始参与第三次工业技术革命的进程。以第三代通信技术革命为开端的社会变革正在进行，新经济时代已经悄然来临。

第 4 章　新经济时代

资本时代转向数字经济时代，经济规模取决于"点矩阵空间"规模。

4.1 数字经济

21世纪的新经济将是资本经济时代转向数字（数据）时代的过渡。而点矩阵空间本身就是一个庞大的共享数据库。未来的经济规模取决于点矩阵空间规模。数据作为新经济时代的生产资料，数据规模决定点矩阵空间的规模。

点矩阵空间可创造低成本、分布型、扁平化的经济结构体系，正在改变以往传统经济结构的垂直化、规模化的经济体系。

通过将点矩阵空间与人们的经济活动融合，利用规模化的数据和网略可以使更多个人和小型企业更加便捷的参与到群体创造中来，进行分布式创造，基于对个体数据的依赖，人们既利用数据创造利润也直接分享数据和利润，人们即是劳动者也是数据的直接供给者，这对于传统的规模化企业以及数字经济组织而言，要基于传统的市场垄断或资本垄断实现类似以往的高额利润就变得不切实际，因为其很容易被数据供给者抛弃。

虽然数字经济企业的直接利润大幅度降低，但相比传统经济将会实现社会价值和经济总量的指数级倍增，数字经济组织与生产者处于更加接近对等互惠的协作关系，而非传统经济的雇佣关系，数字经济企业必须与劳动者达成这种互惠才能够获得可持续发展。传统的依赖资本与市场规模垄断的旧经济体系将被削弱，有些甚至将很快消失。个体生产和服务的成本降低，资本利润被分享并出现大幅度降低的同时，社会总生产效率及社会财富的增长却得以实现指数级增长。

以往的两次工业技术革命显示，通信技术革命从来都不是在孤立中进行。伴随每一次通信技术革命，传统经济体制也被逐渐颠覆。

新能源及能源互联网技术正在驱动新智能机器超越以往的能力和通勤距离，用以解决机器分布式布局的可再生能源发电及移动能源储存和输出技术不断进步，能源的数据化、网络化智能接入系统也在突飞猛进，计算速度的快速更新等将使人类通过数字经济史无前例地实现物质创造的新辉煌。

由于点矩阵空间使资源利用以及经济活动更加便捷和具有即时链接性，使人们生活与经济活动的方方面面都可以在点矩阵空间中分享和高效率运行，与点矩阵空间融合的经济活动和资源利用便具有"效率性、便捷性、即时性、共享性、集约性、去中介性"。这些转变导致传统经济的"金字塔"垂直结构模式正在出现坍塌，以及洪水般的"技术性失业"必将来临，全球利益版图正在开始重构。这些变革将使所有国家面临数字经济与人工智能主导的新经济时代的挑战。

生产和服务的网络化、虚拟数字化运营模式正在重新配置传统的城市商业空间和工作模式，新技术催生的信息分享和物联网、区块链技术已经与人们的经济活动、生活需求紧密融合，开始走向集群创新的新经济模式和生活方式。最初的信息互联与分享逐渐以去除中间环节的模式，更加直接驱动物质信息和能量迅捷地点对点和多点传输与共享，并且将迅速蔓延至更为广泛的管理、生产、交通、教育、医疗等领域，使曾经复杂、垂直的管理、生产、服务或合作体系开始从过去繁杂的中间环节解脱。

横向链接的各种能量开始跨越事物彼此的传统界限展开合作，构建空间协作新秩序。任何经济活动想要更出色的成就，取决于能否链接更多的"能量点"以构建自己的分布式行业矩阵，因此数字经济企业发展战略中构建自己的点矩阵空间将是首要任务。

数字经济规模由数据规模决定。资本正在转向与数据实现交易的数字经济的时代，利益版图将由点矩阵空间的覆盖范围决定，国家和城市借此则可跨越零和博弈的传统边界纷争，重构其跨越国界或城市辖区的利益矩阵版图，而非传统的地图标注的边界线之争。

数字新经济的具体情景将是以点矩阵空间为核心的数据平台加个人或者数据平台加公司或经济组织的新经济模式，而非过去传统的公司加个人。

对于数字经济的组织者而言，数据就是生产资料，在很多领域，数据来源于每一个生产者，大多数字经济只有在成就生产者的同时才能获得稳定的收益，这导致数字经济很难通过垄断实现利润，虽然利润不会像过去垄断垂直型传统经济那么高，但是数字经济可以通过扁平化、并联的模式链接更多生产者创造规模化的经济效益，同时可创造超乎想象的社会价值，能够实现总体经济创造的效率极限。

要维持新经济体系的规模效益，就必须链接更多的生产数据，就必须更加接近零利率，在实现市场价值的过程中自觉地同时实现社会价值的最大化。这是数字经济难以回避的、必然的发展定律。其利润规模来自愿意被链接的个体所构成的群体（矩阵）规模。基于数据这种生产资料的特殊属性，任何数据平台型新经济若想通过传统的市场垄断经济模式来获得巨额利润都将是不可持续的。

这是一种前所未有、关联性复杂的基于第三代通信技术创造的点矩阵空间新经济模式。未来凡是利于群体创造力的物质，都可以与点矩阵空间嫁接，形成一种集群创造的新经济。并能够实现市场价值与社会价值（公共福利）最大化。例如传统的基金公司、物流公司、房地产公司、设计公司、办公空间租赁、停车场（库）等，所有的资源都可以接入点矩阵空间。

目前所有的数字经济，例如阿里、淘宝、京东、滴滴打车、共享单车、共享汽车等，若想要维持或继续拓展其经济规模就不得不逐渐降低其利润率，越加接近零利率。实现与作为数据供给方的生产者和公网供给方的国家之间共享共有的分配机制，这是实现其自身及整个国民经济与共同生态圈可持续发展的必然。

作为数字经济的核心架构，点矩阵空间实质是一个超级共享中心，并能够实现一个国家和企业的超级利益版图，物联网的迅速发展就是这种数字空间与物质空间融合的案例。

或许我们可以通过了解"递四方"等那些原本依靠肩挑手扛传统货物的运输代理公司的发展经历，理解物联网的发展现状。根据其公开的数据资料显示：2004年递四方速递公司在深圳成立，从一个机场后端的几百平米的小场地起步，到2017年已经是60亿的规模。雄心勃勃的2018年计划显示，整体营收将超过100亿目标。其2017年货运包机达到80多架次，2018年计划包机500架次，其中300架自用，200架与其他供应链上的合作伙伴共享使用。

递四方这样的传统公司能够发展如此迅速，主要得力于一个新经济时代的到来。正是点矩阵的存在使这个敏锐的物联网公司能够链接更多资源和能量。其最早经营单一通道处于传统垂直产业链末梢的货代业务，几乎完全依附于货源方生存，在互联网还没有成熟应用的早期，这样的初创小公司很难有横向拓展空间的经济实力。自千禧年开始，伴随互联网技术的快速发展与成熟应用，递四方公司通过亚马逊、EBAY、速卖通等这些互联网平台链接金融支付、物流站点、货源方、渠道、推广、招商等全产业链，并且构建属于自身的物联网，使处于传统产业链底端的物流公司成为与产、供、销平齐分享产业链利润的不可或缺的第四方合作伙伴。目前该公司网络布局已经遍及全球主要城市，拥有

27个海外公司、800多人的海外团队，仓库面积将近30万平方米，在中国主要城市都设有自营网点，全球员工4000多人。

无论是递四方还是阿里、京东以及近几年迅速崛起的物产云商、蚂蚁金服等这些数据平台公司，均是数字经济的代表，跨行业的物联网络与大数据构成基础的生产资料，并由互联网平台实现资源整合与共享，建立相互间的生产关系，通过计算机实现资源利用与彼此间合作的效率管理等，是其基本的运营情景。

越是掌握更多数据的城市或企业越是数字经济发达的城市或企业，越能够在21世纪的新经济时代异军突起。拥有众多数字产业的城市如中国杭州很快将会成为下一个巨型城市。虽然目前看来数字经济带给这座城市的GDP并不多，但其创造的社会价值令中国其他城市望其项背。人们会发现未来全球将会有更多的创新企业转向数字经济，并引领社会大众参与各种各样集群创新。更多的经济形态将逐渐告别传统的垂直结构的资本经济时代，转向扁平化、市场边际模糊的数字经济时代。

一个共有与共享的数字经济时代正在悄然来临。未来一个成功的企业家一定是来自能够从普惠大众的某种经济方式中获得自我价值和经济利润的成功。这并非是要其实现人性的升华，而是基于实现自身利益的必然，这是数字经济时代的基本特征之一。

21世纪的新经济体制诞生于虚拟技术与实体技术的融合，新经济体制的模式将呈现点能量聚合的矩阵形态，一种由无数的点能量聚合、空间共有共享、集群共同创新的存在形式，我们将其称为"共有经济体制"（详见第10章）。作为一种诞生于科技革命的新经济体制，我们还需要后面几个章节来说明人们对于理想生活方式的追求与经济之间存在的那些共识与分裂，才能说清楚它之所以能够成立的来龙去脉。

单边主义的经济全球化受阻、石化能源供应危机、碳排放带来的环境压力，资本主义经济的颓势，世界经济长期徘徊在低谷，发达资本主义国家人们的思想在反思中越加走向分裂。新经济合作组织遍布世界各地，点矩阵空间创造的数据分享与更加扁平化、更具普惠意义的数字经济重创了传统的经济体系，使得主导了 20 世纪的资本主义经济体制面临严峻考验。

4.2 资本的宗旨

资本主义经济的宗旨源于 19 世纪经济学家亚当·斯密及其 20 世纪的继承者们基于"人性论"对于经济学的定义。斯密强调人性是自私自利的，国家应该放任个人自由竞争，使每个人都在竞争的环境中，追求个人利益最大化，至于个人与个人、个人与社会之间的资源分配则会由市场（看不见的手）自动调节达到均衡。这是古典经济学的基本原理。

但是在 20 世纪 40 年代的美国经济大萧条时期，斯密古典经济学所表现出的无能为力令其受到西方世界广泛的质疑，甚至曾一度面临被抛弃的命运。这个时候作为其继承者凯恩斯提出"看不见的手"有时也会失效，应由政府适度调控市场的需求规模，以实现总的经济平衡。凯恩斯并没有完全否定斯密经济学，而是巧妙地将马克思经济学的计划经济原理与斯密的自由市场经济学融合，以及通过对 1933 年席卷整个资本主义世界经济危机的反思，于 1936 年完成《就业、利息和货币通论》一书，创立了现代宏观经济学。

这事实上颠覆了斯密经济学《国富论》中基于完全自由市场化的经济学理论基础，一定程度地显示出马克思计划经济对于市场的调节作用。但是这并未阻止亚当·斯密及其继承者们共同创建的资本主义经济将人们创造价值和人们生活的各个方面都带入自由逐利化的经济循环体系中。其宗旨是人们所需物质和智慧的创造等完全以商品的形式在市场中交易，市场和利润既是定义城市人民的生活坐标也是资本主义经济体系存在的"血液"。资本主义经济的另一个宗旨还强调个人逐利自由化的全球市场经济。这既给资本主义经济创造了繁荣，也最终为资本主义经济带来难以调和的周期性矛盾与危机。

对市场的无限占有和对利润的激烈竞争，终将导致更有经济实力者构建完整的垂直金字塔盈利体系来争夺市场份额。有时候整个社会都在针对某一产品市场提高生产力以抢夺更多的客户和市场，最终形成过剩危机后的市场垄断，使买方面临单一的选择，同时导致垄断者失去创新动力，并且为了保护垄断利益而时常阻碍整个社会经济的可持续前行。

这就需要在一个漫长的时间里等待新的市场参与者的涌现，带来新的技术突破，提高生产效率，从而打破其之前的垄断。但是这种建立在个人或私营组织赢利的周而复始的恶性循环，消耗的是人类共有的不可再生的地球资源，损害的是大部分人的公共利益。这既是凯恩斯承认的无解的矛盾，也更符合物理学能量转换理论体系对于"熵"的解释。毋庸置疑，资本主义经济面临基于无限满足私人占有为目的、周而复始的自我重生与自我破坏的"熵"的不可持续的困境。

资本主义经济体系对于经济全球化的单边主义宗旨也令人们质疑它的道德性。即一个国家群体通过缜密的政治经济体系，对于弱势国家群体进行完全以逐利为目的的资源与利润的掠夺有失人类公允。社会资源的无限私有化、对于财富的无限追逐、日趋严重的贫富差距，将属于全人类的地球资源无限制转化生产成为少数人据为己有的财富，这种无限占有财富的资本主义经济相对于有限的地球资源，具有不可持续性，即使资本主义国家的人们也对于其政治经济体系的公正性存在普遍的质疑。

当代经济学家们也时常聚焦这些问题，但是谁也不确定未来如果技术创造生产效率的极限，产品极大丰富、价格和利润实现最低，并且实现个人经济与公共利益最大化的新经济体系到来之时，传统的资本主义市场经济如何保持正常运行或者实现何种方式转型。

美国思想家杰里米·里夫金认为,我们可以符合逻辑地假设科技创造了生产效率的极限,实现了服务、产品成本的最小化,服务和产品实现最低利润足以促成公共利益最大化。人们实现了生活的富足,传统规模化的利润垄断经济体系消失,市场不再重要,资产也变得不再重要。那么失去利润血液的资本主义经济体系或将走向衰落。

里夫金显然对于马克思关于人类历史进程的精彩论述并不陌生。在我们看来,里夫金似乎高估了资本主义经济体系的韧性,资本主义经济体系的没落之日甚至等不到利润与市场不再重要之时。这是因为资本主义经济体系长期奉行、赖以生存的单边主义"新经济殖民"的自私性、资本的完全逐利性已经面临各国人民的普遍质疑。这一方面源于资本主义经济体系自身的根本矛盾,另一方面来自第三代通信技术革命创造的新经济体制与人类共同生态圈意识的觉醒。

但是如果这种创造了西方经济繁荣的资本主义经济体系日薄西山,究竟会有怎样的新经济模式出现?这个问题其实早已经在众多西方思想家中得到朦胧而热情的讨论。曾深刻影响美国20世纪经济发展的宏观经济学家凯恩斯就曾在其一篇题为《我们孙辈经济发展的可能性》的短文中提到:新科技正在以前所未有的速度提高生产率并降低商品和服务的价格,同时生产商品和提供服务的人力消耗也大幅降低。凯恩斯还提出面向未来的人们"技术性失业"的前瞻性预言。但是他承认这并非是一件坏事,相信会有利于人类技术进步,并可能提供更好的解决方案。

坚持"上帝让位给市场"的凯恩斯还曾这样期待未来:"我们将很快达到一个点,在这个点上,所有经济需求都将得到满足,人们愿意把更多精力投入非经济活动。"他还曾以自嘲的口吻毫不避讳地告诉人们,他将努力带领一个国家经济体系实施"经济殖民"的"邪恶"的历程,然后期望一个新的"阳光普照的新时代"的到来——那时人们享有近乎免费的商品或者各类服务,整个社会达到富足的生活水准，人们从拜金和逐利的困境中解脱，实现为理想而生活工作，关注生活的艺术和实现自我生命价值中的人性升华。

正如凯恩斯所愿，"邪恶的历程"展开近一个世纪，资本主义经济创造了人类有史以来最大的财富辉煌，但是人们并未等到"阳光普照的新时代"来临。众多资本主义国家在20世纪末达到了社会富足的标准，接近了人们公共利益最大化的理想生活的边缘。但遗憾的是，资本主义经济创造的财富大部分进了少数资本寡头的口袋，他们并没有打算用来实现全民的理想生活。逐渐被资本寡头控制的国家却将人们带向了不断刺激消费、实现资本继续无限逐利的全民消费主义的深渊，毫无节制的贷款消费令人们由富足变成毫不知情的"负翁"，这让金融和资本寡头成为全体国民的债权人。这是资本主义经济的悲哀。

海量的财富难以满足极端消费主义的鲸吞蚕食，以及资本主义经济内部矛盾"垄断与惰性"所导致的生产过剩与创新发展延缓的周期性梗阻。令以美国为代表的一些资本主义国家，在很快消耗掉20世纪工业化积累的巨额财富的窘境下，为了刺激消费需求形成新的市场，转而大肆依赖"财政赤字"这一惯用的常备工具。政府高额举债以化解资本亏空和消费需求不足的困境，资本寡头们同时鼓励民众长期借贷消费，这种不可持续的对于未来的透支，虽然扩大了需求市场、刺激了供给生产，也使其经济越加远离良性循环，陷入往返逐利的困境。

当经济寡头们实现对国家权力的控制，资本主义经济体制定义的个人主义、自利性、惰性的人性本质从作为经济的驱动力被国家化、权力化，21世纪资本主义经济全球化依然是对于弱国的经济殖民与资源的掠夺。资本家们似乎为长期举债的消费主义找到了救药，肆意爆发的局部战争、颠沛流离的世界难民，关于公共福利的诺言之后是全球经济殖民的贫富失衡。面向经济贫弱的国家，贪婪如同嗜血巨兽的资本主义经济从不吝惜其自然环境及对不可再生资源、人类共同生态圈的保护。

当通信技术革命建立起人类信息的互联，世界共同生态圈、命运共同体意识与国家发展意识开始在世界范围内产生广泛的共鸣，面临道德质疑、诟病一身的资本主义经济全球化在信息时代越加难以推进。经济全球化受阻意味着资本主义经济跨国垄断逐利体系的崩坍。伴随数字经济对于传统经济的冲击，以及资本主义国家思想家们和民众对于自身经济体制的深刻反省，21世纪资本主义传统经济体系面临严峻的消亡危机。对于经济、政治体制的重大改革将成为传统资本主义国家的进行时。

事实上20世纪崛起的资本主义经济曾错过一个体制改革的最佳窗口期。这个窗口期就是2000年，此时美国的GDP连年增长首次突破10万亿美元，超过第六名中国1.2万亿美元近10倍，超过第二名的日本4.8万亿美元2倍，超过第三名的德国1.95万亿美元5倍多。而到2017年，美国GDP与中国的差距已不足1倍。2000年前后是以美国为代表的发达资本主义国家进入后工业化以来与发展中国家之间占据绝对优势时期，若依据其人均收入标准，其经济总量事实已经到达凯恩斯预测的人们的富足时代。但是大多数资本主义国家非但没有进行与时俱进的转向，实现社会价值与资本价值平衡的经济体制改革，以激发富足的国民自发、自由地创造价值和参与国家群体创新，资本寡头反而引人们走向极度奢靡的消费（浪费）主义，以便为资本创造更大的需求市场，导致资本主义经济再次走向周而复始的危机泥潭。

这导致资本主义经济未能扭转化解其内部一直存在的垄断与寡头经济的根本矛盾，国家民众创新乏力、国民贫富差距持续加大，国家权力与民主被资本寡头操控与绑架，国民教育体系日渐表现出阶级固化的弊病。去工业化的经济全球化导致实体产业空心化，而利润并没有合理分配给广泛的民众，海量的财富只是进入了少数人的口袋，去工业化导致的产业空心化的不利后果却抛给了广大民众，长期实行的全球人才移民计划以实现国家科技创新策略也因世界各国自主发展意识崛起和民族主义高涨导致人才大量回流而遭重创，以美国为代表的资本主义经济体制的不同社会阶层之间日益表现出分裂的端倪。

从宏观经济角度分析，占有全社会80%财富的20%的富人的财富还在继续增持，贫富与阶级分化持续扩大、消费主义盛行（英文原意是"浪费主义"），大多资本主义国家的全民福利的成本支出却并非完全来自国内的经济收入平衡政策，而是主要来自跨越国家的新经济殖民，20世纪后半叶的经济全球化事实正是这种新经济殖民的美妙化身。

但21世纪全球各国自主发展与区域经济合作意识强烈，资本主义经济全球化的新经济殖民举步维艰，表现出整体经济的颓势。这导致日益被经济寡头把持政权的西方发达国家面临两难抉择：要么继续强化经济、技术、军事垄断等增加掠夺他国的单边主义经济筹码，要么针对资本主义的根本矛盾和危机的根源"经济寡头与垄断组织"实行自我革命。

在资本主义经济面临抉择的两难之际，在21世纪第三次工业技术革命到来之时，传统资本主义经济强国表现出对于发展中国家经济快速崛起的某种惶恐和遏制，人类社会既迎来历史性发展机遇也面临诸多不确定的危险性。

事实上，人们很难相信根深蒂固的资本主义经济能够进行一场无异于自宫的革命。在资本寡头控制国家权力的资本主义国家，每一次面临经济危机之际，资本主义经济的劣根性所爆发的破坏力和野蛮掠夺的侵略本性就会殃及世界，这应引起全球爱好和平、致力于经济合作发展国家的警惕和积极的军事防范。

第 5 章　我们为什么需要那么多

5.1 经济杀手的自白

事实上工业化成功尚不足以令消费主义盛行、经济寡头控制的美国经济长期超越欧洲劲旅成为 20 世纪的常青树，美国能够维持高负债率的经济强势运营的策略是：通过在全球范围输出战争或制造区域国家间矛盾实现巨额的军火销售；基于全球快速打击的军事实力支撑下对石油等能量供应链的控制（定价权）；美元经济（世界以美元结算的货币交易垄断体系）；华尔街资本快进快出金融投机游戏（资本对于证券、股票、国债市场投机性牟利）；单边主义的经济全球化等。

但是这些策略还只是浮于表面的全球竞争，真正使其能够如此长久维系这种嗜血般盛宴的根本原因是美国的全球人才资源竞争策略。

对于全球人才的竞争来自两个方向：

首先是通过发达的大学教育体系，向世界各国优秀学子提供丰厚的奖学金和就业机会，吸引全球未来顶尖人才。

其次是通过灵活的移民政策和先进的实验室吸引全球各个领域的顶尖专业人才和科学技术人才。

推进人才竞争是美国针对全球竞争的基本国策，其基本措施是对国内实现人口的高度自由流动，对国际实现人才的自由流入。国家投入并鼓励资本市场建立广泛的科学实验室。建设一流的大学教育体系。建立知识与市场挂钩机制，尊重知识的经济价值，保障知识处于价值链顶层。基础教育重视个人兴趣培养和社会实践，鼓励创新意识。为了保持公平竞争和持续创新，维系经济的长期繁荣与市场活力，美国针对国内实行积极的反垄断法、专利申请保护、个人收入调节税、遗产税等。这些措施令美国取得全球瞩目的科技与经济领先优势，值得发展中国家学习。

这在数字经济到来之前的20世纪，是美国始终能够保持科技领先、各类产业创新升级进步的决定性战略，并且可以毫无夸张的认为，美国科技创新奠定了人类第三次技术革命的基础。

但是随着国家权力和财富越来越集中于经济寡头，使美国越加被其传统资本主义经济的"垄断与惰性"所控制，处于垄断优势的经济寡头们无意实现经济体制创新转型，继续钟情基于资本和技术垄断等单边主义谋利。

美国经济学家约翰·帕金斯在其著作《一个经济杀手的自白》中这样描述：

> "在美国，究竟还有没有人是清白无辜的？我们国家绝大多数的人，都是靠剥削发展中国家来维持我们美好的生活——当然，获得最多好处的是处于社会经济体制金字塔最顶端的人……这些国家不得不让美国肆意开采他们的自然资源，也不得不忍痛把国内的教育、医疗和其他社会建设计划放在一边，而首先偿还我们的债务，但是实际上我们已经从建设工程中回笼了大部分资金，尽管计算贷款的公式上并没有算上这些钱。难道"大部分美国人不知道"的借口就意味着我们无罪吗？也许有人说"不知情"，也许因为有人故意误导，但是你能说你是无辜的吗？"

功利主义的资本主义经济背景下，资本利润最大化是其存在的天性和必要条件。既然操控金融和输出军火可以轻松赚钱，谁还愿意从事相对辛苦、低附加值、人员结构组织复杂、耗资耗神的制造业？所以美国人自20世纪90年代起就逐渐普遍放弃实体经济而转向金融虚拟经济，除了军工及少数大型高端制造业之外，已经变成一个实体产业空心化的国家。这被投机经济学家们美化为"去工业化"，当投机性经济盛行、实体经济便此长彼消，更加无人问津的实体产业出现实质性的衰退，底特律等诸多城市的破产没落、更多风雨飘摇找不到产业方向的那些美国中部传统制造业城市日渐衰落，田纳西州引入韩国锦湖轮胎的窘迫并非只是个案。更多的州政府迫于经济下行、失业人口增多的压力开始有计划地全球招商。

但人们或许忽略了这样的事实：去工业化只是资本家们为了赚取更多利润将工厂转移向劳动力更便宜的国家而已，这被称为"经济全球化"，资本主义国家倡导的经济全球化并非完全是传统制造业合理公正地向廉价劳动力国家转移，而是基于完全逐利的目的。资本家们的经济全球化并不会照顾到美国人民合理的公共福利和由此导致的失业危机、更不会照顾到被经济全球化国家人民福祉和公共福利，他们只在乎自己的利润。

这些对于经济寡头和垄断者们还不够，他们更热衷于向世界输出被戏称为"剪羊毛"式的经济殖民和对石油控制权的局部战争。即使如此也难以抚平崇尚完全自由逐利的资本主义经济体制下少数寡头经济的贪婪内心。事实是美国20世纪创造的全球第一的财富却并没有属于国家和那些小企业主以及最普遍的人民，而是进了少数几家资本寡头和垄断者的口袋。这个被寡头们控制着财富与政府权力的国家不但将人类带入"熵"时代，甚至还正在将人类带入随时毁灭的险境。

美国近百年以来的国家GDP长期排名全球第一，这样一个拥有海量财富的国家，却无心实现先贤们的真正理想——实现人们可以摆脱逐利与拜金主义困境、实现人性的升华。更无心实现与他国的共同富足。而是继续将无限逐利建立在对于弱势国家的单边主义的经济体系之上。

但是如果人们了解了资本主义经济学原理，就不会对此感到不解。因为经济寡头与垄断的存在是资本主义经济学难以解释的矛盾，这已是经济学界的共识。

似乎这个世界上没有人能够明白这些经济寡头和垄断者们以不惜代价的消耗地球资源、并导致碳排放带给人类生死存亡的危机攫取囤积巨量财富，其对于生命本质和人生价值的意义在哪里。

在很多人看来，美国既不属于美国人民，也不属于美国政客，而是属于那些大资本家。因为政府的权力和决策有时受金融财团控制、有时受各大军火商控制，有时候由更为强势的垄断财团控制。美国的垄断寡头们在幕后操控政府的政策走向，试图控制整个世界的财富。他们的目的并不是要更多实现社会价值、引领人们走向共同富足的民主政治。而是如美国思想家里夫金所言：

"拥有企业家精神的人们事实上难以在这种环境中发扬光大，资本主义经济体制的宗旨早就告诉人们，自由资本主义经济体制只有一个目的，那就是逐利。"

人们不要指望这类国家会是一个可以团结世界人民的政府，当那些幼稚者们张开拥抱这种政治的臂膀时，事实对他们来说意味着一切都只是空气。确切地说那些表面用民主粉饰的政治把戏对于人们，仿佛只是方便经济寡头们肆意掠夺世界财富、有着严密组织的虚幻的马戏团。人们看到的允许民众游行抗议的"自由"游戏规则背后，是从未被改变过的垄断极权的铁律，非正义的战争与经济掠夺从未因民众的游行抗议而被终止。

美国寡头资本通过何种令他国难以涉足的方式操控世界？既不是全球化的制造业转移，更不是其垄断的技术输出，而是完全不需要实体经济的货币游戏。英国银行家梅耶·罗切斯尔德（Mayer Rothschild）曾说：

"只要我能控制一个国家的货币发行，我不在乎谁制定法律。"

只要让美元成为世界通用货币，资本家们就可以操控世界经济游戏。用自己可以随意印刷的"货币"役使发展中国家，展开全球化的金融掠夺与经济殖民。需要更多的产品就开动印钞机印刷更多美元。但是为了维系游戏的可持续和对美元的投资信心，美国并不会无节制地发行美元，让美元不断贬值。所以也要有所控制，当需要美元回流时的一个方式是发行国债，通过发行国债又让输出去的美元重新回到美国。这样美国人就开始玩起一手印钱、一手借债的游戏，发行销售更多国债，最终再通过调节汇率、美元贬值来对冲债务。

印钞能赚钱，举债也能赚钱，以钱生钱，金融经济比实体经济赚钱更能获得暴利和刺激。回流美国的美元，再次进入美国的三大市场——期货市场、国债市场和证券市场。然后再以资本的形式输出海外，进而操控其他国家的各种产业。这样循环往复地产生利润，美国由此变成一个面向全球进行经济殖民的"金融帝国"。

"金融帝国"还需要一个必备的条件是美元必须成为全球通用货币。这需要先让美元跟黄金交易挂钩，最重要是与石油交易挂钩，通过这两个方面来实现。石油的重要性在于其是各国的必需品，要维护美元地位，就要牢牢控制石油，中东必须在自己或者是代理人控制之下，要控制中东就必须先排除其他大国在此地区的影响力。所以美国需要对俄罗斯的代言人叙利亚进行政权颠覆，一向不屑美国霸权政策的产油大国伊朗也被列入打压分化的阵营。昔日富足与繁荣不再的利比亚、伊拉克、乌克兰人民正是石油霸权的牺牲品。

美国一方面需要在落后国赚取利润，一方面对落后国家实施严格的技术出口限制。美国从来没有想要与那些落后国家的人们共同富裕，也没有想要让自己国家的人们实现富足。被寡头垄断权力的美国眼里除了利润还是利润，越来越倾向依靠战争机器和金融、货币殖民霸权、新殖民主义的经济全球化来掠夺其他国家财富，逐渐走向全世界人民的对立面。这是美国的悲哀。美国的希望在于面向 21 世纪进行新经济体制改革，寡头和垄断组织者们放下权力与自私,走向资本价值与社会价值平衡的新经济时代,而不是引领人们再次走向掠夺与战争。

5.2 供应链上的群雄

针对传统石化能源供需矛盾与环境危机的窘境,以及单边主义的经济全球化,世界具有卓越远见的各国纷纷将能源与技术创新、环境安全的可持续发展作为国家经济增长与竞争的长远战略,并展开国家间通信、能源、科技、经济领域协同合作与研究,以增强本国对于国家安全、生态环境保护以及市场风险的抵御能力。即使时常武力相向的美俄之间,也展开非敌非友的空间技术合作。

从俄罗斯油气田经西伯利亚通往太平洋沿岸、从伊朗穿越巴基斯坦抵达中国新疆喀什的油气管线正在改变马六甲能源供应链及其相关联的国家利益格局(新加坡、印度尼西亚、马来西亚、巴基斯坦等),东西横贯欧亚荷兰、德国、波兰、俄罗斯、乌克兰、哈萨克斯坦、中国等数十个国家的铁路和经济供应链规划建设正在构建更为紧密的欧亚经济合作体系,南北自中国沿海南下穿过越南、老挝、柬埔寨、泰国等高铁规划建设将世界第五大经济体(东盟经济共同体,GDP 经济总量 2 万亿美元,仅次于欧盟、美国、中国、日本)与中国经济串联在一起。

互联网基础工程正在沿拉萨向尼泊尔、不丹、孟加拉国延伸,中国的通信产品制造公司正在全球范围内建设通信基站,物联网正在这些经济体之间构建全球仓储、网络系统和实体供应链,跨越国家边界的能源供应链与物流等实体基础设施和信息虚拟工程正在快速延伸向全球,实体与虚拟融合的空间与全球供应链建设也在朦胧显示跨越国界的经济合作与共同生态圈意识。

国家间边境以往经常性的军事摩擦开始趋向长期稳定的经济合作,虚拟网络空间和相互链接的基础设施正在模糊传统意义的主权疆界。即使依然存在仇恨和矛盾的国家也同时在展开能源通道与基础设施链接的合作，如南亚地区的印度和巴基斯坦的交通基础设施互通建设和边境贸易开放、韩国和朝鲜的经济合作区等。

即使美国也无例外，将加拿大、美国、墨西哥等经济融为一体的北美联盟构想最近又再度引起美国人重视，跨越边境的通往加拿大北方阿尔伯石油城市塔麦克默里堡的输油管线、五大湖的淡水资源远程供应方案等又开始摆上决策者们的桌案，甚至有专家已经提出应该修建通往墨西哥的基础设施而不是围墙，以强化与邻国的经济合作。美国与中国的资本合作以及对中国制造业半遮半掩的引入也在悄然进行。曾经被引以为傲的去工业化仿佛是一个错误。

历史进入 21 世纪，越来越多的能源与经济供应链基础设施正在跨越洲际串联不同文化、经济、政治背景下的国土，基于合作、共赢，更加注重彼此公共利益的国家间新经济体系正在显现。不同国家之间的相互依赖性正在不断加强。

石化能源时代的垄断、利己排他性的传统资本主义经济体系日渐衰落。这主要表现在曾经由资本主义国家推进的单边主义的经济全球化开始面临全球范围内兴起的协同合作的新兴经济体的挑战而推进乏力，与之对应的是"比荷卢经济联盟""环印度洋地区合作联盟""大湄公河次区域经济合作""金砖五国""东南亚国家联盟"等多边经济合作组织的兴起。传统的资本主义完全以逐利为目的经济全球化开始遭到可持续理性发展觉醒的大多数国家及新兴经济体的抵制。

颠覆人类道德与价值体系的军事掠夺与金融投机融合的"胡萝卜加大棒""金融剪羊毛"等猥琐时代面临终结，取而代之的是基于尊重合作方利益、协作共赢、共享发展成果的新经济全球化时代到来。我称之为"共享经济全球化"。这给美国传统的经济引擎（石油控制、金融投机、代理人战争创造的军火贸易）带来重创。正如以上所述，美国经济体系开始面临溃缩，回归实体经济和大幅减税是其应对总体经济下滑、实现资金回流国内的重要经济举措。

以索罗斯败北和次贷危机为标志性的金融领域重大事件，击碎了美国金融霸主的迷梦。国家间日益增强的区域经济合作组织的兴起与重商主义的和解，迫使美国难以像以往一样无需自身承担道义的谴责挑动代理人战争。如今它必须赤膊上阵，基于自身利益的非正义的"颜色革命""非洲与中东战争"不断输出军事与局部战争作为其创造军火贸易利润的重要方式，导致其尽失人心。棱镜门事件以及航行在全球公海之上最大规模的船队不是美国的商船而是其全球第一庞大的航母舰队。这是最好的见证。当这种对赌换不回预期的利润回报，这些游荡在世界各个角落的战争幽魂已成强弩之末。

第三次技术革命已经到来之时，我们越来越多地看到互联网通信、人工智能、远程自动控制等新技术开始让世界每一位劳动者都有机会分享来自世界各地的人类信息，都有机会参与到生产和创造利润的经济活动中来。更多的人民被接入到一个网络点矩阵空间群体共同创新共享的体系中来，他们既是公共利益的享受者，也是利润的创造者；既是政策的直接参与制定者，也是政策的被约束、影响者。每一个人在为他人创造价值的同时也在创造自我价值，保护人类共同生态圈的同时也是在保护自己。

技术革命释放了人类更多的自由，实现着人性升华的同时，也束缚人类的那些灰暗的"本性"。人的本性具有天使与恶魔两面性，自律是内在的道德与正义的天平砝码；法律是外在的秩序保证。当信息智能技术足以实时监控每个人的社会行为时，人性的天平将倾向自律，自私与贪婪将让位给公正和节制。

显然技术革命足以改变那些人性的缺憾，人性将更多的实现升华，创造了人类向上的力量，这将使人类群体的聚合迸发协作共赢的能量极限。困扰人类经济学的根本问题"人性"被技术革命化解。未来国家、企业或个人成就的衡量标准不是为自我创造了多少利润而是能否创造更多的公共利益，突出的是社会价值，而非私有价值。幸福并不取决拥有财富的多少，而是来自人们内心的平静及其外部环境的和谐与公正。因此我们在致力于财富创造的同时，不要忘记这样一个问题：我们为什么需要那么多？

中国正在积极参与第三次工业技术革命的历史进程，努力抓住来自不同方向的历史新机遇。除了发展国家战略高科技研发产业、人工智能、生命科学研发、区块链、3D打印技术、高科技装备制造业等，还积极投身互联网、物联网基础设施工程，建设全球电子商务平台、跨境物联网系统和"一带一路"等供应链基础设施、公众社交媒体等新兴产业，并且乐意与世界各国共享发展经验和繁荣。这正体现了第三次工业技术革命所创造的新经济宗旨："共享与协同合作、普惠正义与公平。"

第 6 章　多元竞争

当代大国间对等毁灭的热核武器使人类面临顷刻间毁灭的危险也令大国间的全面战争难以发生，但是谁也无法排除对于雷达显示器上的黑点误解或将导致人类偶然的毁灭。

伴随第三次工业技术革命的到来，人类战争形式由传统的军事对抗更多转向不同形式的暗战，战争的目的由过去基于领土主权的地理之争转向资源与供应链之争。传统冷热兵器交锋之外的主要竞争方式为：文化舆论、经济、金融、信息、基因技术和供应链之争。

6.1 文化竞争

人类发展的历史似乎就是一部曾经的战争史。纵观人类历史，我们会发现许多时候胜利者未必是正义者，邪恶的胜利者最终也将经过历史进化最终融入全人类的历史进步中。但是其带给人类的破坏很多时候是灾难性的，利剑需要被正义者紧握。

长期以来人类竞争的游戏规则是外交与其背后的战争相互配合，传统地图上划定的边界，代表着利益争夺的起始点。先进的冷热兵器支撑的军事实力一直是国家间利益竞争的终极杀器。在这特定的历史进程中，拥有璀璨文明与正义担当的国家若要实现大国复兴、成功创造人类命运共同体，必须握紧这把代表终极竞争力量的利剑。除此之外，同时还需要做到能够更加多元化的构建国家竞争体系如文化、经济、军事、生命科学（如基因技术）、智能技术、金融、信息、全球供应链等。

在军事、科技、经济力量之外，文化是一种更需要深耕细作的国家软实力，是一种可凝聚国家全部力量的无可替代的黏合剂。大国间的较量也必然存在持之以恒的文化竞争，关注这种竞争力的国家重视延续和弘扬属于自身的文化传统和能够代表国家的文化象征，文化可以面向世界塑造属于本国家或本民族的价值观，这种价值观可以基于国家利益向世界输出，可以影响其他国家人们的价值取向和获得价值认同或情感偏向，最终将可从根本撼动一个国家民众的凝聚力。

文化既是可比肩传统武器的力量。也可以是一种充满竞争的产业。

因此一个国家既要保持文化与传媒的繁荣和舆论自由以实现对于本国的社会监督和文化经济发展的促进作用，又要坚持文化与传媒的爱国主义底线以抵御邪恶国家的文化侵蚀和舆论宣传战。舆论宣传的导向是一种针对敌国的潜移默化的力量，能够通过时间的积累摧垮一个国家。

一个国家或民族存在的根本载体是文字和语言，真正能够使一个国家或民族灭亡的是文字和语言的消失。300 年前的殖民者们在北美大陆早已成功实践。

6.2 金融较量

1998 年俄罗斯爆发的金融危机导致俄罗斯经济滑向深渊。几乎所有的媒体都将矛头指向美国经济学家萨克斯提供的"休克疗法"，并对俄罗斯政府资本市场对外过度开放提出批评，却很少有人注意到这场经济危机的始作俑者"金融战争"。

经济是一种关于信任的游戏。摧垮一个国家的投资者的信心,就可以摧垮一个国家的经济甚至是国家政治体系。自 1997 年开始,国际金融投机资本大量在俄罗斯资本市场快进快出,目标直指俄罗斯各大国有企业,做空俄罗斯大型企业股票市场、国家债券和俄罗斯银行业。结合俄罗斯国家债券即将到期的关键时间点,国际投机财团纷纷撤离资金,短时间流出境外 100 多亿美元,同时美国信用评级机构惠誉和标准普尔开始下调俄罗斯各大银行和大型企业以及政府的信用评级,国际大炒家索罗斯也通过报刊公然要求俄政府卢布贬值 15% ~ 25%。

这些主动干预俄罗斯市场信心的行动都在指向一个共同的目标,即摧垮俄罗斯的投资者们和民众的投资信心。失去信心的投资者彻底失去对于俄政府的信任,要求政府提前还债,抛售公司股票。民众排队到银行提前挤兑,兑换美元,或者抢购消费品。大批俄罗斯企业和银行纷纷倒闭、物价飞涨,整个金融体系和经济运行几乎陷于瘫痪。金融危机的爆发,不仅导致新政府迅速垮台,也使俄罗斯经济陷入严重衰退之中。

后工业化时代的金融较量对于国家的风险无异于战争。而作为一个金融战争时代的代表人物,我们不得不提乔治·索罗斯(George Soros)。

被称为国际金融大鳄的索罗斯 1992 年首次出手狙击英镑,击垮英格兰银行,净赚 10 亿美元;1994 年成功狙击墨西哥比索,使整个墨西哥金融体系倒退 5 年。1997 年在东南亚各国沉浸在经济快速发展的盛宴中时,索罗斯于瞬息之间攻陷泰国,仅当天泰铢兑美元汇率就暴挫逾 17%,外汇及其他金融市场也随之陷入混乱。随后索罗斯转头攻击印度尼西亚、菲律宾、缅甸、马来西亚等与泰国经济连带较深的国家,同样屡战屡胜。据专业机构推测,此次索罗斯净赚一百多亿美元,严重地破坏了东盟国家的经济秩序和国家发展进程。

1998 年,在摧垮亚洲四小虎之后,实力空前强大的索罗斯将投机的目光投向回归中国不久的亚洲金融中心香港，企图做空港币套利。随后，以董建华、曾荫权为首的特区政府爆发了一场空前激烈的香港金融保卫战。这一经典战役在现代金融史上被称为最激动人心和波澜壮阔的一页。最终香港成为索罗斯的伤心地，国际投机家们也认识到政府干预的情况下投机者已经很难获胜。这也体现出包含有国家干预的现代混合经济的优势。

6.3 信息链、供应链竞争

棱镜门事件爆料了世界大国悄无声息地基于通信技术的信息链较量。依靠美国国家安全部的"棱镜计划"，美国几乎可以掌握任何它想要知道的信息。但事与愿违，美国针对全球进行以国家安全与战略竞争为目标的信息窃取，引起全球众多国家的不满和警觉。俄罗斯、德国等各国纷纷宣布拥有数字主权，众多国家开始建立或者已经建立了信息与安全部门或信息作战部队，目标维护国家数字信息安全，当然也可展开对敌方网络管理或指挥软件和硬件系统进行病毒黑客攻击，瘫痪对方的军事或民用计算机管理系统。

这是一种非对称的作战体系，它的可怕之处如同基因技术，在于无形中的突发性，并且难以追溯挑战者的路径。有时候网络攻击可能完全来自于民间个人黑客，其敌人并不与主权或国界之争对应。因此基于信息、基因技术的这种无声战争和破坏性具有不可控的偶然性、不确定性。

在高度信息化、智能化的现代武器系统中，一旦信息系统控制中枢遭受网络攻击，后果可能是毁灭性的。因此大国都在致力于构建自身独立的计算机系统，构筑信息防御的坚固工事。

众多国家正在努力建造令对方无法破解的量子通信网络，信息技术的应用和发展需要规模化的空间实验与市场给予的经济支撑，因此小国在信息战方面越加难以构建横向的多元化、规模化的空天一体的信息防御与进攻体系，这导致小国对于大国的信息依赖的必然。

在全球利益格局中，信息通道的重要性与能源供应通道的重要性同等重要。要保持正确的战略发展方向和稳固的利益格局，各国不但需要明确自身所处全球能源供应链节点的位置，同时还必须明确自身所处信息供应链的位置。

大国由过去的文化意识之争和传统战争手段开始转向构建全球供应链和信息供应链彼此间的明争和暗战。挫败对手的竞争方式愈加隐蔽和多元化。

20世纪的伊拉克、利比亚战争以及21世纪的叙利亚等战争背后是争夺石油供应链及全球经济利益格局的大国身影。在缅甸、马六甲海峡、伊朗、巴基斯坦、尼泊尔、非洲大陆、西亚、东盟等国家地区，能源与贸易供应链成为各大国展开明争暗斗的焦点。但是有一个共同的趋势，供应链基础设施的跨国建设与产业链的融合，使21世纪各个国家经济相互依赖性史无前例的加强，彼此越来越将重点转移向发展经济的供应链合作与建设，全球并联的供应链令国家间利益盘根错节，越加难分彼此、难以割舍。这也导致代理人战争相比过去也越加难以发生。

因此，21世纪大国间的较量或对于弱国的战争更多时候只好赤膊上阵，这使那些传统的军火贸易大国很难像之前那样可以置身局外地获取鹬蚌相争的利益，直接的战争往往转变成为其自身的经济内耗。这是20世纪末那些传统军事大国经济走弱的重要原因之一。

唇亡齿寒的经济合作、难分彼此的供应链、大国间军事的对等威慑令人们清醒战争与和平的利弊之分，也让战争的形式发生改变。

国家间战争形式与经济发展观念的转换正在悄然影响全球利益格局。全球能源、信息、物流供应链基础设施建设正在跨越政治版图构建全球利益共同圈，曾经犬牙交错、纷争不断的国家地理边界正在经济互动中变得日益模糊。发展中国家经济正在合作中日渐崛起，这也带给日渐衰落的军事帝国及其辉煌百年的资本主义经济不安与恐慌。虽然全球小规模军事对抗依然频现、贸易赤字之争不断，但早已难分彼此的产业链，已经很难界定产品及价值创造者的潜在身份。因此针对产品供应链的军事战争和贸易战的指向变得模糊不清、越加难以进行。

一种良性的数字经济趋势是：供应链之间越竞争，越能够在创造边际效益的同时增加社会价值，因为每一个供应链若要链接更多价值数据，就必须与被链接方分享更多价值，直至到达边际收益递减的临界点，否则就容易失去价值数据（在点矩阵空间内，价值数据具有改变链接的自主性）。因此，供应链竞争的过程实质是分享与共有的过程，而非传统的市场垄断过程。

矛与盾从来都是相克相生，真正的安全或许应来自人类放下贪婪，从失控的消费主义、拜金主义走向适度的节制，少一些自私和功利，多一些共同和普惠。从单边主义经济将转向更加注重彼此合作与分享的共有经济。

对于世界经济的未来，我们关注到中国国家主席习近平在日内瓦发表题为《共同构建人类命运共同体》主旨演讲提出的"人类命运共同体"发展理念，正在引发全球思想界、经济学家们及各国渴望和平发展、实现生活富足的人们广泛共识。

第 7 章　人类命运共同体

财富和劳动的真正价值是财富和劳动能够被更多人所使用。

7.1 体制之争

一个国家、企业或个人，如果将其福祉建立在对于他国人民或个人的掠夺，建立在无限逐利的基础之上，无论其体制或理由多么精密和华丽，终究是非正义和不可持续的。

思想家们展开对于私有制和公有制（全民所有制）这两大世界性经济体制的比较和研究由来已久。19 世纪末既是资本主义工业化快速成长期，也是其贫富分化、工人生活条件极端恶劣、环境污染野蛮生长期。历史总是如此，越是在人们对于幸福生活充满迷茫困惑的紧要时期，越是涌现出不同思想流派、有着强烈社会责任感的思想家和经济学家们，为实现各自对于人类理想的生活方式的构建展开激烈的辩论。

马克思在资本主义经济体系野蛮生长时代著作了《资本论》，奠定了马克思作为人类经济学家、哲学家、思想家的位置，并构建了社会主义公有制经济体制的模型。作为亚当·斯密经济学重要继承者，成名于 20 世纪初的凯恩斯通过其著作《货币论》《就业、利息和货币通论》等成就了凯恩斯主义，主导了 20 世纪资本主义经济体系。通过对于两种近乎完全对立的经济学理论的研究，从凯恩斯后来的诸多论文及一些公开言论中，我们发现马克思与凯恩斯所要实现的理想生活竟然惊人的一致。

马克思构想的公有制经济体制由政府主导，全体人民是公有制经济的母体，由国家代表全体人民的利益行使公有制经济的管理权，其宗旨是要实现人们共同富裕，强调国家对于经济保持干预的计划性。对于市场和生产的完全计划为实践其经济理念的那些国家经济带来初期的快速增长，计划经济对于工业化初期的国家经济发展一度表现出强大的效率优势。但在后来的经济实践中，反映出过分强调计划、缺乏市场感知灵敏的桎梏，在 20 世纪与实行混合经济模式的资本主义经济较量中长期处于下风。

一个戏剧性的现象是，亚当·斯密创立的资本主义经济学强调的是政府完全不干预市场经济，在后来 20 世纪 30 年代席卷资本主义世界的经济危机浪潮中却表现出国家计划性不足，若非其继承者凯恩斯巧妙地提出强化国家干预经济政策，人类历史或将改写，或至少当时会有更多资本主义国家转向社会主义阵营。

1929 年至 1933 年这场席卷整个资本主义世界的经济危机使马克思主义经济学在当时又重新回到决策者们办公桌上被热议，甚至随时将会被一些资本主义国家所采纳。凯恩斯的宏观经济学化解了人们的焦虑，将其重新带回资本主义。宏观经济学提出由国家干预，通过增加财政支出等财政扩张政策和货币政策，增加公共设施投入、刺激个人和企业投资等增加市场总需求，以实现市场购买力增加、提高市场就业等，以化解当时的经济危机。

从经济学及人类经济活动的历史来看，任何经济学都不是永恒万能的，都是伴随科学技术进步的作用力而处于变化之中。新的工业技术文明更新，经济体制也将与之相适应地改革与调整，否则就难以适应新技术革命时代的经济发展需求。这其中国家的角色从亚当·斯密经济学的自由市场的"守夜人"到凯恩斯宏观经济学中的"调停者",国家在资本主义经济体制中始终处于相对中立的地位。

毋庸置疑的是凯恩斯经济学创造了资本主义主导20世纪的辉煌,使大多同一时期的资本主义国家率先实现工业化和城市化,实现了人民生活的富足;使一些发达的资本主义国家面临实现全民理想生活的历史拐点。但不幸的是,伴随城市化进程的完成,资本寡头势力使国家完全失去中立,倒向代表极少数资本寡头利益,将人们的生活带入了资本投机与消费主义盛行的"熵"时代。代表80%以上的民众实质处于国家权力之外。这也是后来资本主义经济全球化步入颓势的重要原因之一。

这导致资本家成为主导资本主义经济体系的母体,其宗旨是将人们的一切生活都带入到自由竞争的市场中去,变成可交易的商品。国家保障个人以自由竞争的方式无限逐利,占有属于人类共有的地球资源,实现少数人崛起。但凯恩斯后来又做了简短的补充,表明其经济体系是一种过渡,将要带领人们穿越邪恶的通道,然后最终到达人人富足、阳光普照的彼岸。这与卡尔·马克思构想的共产主义社会的理想生活竟然如出一辙。

高尚的人生哲学与理想,使马克思与凯恩斯两位理论体系相对立的思想家同为世人所尊敬。思想家们虽然实现其伟大理想的理论方法不同,但其探索追求人类幸福生活的目标却如此一致。这似乎印证了现代博弈论的原理——非合作的博弈间存在均衡的可实现。他们的伟大思想对于全人类而言终将"殊途同归",使人们走向共同的理想生活。

但两种完全对立的经济学体系必然带给历史进程中的人们无数焦虑与喜悦、伤害或恩泽,以及对于信仰抉择的纷争。

在人类工业化的野蛮生长期内,遵循凯恩斯"上帝让位给市场"追逐利润的资本主义经济体系在20世纪占了上风,但是整个20世纪历史进程中的资本主义体系内依旧矛盾与危机重重。资本主义经济体系一直存在经济学家们公认的、至今无解的根本矛盾——垄断和寡头经济导致的资本主义周期性经济危机。事实上，整个20世纪的经济学发展及实践过程中，人们越来越多地发现，曾经对立的两种主义的经济学在20世纪后半叶逐渐走向彼此融合，越加难以辨别。在众多传统资本主义国家悄然兴起国家参与决策的"混合经济体制"，完全自由逐利的传统资本主义经济越来越多地被抵制。

特别是资本主义国家进入经济寡头政权时代以来，人们关于收回公共资源、共享经济发展的反思与呼声日益高涨，社会出现明显裂痕。占据人口不足10%的资本主义精英们对于提高工作效率的解释是，告诉人们都是在为自身的工作机会而竞争，从而让人们认为周围的每一个人都是竞争对手而非同盟。

在社会学家韦伯看来：

> "工人不是单纯的被疏远，他们遭受一个被剥去所有人性的过程，资本主义是一个铁笼，把工人关闭在无法对抗的焦虑中，所有的目的都是为了增加利润。"

韦伯的描述真实地反映在现实之中和20世纪资本主义经济全球化的经济殖民过程中。人们不禁反思：现代资本主义帮助了谁？

当然公有制的经济体系也存在有待解决的矛盾问题，其矛盾的焦点在于个人的生活与信息没有被市场化、商品化所导致的个人与社会以及各相关利益方之间的互动相对较少所形成的信息闭塞，使广泛的个人信息很难被聚集或整理分析，弱化了个人参与集体创造的作用和能量，以至于难以形成高效率的执行力和公正的决策。

虽然公有制主张公共利益优于个人利益、共有权取代个人所有权，但如何保证公共利益管理者的权力实现民主监督、权益合理公正地分配，以及如何保证劳动群体能够保持正确的方向、如何保障和激励每个劳动者积极参与生产创造又不至于时常面临决策的保守和冒险主义的困扰（左倾主义和右倾主义）等，这些都是公有制经济长期以来存在的问题。

但是我们越来越多地发现，第三代通信技术革命将化解公有制经济体制的矛盾。这是因为以实现全体公民利益为宗旨的公有制经济体系内，可以通过构建点矩阵空间（信息互联网、能源互联网、物联网、区块链技术、数据）实现集群协同、信息化实时监督、决策精准等生产管理体系，将所有个人的信息及能量的大数据自下而上地接受计算机智能分析和甄别，可以精准计算每个人的能力和创造价值的量，公正地实现每个人按劳分配利益、按能力分配职务。信息互联网、感知系统、大数据、区块链、人工智能等技术可实现集体决策的精准性和人性的自律，因此点矩阵空间与公有制经济体融合，能够实现个人和群体智慧聚合创造价值的效率极限。

现行的国企和央企的运行体制如果结合点矩阵空间，进行必要的结构改革，就可以成为共有经济体制（具体将在第 10 章详细论述），能够实现决策精准率、经济效率和执行力的极大提升。成为全体国民共享的全体国民股份公司，实现市场价值与社会价值均衡。

在不久的将来，在第三次工业技术革命的背景下，共有经济体制可实现生产效率的极限，实现社会公益利益最大化，使产品和服务本身近乎零利润和零成本。人类或将在 21 世纪中叶实现共同富足时代的到来。在富足的社会，对于个人而言，资产变得不再重要。生活富足、资源共享后的人们价值观就会由物质追求转向追求人性的升华，创造社会公共利益就成为人们价值诉求的重点和荣耀。

获得第三代通信技术革命支持的共有制经济体制与将更多资源与大部分利润财富据为私有的资本主义经济体制相比较，更有利于个人价值创造和社会价值创造实现均衡，从而实现公共福利最大化；更契合 21 世纪人们群体创造和共同命运、共同生态圈价值观。

相比较 21 世纪资本主义经济体系面临来自其内部长期未解决的周期性经

济危机，以及日益突出的阶级固化的内部矛盾，例如美国的贫富分化问题加深了其社会内部的分裂。基于单边主义的未能成功实现的经济全球化预期，使诸多资本主义国家始料未及，并导致其资本经济体制失去巨额利润血液的供应，变得更加脆弱。建立在国家间的垄断经济利益体系面临新的国际经济合作组织的竞争和削弱。

更为严重的是，资本主义经济寡头势力染指选举和控制了政府权力体系，虽为民选政府但实质并未能代表广泛的80%民众利益和意志，这将加速资本主义经济体制从20世纪的神坛上滑落，并且羞辱了西方自诩的民主精神。例如在美国，如果经营生意赚了很多钱就是中产阶级，中产阶级再往上就是富人，富人再往上就变成财阀，从而成为资本寡头大鳄，享受精英贵族社会地位，如果玩腻了经济游戏，还可以去竞选总统，做了总统之后继续为资本主义服务。

而在中国，政治系统和商业体系是隔绝的两套系统，政治更具有职业化，这导致从商基本难以从政，从政也基本不能从商。政治权力无关乎你的财富，财富不能决定权力，更不能直接用以竞选国家领导人。在美国，最富有的前100人可以决定美国法律的制定和前程，而中国的政治不会被少数商人或者经济寡头所牵制。国家权力可以保持相对的中立，这也正是21世纪两种社会体制的本质区别。

资本主义经济体系的危机还来自第三代通信信息技术的诞生。信息传播的即时性、人类信息互联互通导致舆论工具难以惑众，非正义的掠夺战争已经得不到盲从，世界各国民族主义的复苏也让资本主义搜揽全球人才的创新机制受到重创，许多国家的技术移民纷纷返回母国效力。资本主义经济全球化的全面受阻也反证了民众的一种抵触的共识。当战争与经济殖民已经无法补充资本主义经济垄断的周期性经济危机所损耗的血液，军事掠夺与资本经济殖民征服世界的资本主义经济时代结束了。

经济问题终究是人性的问题。对于人的本性完全放任自由，则易导致经济体制走向周期性的垄断与创新的惰性；对于人的本性的过度控制和对其经济活动进行计划性的强制，则易导致经济体制的专权与垄断。当然如果每个人面对物质基础建设阶段都实现了人性的升华这种假设能够成立，则另当别论，但历史已经为我们的实验提供结论为"不可能"。我们必须重新寻求一种既可阻止人性贪婪的垄断，又可避免专权武断，并可实现经济效率极限的经济体制。

这需要首先构建一个拥有经济共识的经济社会，以能够发挥整个社会的群体创造力，而非基于个人的自我成功基础之上。共识形成的基础应来自于完全互信、互惠。20世纪资本主义经济的没落源于对"人性论"放任自流，以至于对国家意志和经济的双重垄断；而计划经济体制失败的根源是没能建立有效的互信机制，以及未能获得信息技术的支持，导致对于个人创造力的抑制。但是，第三代通信技术革命为我们提供了关于信任与信息互通的技术解决方案，因此，我们认为一种新的基于个人与社会群体创造力的共有经济时代即将到来。

与财富分离的、代表全体成员的国家权力将能够保持立场的中立，成为实现经济效率极限的指路者。它既不是亚当·斯密经济学的"守夜者"，也非凯恩斯经济学危机来临之时的亡羊补牢者，更不是当代资本寡头的代言者。共有经济体制内的国家角色是防患于未然的指路者。共有经济包括但不局限于：国家、企业家、是基于"点矩阵空间"技术实现激励个人创造、分配公正、互信，可发挥群体创造力效率极限的经济体。从经济学意义来说，共有经济体制是计划经济、当代混合经济、自由市场经济的优势基因组合，是一种基于信息技术的与时俱进的普惠经济体制。

供应链、物联网、能源互联网、区块链、大数据的基础设施正在跨越国界，在不同国家建立起共享的全球利益链，国家间的经济依赖性增强。在经济全球化方面，相比资本主义经济体系的战争掠夺与资本投机性的经济殖民，大多数国家更愿意接受旨在提升共同利益的合作共赢的共有新经济方式。以构建"人类命运共同体"为宗旨的国际经济发展理念正在越来越多的国家间成功实践，显示出更为广泛的全球共识。

7.2 命运共同体

2017年1月18日，中国国家主席习近平在日内瓦发表题为《共同构建人类命运共同体》主旨演讲，首次向世界人民提出"人类命运共同体"发展理念，引发全球思想界及各国人们的广泛共识。具有与各国家分享发展成果的命运共同体理念开始在世界各个领域产生深刻影响。

事实上早在2013年，习近平主席在莫斯科国际关系学院发表演讲时就已提出"你中有我、我中有你"的"命运共同体"理念，并逐渐成为21世纪全球诸多思想家们关于世界可持续发展的共识。习近平主席的"人类命运共同体"理念超越了当代所有我们所知的关于全民所有制经济、混合经济、新古典经济、当代资本主义经济、共享经济等理念的范畴，是人类社会进步思想的一大创举。从全人类共同发展的顶层视野提出了21世纪国家、城市的战略发展理念，从伙伴关系、安全格局、经济发展、文明交流、生态建设五个方向为人类社会进步做出了顶层设计。

阿根廷国际问题专家古斯塔沃·吉拉多这样评价说："可以说构建新型国际关系和构建'人类命运共同体'是世界对中国外交的最大期待。"

习近平主席的构建"人类命运共同体"概括整合了长期以来东西方两大主流思想关于人类可持续发展的实践探索，构建了人类新的经济发展模式，是维护国际政治、经济关系公正和谐的思想与机制创新。

联合国秘书长古特雷斯高度赞同习近平主席的思想理念，他说："中国已成为多边主义的重要支柱，而我们践行多边主义的目的，就是要建立'人类命运共同体'。"

21世纪的国家与国家之间已不再是传统的先进与落后的关系，而是创新国家与非创新国家的关系。伴随"人类命运共同体"创新思想的深入人心，共同的生态圈意识、共同一个地球的同命运意识，以及共同的安全与合作意识，使世界各国正在跨越传统的国界理念的重构合作框架，各个国家更加重视的是彼此合作的利益版图而非地图上的边界线之争。

从技术进步的角度分析，21世纪资本主义经济体制和社会主义经济体制究竟谁将占据上风，取决于点矩阵空间在全球的分布密度和范围。首先要将点矩阵空间迅速融合并根植于其经济、政治体系事物之中，并且还要规划建设区块链及互联网通信信息基础设施。由互联网、物联网、区块链共同构建的"点矩阵空间"所能覆盖的疆域就是一个国家利益的超级版图。国家间传统的地理边界将被跨越国界的虚拟空间重构。

从经济体制的角度分析：要实现经济的效率极限和强大的执行力、竞争力，国家战略经济和前沿科技领域应实行共有经济体制。这对于完全私有化、市场化的资本主义国家来说，无疑是一场史无前例的颠覆性挑战。相比较中国公有制为基础的经济体制（国企、央企、集体企业）传统，却相对更易于实现步调一致、经济体制变革，迅速实现命运共同体理念、点矩阵空间、共有经济体制融合。

"人类命运共同体"思想在中国落地生根的经验将给更多发展中国家的经济发展如何利用第三代通信技术革命跨越式实现城市化和全民福利创造契机。实行共有经济体制是经济成功实现跨越资本主义经济体系存在的根本矛盾的关键。

在中国，我们会越来越多地看到这样的事实：中国正在针对构成历史上两次工业技术革命的三大要素"信息、能量、物质"展开以政府为主导的系统改革和科技研发巨额投入。通信信息基础工程作为政府公共事业项目已经在全国范围内展开规划建设（将网络信息产业作为公共资源的大国只有中国、巴西、俄罗斯、印度等少数国家，更多传统强国将此交由私人企业占有），同时重视通信技术、设备研发以及分布式基础工程建设，并且实现与金融和其他经济领域的融合。

在第三代通信技术应用方面，我们需要进一步创造功能完善、分布链接迅速广泛的点矩阵空间（互联网、物联网、区块链），这将使整个国家、社会、个人实现能量指数级递增。在能源方面，中国正在以政府为主导、民间资本共同参与的方式实践新能源的创新和利用，削弱国家发展对于传统石化能源的依赖。在物质领域，中国有计划地积极展开高端装备制造、智能技术的研发，增加其产能在世界发达国家的比例。在基础的民生领域，物质与通信网络、智能技术融合的"物联网"正在社会的每个角落构建人们方方面面的新生活方式，并且创造新的经济模式和挑战生产、服务、消费、金融体系的效率极限。中国物联网的发展规模与分布密度已经处于相对领先的格局。

对于互联网技术的延伸开发，可以迅速颠覆传统的利益链格局。例如长期以来物流业依附于贸易与生产商，处于垂直产业链的末梢。第三代通信技术出现之后，中国基于互联网技术的物流业开始获得横向发展与整合生产、销售、终端用户等全产业链资源的战略机遇，产业链发生了颠覆。传统物流产业与物联网、区块链一旦实现融合，就使物流公司开始成为产供销三方载体与中枢的第四方，由过去完全的垂直上下级关系，成为共享产业链利益的平级关系，整个产业链经济体形成扁平化发展态势。

物流公司利用物联网技术储备了产、供、销各方的信息资源，前瞻性的物流公司已经开始为生产者提供销售渠道设计和针对终端市场的销售方案。物流公司开始表现出对于产业链的强大影响力。基于国际互联网共享体系，他们开始跨越国界建立跨境物联网络，他们在全球范围内选择优势区域，建立仓储与链接产、供、销等网络和运输体系，他们还为客户提供除了销售渠道外的终端消费市场，还为国际客户扫清海关的通关难题等一揽子服务。他们除了拥有庞大的陆路运输体系，还拥有数以千计的航空飞机和全球船运体系，逐渐开始遍布全球利益体系，几乎任何玩家想要从事跨国贸易都必须考虑他们的存在。

物联网、区块链还在通过与金融体系的融合改变经济和产业链的秩序，过去繁杂的资金划拨的银行程序，现在弹指一挥间即可轻松完成。传统银行业由于网络技术的介入开始面临利润格局与业务架构的重新安排；互联网、区块链金融的新玩家们正在支付和现金流领域分享银行的利润。物联网也在改变全球利益与政治格局，人类依赖军事建立利益版图的时代正在成为过去。

2015年12月1日，国际货币基金组织批准人民币加入特别提款权（SDR）货币篮子，2016年10月1日正式生效。人民币成为继美元、欧元、英镑和日元之后，加入SDR货币篮子的第五种货币，标志着中国在国际金融舞台的真正崛起！

基于构建"人类命运共同体"的战略发展思想理论基础，中国在全球构建共享利益链、共享金融体系、物流基础工程设施、提供通信网络设备和共享发展的基础工程建设等正在被多数国家所接受，点矩阵空间的全球化链接正在成为中国重构世界"共同体"全球利益合作版图之路。北美、欧洲大陆虽然已经构建相对成熟的互联网络，但是在产、供、销和金融、通信设备、软件开发等物质领域方面的物联网基础建设进展缓慢，尚无法构建点矩阵空间。中国通过"一带一路"和全球资源供应链的规划，正在为大多数国家提供互联网、物流基础设施建设，这些方向都是未来互联网、物联网、区块链所要构建的利益共享的点矩阵空间。

众多方向的信息、能量、物质一旦被点矩阵空间链接，一种全新的跨区域经济循环模式即刻就地生成。物联网时代的共享新生活方式也将开始。未来我们将越来越多地发现由人类通信技术、物质、能量融合的中国点矩阵空间不断链接、融合，创造跨越洲际的世界新版图。

中国国家主席习近平提出的构建"人类命运共同体"的伟大构想，若从经济学层面来看，具有超越当代经济发展的思想前瞻性，将深刻影响传统经济学走向更良性的生态体系，基于全球共识，其影响力超越了曾创造美国20世纪辉煌的"里根经济学"。从现实的角度来看，其构想本身符合世界大多数国家实现经济发展利益的共同期望。第71届联合国大会主席彼得·汤姆在谈及习近平主席倡导的构建"人类命运共同体"理念时说："对我而言，这是人类在这个星球上的唯一未来。"

越加接近的全球思想共识和第三次工业技术革命创造的现实显示：人类社会将由个人主义的创造时代走向群体智慧的创造时代，世界不同国家的战略格局将由单极走向多极的群体合作的"人类命运共同体"新时代。城市从来都是国家的象征与缩影，它是我们可以每天触摸和更为贴近的国家躯体，与国家和我们每个人休戚与共的城市未来也将走向激发群体智慧的空间聚合，成为孕育人类的共同体城市——聚合城市（详见第21章）。

7.3 理想生活的边缘

杰米里·里夫金认为：未来社会的经济、生活循环体系内，由于科技创造了效率的极限，产品和服务成本和利润几乎归零；社会经济发展不再依赖传统的石化能源，转向可以共享的可持续新能源；固定资产将不再重要，在万物共享的机制下，人们对于资本和固定资产的追逐失去热情；拜金主义不再盛行，转向寻求一种更为合作、利他、公益、地球生物圈意识、人性升华的共享经济生活方式。

里夫金表述的场景仿佛使人类步入了共产主义理想生活的边缘。但这显然是基于成功完成城市化的发达国家"后工业化"时代的一种理想安排。就实现的环境而言，里夫金的社会构想似乎更适用于实现社会富足、完成城市化的资本主义国家的体制转型。

对于经济薄弱、城市化尚未完成、社会贫富分化严重的广大发展中国家，盲目的拿来主义，或将是一种发展的桎梏。人们不应忘记，创造了20世纪辉煌的资本主义经济曾经所秉持的"上帝让位给市场"的宗旨。其代表人物之一凯恩斯这样告知他的国粉们：

> "我们必须假装告诉人们，上帝是邪恶的，我们需要穿越一段邪恶的隧道，才能到达阳光普照的世界。"

这几乎成为20世纪发达国家主流经济学家们抛弃"上帝"的普世信仰、进行经济掠夺的心灵安慰剂。他们编制精巧的金融投机、经济全球化游戏，展开掠夺性的石油和货币垄断经济活动，并辅以战争。

人们必须承认，资本主义经济以这种单边的利己主义推进了人类科学技术、工业文明和物质创造的极大进步，使众多资本主义国家在20世纪末达到了财富的巅峰，接近了人们公共利益最大化的理想生活的边缘。但遗憾的是，资本主义经济20世纪创造的巨额财富大部分进了少数资本寡头的口袋，他们并没有打算用来实现全民的理想生活。逐渐被资本寡头控制的国家却将人们带向不断刺激国民消费，为实现资本继续无限逐利的全民消费主义的深渊。人们由富足变成毫不知情的"负翁"，"精英"们成功实现政治、金融和资本寡头们成为全体国民的债权人，这是资本主义经济的悲哀。当然这也符合资本主义存在的矛盾周期性的规律。

资本主义经济寡头们再次表现出"人性论"的灰暗面，意欲带领人们走向无休止的无限逐利的困境,陷入反复的无限消费再无限逐利的恶性循环之中。即使他们利用全人类共同的地球资源在20世纪创造了人类历史总和的海量财富，也不会考虑实现本国人民摆脱逐利的困境，更不会同世界人民共享发展的成果，帮助贫困国家走向共同富足。而在美国那些被束之高阁的领先科技却往往来自那些被垄断国家的移民所创造。

21世纪初的"经济全球化"成为他们新殖民经济的遮羞布，利用贫弱国家廉价劳动力群体、消耗人类共有的不可再生资源实现其完全逐利的目的，并不顾及对他国生态环境的牺牲，也丝毫不会顾及碳排放对全球生态圈的破坏，也不会给予工人们持久的福利保障。当一些发达国家人民全民享受着消费主义盛宴之时，许多发展中国家还挣扎在解决温饱、牺牲环境与健康的贫困线上。

地球资源的日益枯竭、碳排放带来的人类生存环境危机、信息技术的普及令全球各国人民发展与环境、资源利用与保护意识觉醒，使资本主义经济的全球经济殖民计划受阻。在接近人们理想生活的边缘时刻，单边主义的资本主义经济面临必然的广泛抗争和越加难以持续的窘境。

垄断和无限自由逐利的功利主义成功了资本主义经济，资本主义经济也将毁于垄断与完全功利主义。21世纪的资本主义经济体系已经表现出颓势，我想资本主义经济体制的未来任务重点应该考虑如何实现资本经济与社会经济的均衡，而不是在富足与贫穷、发达与落后之间筑起高墙。

第三次工业技术革命为资本主义经济体制带来重创的同时，也同样为其创造了体制转型的历史机遇。资本主义经济欲重现活力，应首先实现国家权力脱离经济寡头的控制，使国家能够在经济活动中保持相对中立，并能够代表多数人的利益，鼓励人们实现自我价值的同时更多一些社会价值。但要撬动根深蒂固、损人利己的资产阶级寡头经济的利益奶酪又谈何容易。

对于发展中国家经济体制而言，应积极参与到第三次工业技术革命的进程中，避免陷入资本主义经济体系"熵"困境，将点矩阵空间的核心科技与传统经济体制充分融合，构建具有点矩阵空间能量、可以充分实现每个人积极参与群体创造的新经济体制。国家经济立足于第三次科学技术革命带来的历史转折点和同台竞争的战略机遇，实现经济弯道超车，跨越式实现国家复兴。

具有创新发展意识的发展中国家可以凭借新兴科技、新的经济体制、建立全球国家间协同合作、共同命运、共同发展的新经济秩序。技术不断突破人类神经单元走向信息实时互通、万物互联和人工智能化，足以实现个人参与群体创造价值效率极限。

我们可以符合逻辑的认为：人类若能基于资源共享、协同合作、构建人类命运共同体等共识，21世纪人类将创造超越20世纪指数级倍数的财富，在21世纪中叶实现人们共同富足和公共福利的普及。并将为21世纪内最终实现整个人类物质的极大丰富、人们可以远离拜金主义，转向关注生活艺术、自由的创造价值，实现人性升华的理想生活铺平道路。

第 8 章　经济问题就是人性问题

思想家们总是善于从与经济学相关联、而非经济本身那些事物分析和解决经济问题，回顾人类两大经济学的起源，我们发现，亚当·斯密《国富论》巧妙地奴役了普遍存在的"人性"缺憾、卡尔·马克思的《资本论》强调改造"人性"缺憾。经济问题从来就是人性问题。

8.1 人性的缺憾

1986 年卡罗尔·罗丝（Carol Rose）发表了一篇题为《共享的喜剧》的论文，震撼了学术界，并带动了相关共享学术和实践的兴起。

罗丝教授提醒人们，不是一切事物都适用于私有制，例如湖泊、河流湿地、峡谷山口、乡间小路。罗丝教授在她的论文中指出：纯粹的私有财产和政府控制的"公共财产"之外，还存在一种截然不同的"天然公共财产"；这种财产既不完全由私人控制，也不完全由政府控制；这种财产被集体"享有"，并由整个社会"管理"。罗丝强调了公共财产共享的积极意义，并指出参与的人数越多、越广泛，越具有意义。正如罗斯所言，现代私有权体系中，人们往往忽视了其中的更多共享价值和积极的社会意义。

例如中国社区停车位、私人汽车、办公楼、书籍等其他可实现共享的财产，人性的弱点是更习惯于将其变为排他性的私有权益，忽视共享使用权所创造的利己利群及更广泛的社会价值。例如人们往往热衷于购买停车位的所有权，去垄断一个居住区按 1:1 配置的车位，获得个人占有的专属性和使用的自由。但这意味着停车位失去空置时段的共享性，使用率降低；当居住区保有车辆超出 1:1 一定数量时，就会出现一边是无处可停的车辆、一边是闲置上锁的大量车位的情形，拥堵也随之产生。

这是一种典型的拥有权大于使用权的传统思维现象。这些人们即使仅能满足最低层级的需求"占有"需求，也宁可忍受拥堵之苦而放弃利他的社会价值。这种来自于社会最底层、最普遍的现实所反映的就是最普遍的自私自利的人性。

资本主义经济的创始人亚当·斯密的经济学实质是建立在对于"人性"定义的基础之上。斯密洞察到了人性的弱点，并令其心甘情愿地服务于他所构想的经济游戏。历史证明：经济问题就是人性问题。

斯密及其继承者凯恩斯巧妙的奴役了人性的缺憾（自私自利、贪婪、惰性），他的资本主义经济学宗旨是要通过国家放任人性的贪婪自由、实现自由逐利与财富创造和占有，这的确激发了每个人基于对财富占有的创造欲望和创造力，但人性中的自私与惰性也在此经济体系中暴露无遗，当资本强大到对市场的垄断，创新就会停滞，转向构筑自私的财富堡垒、进行消极、剥削性的单边主义谋利。

以至于"垄断与惰性"成为被公认的资本主义经济中难以化解的矛盾，成为其周期性危机与破坏性的难以祛除的根源。

与斯密完全不同的是：马克思要革这种人性缺憾的命。他提出的经济理论宗旨是通过限制个人对于生产资料及资产的占有，要将人性的贪婪与自私和惰性遏制在摇篮里，在国家主导与计划下，通过集体劳动创造而非基于个人逐利欲望实现个人需求满足与公共利益的平衡，最终实现物质极大丰富，人们自由的、为理想创造价值。时至今日，马克思主义者们仍然在为遏制或消灭这些人性的缺憾在进行不懈努力。

思想家们对于人性缺憾的截然不同的两种态度，奠定了人类两大经济学体系。透过两大经济学体系的发展历史，我们发现：经济问题实质就是人性问题。

要真正、更快的到达马克思与亚当斯密接近共同的理想社会，实质是能否实现人性在物质创造中更多展现人性升华、积极的一面，以实现个人物质财富创造与公共利益最大化在人们自觉意识基础上的平衡。越来越多的事实一再证明，第三代通信技术革命已经令通过智能感知等技术遏制"人性缺憾"成为可能——将这种人性关进"点矩阵空间"，足以令其自律并实现人性升华的数据感知的笼中。如果"点矩阵空间"中的智能感知信息技术、区块链等技术能够实现一个经济体无需利用人们贪婪与自私逐利的人性本能来实现对于物质财富的创造和对劳动积极性的激励，那么这个经济体就可以基于实现某一目标而非人性欲望本能实现效率最大化的价值创造。表现出符合生物学研究体系中的"蜂群""蚁群"等与人类存在的生物共性。这将带给人们一种新的经济创造体制，基于这些符合逻辑的推理，一种由国家强势干预或主导的经济体、或者那些基于实现共同目标的群体创造组织将在第三次工业技术革命的浪潮中崛起。作为一种经济体制，其所有参与者将由智能感知技术与数据计算进行有效甄别实现他们的劳动与收益、权力与义务的对等共有和资源的共享，我们可以称其为"共有经济"。

人类普遍存在的人性缺憾扩展到更多经济活动中，就是资本主义经济体制对于利润财富的无止境追逐和占有的共同宗旨。基于人类无限逐利导致不可持续的碳排放带来的全人类生存危机，一个企业越是规模化就越加与国家和社会共命运。如果以逐利为目标的传统企业家们始终不能意识到创造社会价值对于自身可持续发展的重要，不能意识到一个企业所必然具有的社会属性，在新经济时代将难以生存。

人生而并无贵贱之分，但是其成长历程中存有人性优劣的差异。在过去的时代，思想家们也很难界定人性缺憾存在于哪些具体的群体或个人。但是第三代通信技术革命将实现人性的有效甄别的最大化，未来每个优劣的人性都将被智能数据系统感知、记载、甄别，这必将开启一个全新的经济增长方式和人类世界。

城市空间发展失衡、资源分配不均、交通拥堵停车难等是过去执行的非健康城市规划标准导致的普遍城市病症，解决这样一些具体的城市细节问题，很多时候并不单是规划技术问题，往往是来自人性问题。

通过点矩阵空间的有效甄别实现人性的升华、对人们进行共享理念的普及引导和城市共享政策的实施非常必要。未来伴随我们构想的共享交通规划和共享道路、共享汽车、共享停车、共享办公、共享教育、共享医疗等一切共享时代的到来，停车与交通拥堵、教育医疗资源紧张、城市区域空间失衡等问题都将得以化解。

城市内部封闭的大型公园也是资源过度集中失去共享效率的表象和例证。这种长期盘踞在城市内的巨型空间只在星期天会稍多一些人，在整个工作周，偌大的公园里从清晨到夜晚人迹罕见，空间共享利用率非常低。因此我在2007年的空间规划实践中就对城市内部规划大型绿地公园提出质疑，主张将传统大型绿地公园的用地更为均衡地分散在城市社区之间的小公园，或者按带状布置在城市社区之间，现存的城市大型公园应用于城市棚户区安置改造，成为城市居住和服务用地，以实现公共空间的共享与均衡（图8-1）。

罗丝认为"公有诉求必须超越私人所有者，商品和服务的'公共性'创造了财产的可'租借性'"。而公共财产学说则可以通过抵制私有权来保护对公共性所创造的租金的获取。罗丝试图提示政府，涉及那些可以为更多人使用的商品或者服务，可以由政府确定其为公共共享资源而不能作为私有财产被垄断。可以通过长期合理的租金收入来抵消成本的投入，实现更多人们获得共享。例如已经被许多国家列为公共资源的互联网，虽然没能实现原本可依赖垄断创造更多 GDP，但是其创造的更为广泛、全民共享的社会经济价值，要超越垄断所能创造的经济价值的指数级倍数。这完全符合经济学的效率原理。

因此在世界各国范围内，应由政府主导，划定统一的共享资源的范围，特别在物质基础薄弱的发展中国家内，实施共享机制具有更为宏观的经济效益。

1990 年经济学家埃莉诺·奥斯特罗姆（Elinor Ostrom）发表了《共享管理》一文，从经济学和人类学角度进行了分析，对以往共享管理的成败做出了解释，并为确保未来共享管理成功提出了具体的策略。这些研究使她获得了 2009 年的诺贝尔经济学奖，成为历史上第一位获此殊荣的女性。

奥斯特罗姆既是经济学家也是一位人类学家，她的研究遍及欧洲和亚洲的许多村落和城市。她致力于发现"共享"在具体的物理世界中的历史存在，以及如何在众多自然灾害与政治和经济的重大变化中生存下来。她总结了许多共享的基本原则和存在的逻辑关系。

奥斯特罗姆对于资本主义经济体系的质疑首先表现在对于资本主义经济体系代表人物之一、经济学家亚当·斯密理论基础"人性论"的反击，即市场中的每个人都追求自身的眼前利益。与亚当·斯密不同，奥斯特罗姆的发现是：世界许多地区的管理者，在管理公共资源时，大多把社会利益置于个人利益之上。这一点其实在中国也有很好的例证。

例如 20 世纪末中国大范围实施退耕还林，以及海洋休渔、牧场轮牧等政策，国民都给予了积极的评价和配合。国民基本都认同对于公共资源保护的长期利益大于个人短期利益。即使是在较为困难时期，国民仍能坚持共识。这些事实说明共享的经济模式在相匹配的制度之下成为一种可能。

在一个由管理者和被管理者组成的体系中，民主化的参与共同协商并形成一种共同管理、互惠互利的协议已经成为现实。而通信技术革命创造的信息实时互通的点矩阵空间所爆发出强大集群效应的背景下，来自最广泛的社会群体成员的意见则可在一个统一领导机制体系内形成民主的精准的决策，并能够激发每个人自律地参与到群体的创造中。

因此第三代通信技术革命创造的信息技术给传统的中央集权模式的管理体制创造了前所未有的历史机遇。信息技术革命改变了传统经济管理体系自上而下的垂直体系，来自更广泛的基层信息产生了自下而上的强大力量，这将使那些传统的中国央企、国企内部长期面临决策精准性、创新不足的症结得以化解。如果将这些经济组织置入点矩阵空间技术，形成有效的数据信息感知、监管、甄别，就能够使这些经济组织实现创造效率的最大化。

正如罗丝所言：不是所有的物质都适合私有化。21世纪的信息技术革命或将颠覆人们传统的对于世界经济体制的思想认识。至少我们会发现创造发展效率的管理模式不只属于资本主义经济体系的单一模式。

共享的经济模式在公有制、私有制、集体所有制等混合经济体系背景之下，实质很难成为一种管理严密、体现竞争力的经济体制，更多价值体现在资源的利用方式和利用效率。

8.2 共享的载体

共享理念的历史由来已久。共享理念对于我来说并不是陌生抽象的概念。它最早形成于我对公众利益尊重的城市规划实践。2007年我在设计连云港的城市片区规划方案中，基于开放空间共享和生态保护的宗旨，坚持将城市主要河流两岸空间距离蓝线120米范围内控制商业开发，并规划成为自然生态保护带；并且每间隔一个社区单元，向城市纵深规划带状的公共绿地，与其形成统一的生态链。目的是要更好地保护和延伸城市生态链的同时，增加城市公共绿地的共享性和城市空间的均好性，并以此替代我一直反对的在城市内部规划建设大型公园。这是我们最初的基于诉求公共资源实现"共享"的思想雏形。

为此我还特意送给这个城市一个具象的空间模型（图8-1）。

包括后来莫斯科德米丽娜社区规划设计等依然延续了同样的理念(图8-2)。在三个来自不同设计方的方案比选中，我关于保护原有生态体系并且重视最多数人利益的资源共享和土地集约利用，以及创造"均好性"的规划思想，令我与客户——来自莫斯科的专家组形成共识。在我与莫斯科规划专家们的交流中，我发现对于人类生活本质与资源利用方式以及生态环境保护等思想世界是大同的，后来这些思想一直沿续在我不同时期的城市规划和建筑设计中。

2013年我开始写作《世纪之城：中国城市规划再出发》，针对城市空间，开始了早期关于城市资源"共享"的思考，最早提出了具有共享理念的"多极复合城市"规划策略，这成为"共享城市"的雏形。并重点论述了如何实现人力资源和公共资源的共享及其价值。我认识到城市交通体系的变革将率先引领城市空间的巨变，因此在书中特别强调对于可实现共享的无人驾驶汽车和智能交通体系进行新一轮规划的重要性。

信息技术构建的虚拟与物理空间交织的矩阵，展现出令人类震撼的能量，对于日益失衡的城市空间正在显示出一种颠覆的力量，数学界博弈论关于"均衡点的存在"的研究成果也开始进入我的视野。我试图从来自不同领域的智慧思想中寻求理想城市空间，正是对于这些相关学科的研究启发我开始构想具有共享内涵的多极复合城市和巨型聚合城市，第一次提出传统城市规划要对存在的虚拟空间给予重视，以及对于城市均好性理念实践中"共享城市"思想日渐成型。

我们关注到西方同仁和先贤们关于共享理念的精彩论述，共享理念早已在诸多先贤内心共鸣，虽然还没有系统地融合到我们的城市规划体系之中，但是在《世纪之城：中国城市规划再出发》中所构想的多极复合城市正是我在本书中提出的共享城市的原型。之所以将其改为共享城市，是因为它从汉字的释义角度更为直接地表达了我的理念。共享城市早已在我历经 20 多年的思想发现和实践学习的积累中渐渐成型。

历史上的两次工业革命、社会的伟大变革总是始于思想者的探索、出发自一座城市。经济是思想转化成为生产力的具体方式，城市空间是经济与共享思想的载体，也是共享理念创造价值的重要媒介。

在此我们不得不由衷感谢和敬畏那些为人类社会最广大的民众谋福祉而致力于思想的先贤们。但是从一场思想的革命到整个社会经济体系、生产力、城市空间的变革从来都不是一件简单的事，第一次工业技术革命向第二次工业技术革命转型用了近半个世纪的时间。因此我们要保持足够的耐心，而不要期盼一种公正的、创新的思想能够很快为世人所接受。事实上，人们往往既是思想家创造福祉的普惠者，也是麻烦的制造者，认知的滞后者。

群氓时代，我们要在早已经被思想家们悄然改变的生活中保持虔敬的努力。基于思想家们的创造与引领，我们才能到达人们共同富足、阳光普照的彼岸。

第 9 章 共享体制

9.1 什么是共享体制

共享体制是人类未来可期待的资源共享、利用率最大化、使用权优于拥有权的新生活方式。

我们可将新经济作为共享理念的载体,是因为在信息时代,事物的共享率可提高事物的创造效率或利用效率。对于经济而言,人本身也是资源,载入共享才能最大化地发挥创造力。夏洛特·赫斯在其共享理念的论述中认为,"事物被共同拥有,并由集体共同管理",就已经明确了共享思想的体制化,远超出共享体制作为资源利用方式和生活方式的范畴。

从资源利用角度分析,共享体制不应被限制在公共资源领域而失去其广泛性。共享理念不仅适用于公共资源和财产、也适用于那些可租赁的私有财产以及地方集体财产,在数字经济时代,共享就是最大化的资源节约与利用,事物的共享率决定效率。

我们在第 10 章将共享体制融入经济体制,再融合点矩阵空间,构建共有经济体制,主要是基于对物质资源和人力资源的充分利用,以创造更多的经济价值和社会价值。在物质基础薄弱的发展中国家,发展基于资源共享利用的新经济更具紧迫性,但是一种新经济体制完全被市场接受需要一个较为漫长的过程,至少到 21 世纪中叶以前,强调竞争、个人财富创造与社会价值共同繁荣的共有经济体制将会与自由资本主义经济、各种传统的混合经济、社会经济、集体经济等共同存在。它们既相互合作也彼此竞争，但是共有经济将会表现出更好的凝聚力和竞争力。作为一种权益明确的经济增长模式和企业管理范式的共有经济体制并不等于作为一种资源利用、生活方式的共享体制。二者存在本质的区别，是融入和被融入的关系，共享体制从属于共有经济体制。

当越来越多的资源实现共享利用，人们的生活方式就会发生改变。人们会逐渐改变财富价值观，过去传统的重视拥有权将向重视使用权转变，财产变得不再像过去那样重要。人们不再需要为自己拥有更多物质财富这种低层级需求而努力，转向更多地关注社会价值的创造。资源的共享使人们生活更加低成本、更便捷地利用一切所需的资源，住宅、医疗、教育、购物等方方面面都将被改变，碳排放也将因此极大降低，共享体制将重塑人们的生活方式。

9.2 共享理论探索

2009年的诺贝尔奖得主埃莉诺·奥斯特罗姆在其代表作《公共事务的治理之道》中，针对共享模式提出了七个设计原则：

> 第一，要对一种共享模式进行有效管理，就需要"清楚地界定范围"，即哪些人被允许从共享中获得拨款，哪些人则无此权限。

> 第二，必须建立限制时间、地点、技术以及资源质量的拨款制度，同时建立一套有关劳动力、物资和资金数量的规则，使之合理地分配拨款。

> 第三，共享协会需要保证那些被拨款制度覆盖的人能够一起民主地制定这些制度，并在此后不时地进行修改。

> 第四，共享协会应该确保公有物使用的监管者为其占用者或

负责人。

第五，原则上，共享协会里违反规则的成员都应该受到协会其他成员或协会负责人的制裁，这样也是为了防止过度惩罚，从而避免受罚者未来消极地参加协会活动，或对共享协会产生反感情绪。

第六，共享协会应该建立低成本、私下调节的快速应对机制，以便迅速解决发生在所有者之间以及所有者和管理者之间的冲突。

第七，至关重要的是，政府司法机关承认共享协会所制定的制度的合法性。如果政府部门对共享协会的自我管理权威不认同而将之视为非法，那么团体的自治制度就不太可能长期保持下去。

奥斯特罗姆的七原则实质是基于如何实现社会和个人资源利用最大化的考虑，虽然还没有得到广泛的实施，但已经在20世纪显现出惊人的影响力。

彼得·巴恩斯（Peter Barnes）在其《资本主义3.0：回收共享指南》一书中展望了世界各国未来新经济模式与要完成的任务，他这样说：

"2.0版与3.0版之间的主要区别在于，后者包含了一个我称之为'公共权益共享部门'的机制。改进后的商业系统不再依赖单一的动力（即被企业垄断的私有化部门），而是拥有了双重动力，一方面是为了追求私营利润最大化，另一方面则为了保护并促进共同富裕。"

巴恩斯提供了一种有别于传统资本主义经济体系的"新动力"——公共权益共享部门，这个新动力试图赋予资本主义经济体制双重发展机制，其任务是保护和促进公共利益。公共权益共享部门是一种强调保护全民公共利益，具有一定管理职能的部门。这其实接近于日本及德国流行的混合经济体制,在中国也拥有更为广泛的体制基因和经济实践。

尤查·本科勒(Yochai Benkler)在他的著作《网络财富》中提出一种完全不同于资本主义自由经济的"共同对等生产"的经济模式。他这样论述:

"尽管人们对免费软件过度关注,但实际上,它是更大范围的经济社会现象中的一个例子。依我之间,我们正在见证一种新生的第三种生产模式在广泛的数字互联网环境中诞生并带来的深远影响。我把这种模式称为"共同对等生产",以将其与基于财产和契约的企业和市场模式区分开。其核心特征是,通过一系列意愿和社会信号的驱动(而不是在市场价格或管理命令的推动下),一群个体能够成功地在大型项目中进行合作。"

本科勒强调了这种新经济模式的集群协同的作用,并且完全区别于追逐市场和利润的资本主义经济价值体系,也不为国家管理部门所驱动。这一点有别于巴恩斯。但是他并没有明确"一系列意愿和社会信号"究竟来自于哪里,是资本家协会还是民众的社会组织或是民选的国家机构。与巴恩斯不同的是,本科勒似乎更倾向于民众自发性的社会公益组织。

布雷特·M·弗里施曼(Brett M. Frischmann)对于本科勒的分析及其理念的具体实施方法做了补充。他指出,本科勒没有全面分析共用基础设施的具体构成及其投入使用所面临的挑战。在其《基础设施:共享资源的社会价值》这本书中,他明确了共用基础设施的构成要素:核心的共用基础设施指的是那些建立在一视同仁基础上的、能被所有人使用的基础设施资源。

弗里施曼接着还提出并探讨了两个重要问题:要鉴定哪些资源属于真正意义上的基础资源,共享管理应该通过什么样的制度手段来实现?

在第三次工业技术革命到来之际,国际合作社联盟(ICA)作为全世界合作社的代表，带给人们实现共享管理的新尝试。它将合作社定义为：

"合作社是一个出于彼此共同的经济、社会或文化需求，通过共享机制和民主管理方式，由人们自愿、自发地建立的组织。"

ICA 并提出了实现共享七原则，这七个原则集中体现了共享管理的愿景和实践原则：

第一，不分人种、信仰、种族、性别、社会等级以及政治身份，合作社欢迎任何个人加入。

第二，合作社作是一个民主管理的社团，每一位成员都享有投票权。从成员中选举产生的代表要为社团的管理负责，并有向成员解释其行为的义务。

第三，各位成员应公平、民主地为合作社的资金积累做贡献，部分资金将变成合作社的常规财产。财产的日常管理和使用需要由成员共同决定。

第四，合作社是一个自治、自助的社团组织。虽然其成员可以加入其他商业组织，但前提是必须保证其管理上的民主和自治。

第五，合作社要为其成员、管理层、雇员提供教育和持续培训，以鼓励他们全身心地投入计划和项目，并全力参与活动。

第六，合作社有望扩大这个共享网络，通过开展跨区域和世界范围内的合作，提供一个不断拓宽、整合的空间。

第七，合作社的使命是通过推行方针和开展项目，推动其所服务社区的可持续发展。

在这个由自由竞争的市场和功利主义思想主导的世界里,人类的一切行为都被习惯地看作是自私自利、适者生存的相互竞争。这种追求公共利益、共同富裕,基于共享公正的经济合作模式,看起来似乎不可思议。我们或许并没注意到,2012 年被公认为联合国的"国际合作社年"。至此,里夫金在其著作《零边际成本的社会》中这样描述全球合作社发展的景况:

"全球已经有超过 10 亿人成为合作社成员,这占了世界人口总数的 1/7。超过 1 亿人在合作社工作,这比在跨国企业工作的人还要多 20%。300 个超大型合作社的总人数相当于第十个人数大国的人口。在美国和德国,有 1/4 的人口是合作社成员;在加拿大,这个比例达到 40%;在中国和印度,约 4 亿人隶属于合作社;在日本,每三个家庭中就有一个家庭是合作社成员;在法国,3200 万人加入了合作社。"

美国国家合作社商业联盟的 CEO 保罗·黑曾(Paul Hazen)在 2011 年 6 月指出:

"美国拥有 29000 个合作组织和 1.2 亿合作社成员,分布在全国范围内 73000 个地区。美国所有合作组织的总资产约为 3 万亿美元,每年创收 45000 亿美元,发放 250 亿美元的薪资,提供近 200 万个工作机会。很少有美国人会注意到,其实 30% 的农产品供应是由美国 3000 个农民合作社经销的。"

欧盟有 1000 万间合作建房,或者说在欧盟,12% 的家庭住的是合作建房。在埃及,1/3 的人口住在合作建房内。即使在号称私人住房最多的美国,也有超过 120 万间房屋是合作建房。在巴基斯坦,合作建房比例占 12%。

在德国、法国、意大利、奥地利、荷兰、芬兰这六国,合作社银行占所有信贷量的 32%,占国内贷款的 28%。在亚洲,4530 万人是信用合作社的成员。

信用合作社是一个会员制的金融合作社。在法国，60%的零售银行业务由合作社银行完成。

在美国，信用合作社拥有9000万个成员，这个世界上拥有成员最多的大联盟正处于2008年经济衰退后的复苏期。信用合作社的存款量上升了43%，在同期，最大的国家银行存款量只上升了31%。目前，美国信用合作社的总资产已经超过了1万亿美元。

在德国，绿色能源合作社越来越多，仅在2011年，就有167家新的绿色能源合作社成立。斯图加特可再生能源合作社的发起者博恩哈德·博克（Bernhard Bok）说：把德国说成"合作社之国"并不夸张。

尽管在里夫金看来合作社蓬勃发展、甚至将成为未来唯一可行的经济模式，但是我们会发现，里夫金忽略了在人性缺憾的世界里，自私与贪婪逐利的市场竞争依然存在的全球经济体系中，合作社受制于其公益和零利润宗旨的现实。其经济活动大多只能限于特定的经济环境和满足于基本生活物资交易的领域内，在被自由竞争的市场和完全功利主义主导的经济环境里，资本的力量压倒一切，资本及其机构规模化、垄断化、逐利化，是传统资本企业生存壮大的必须。其宗旨是与公共福利相对立的。因此，合作社经济很难在高附加值的创新领域有所作为和实现跨国运营。这也是在第一次和第二次工业革命中，大型私营企业依赖其庞大的垂直体系和强烈竞争意识，伴随制造业和服务业不断扩大，而合作社没能超越私营企业的根本原因。

21世纪的互联网、物联网经济瓦解了大型私营企业的规模优势，为成千上万的小企业融入全球或区域经济提供便利条件。小企业能够无需被大企业长期垄断的交易渠道，利用新的分布式的物联网、通信网络、能源交通体系，驱动横向力量的营销优势。但在自由逐利的市场竞争和功利主义远不会消失的这个时代，合作社机制仍然处于缺乏竞争力的松散状态。

里夫金还忽略了一个重要的现实，即强国对于弱国的压倒性优势导致掠夺性经济依然存在全球经济体系中，联系松散的合作社模式很难在战略经济领域占据优势，从而很容易被边缘化。但是广受世界各地人们欢迎的合作社经济与共有经济有着共同的宗旨——保障公共利益，促进共同富足。只是合作社经济难以像共有经济那样实现市场利润与公共利益的共同最大化。因此，至少在21世纪上半叶，需要共有经济体制保持市场敏锐的竞争力、组织凝聚力和决策执行力等优势，既保护了市场利益最大化又保障了公共利益。直至全人类社会到达财富均衡、富足的顶点，共有经济才会放弃其市场效率与竞争优势，转向维护全人类的公同利益和资源共享、自由创造价值的新生活，那时，共有经济与合作社将成为人类共同生态圈内日常的社会公共活动之一。

9.3 共享与共有体制的原则

共享体制是资源集约化、效率最大化的利用方式，可以极大地提升资源的利用效率。但要让其成为一种旨在创造经济价值与社会价值最大化的经济体制，显然不够严谨和太过于笼统。要实现快速的财富创造效率、全民公共福利最大化，生产、服务效率极限，还需结合点矩阵空间、市场、经济组织、互信的劳动群体等建立共有经济体制。

共享体制的定义是一种资源利用的方式和生活方式，难以成为一种严密的经济体制。实现资源高效率利用的共享体制，就要建立信息、能源、物流等公共资源的共享管理制度，要明确管理机构和哪些资源属于可共享的公共资源和私有资源。要实现私有资源和公共资源的共享，就需要共有经济体制作为一种合作各方的保证机制，因为只有实现私有资产的可租赁，才能实现私有资产的共享，这不仅需要可租赁资产的大数据，还需要基于共有机制的运营管理平台。

数字经济时代，"只有当财产可以被更多人利用才是财产的真正价值所在"

等普惠观念开始得到广泛认同。在世界不同地方,从阿拉伯之春到西雅图的抗议游行,不同国家的人们已经开始要求开放或收回被私有化的公共资源,实现医疗共享、教育共享、虚拟空间共享、城市公共绿地、电磁频谱共享、通信共享、能源共享,山川、河流、海洋共享,水资源共享,大气、生态圈共享,城市公共空间共享。但在国家还没有实现社会富足的历史阶段,需要共有经济体制来实现分布广泛的公共资源共享和私有财产的可租赁共享,以创造社会资源利用和经济效率、公共福利的最大化。

传播人类信息的媒介是具有广泛影响力的共享价值。人类通过获得与识别自然界和社会信息来区别不同事物,得以认知和改造世界。每一次的人类工业技术革命首先从信息技术革命开始。大型互联网平台、通信系统实现普惠共有而非由寡头垄断,将更有利于整个社会创造价值,实现共同进步,实现公共利益的最大化。它们必须是更接近于免费使用。

事实上我们发现,越是广大的事物反而越是不宜被人们用来创造利润,例如水、山以及河流等,因为它们必须越是接近免费才越加体现出对于全人类的价值。因此,互联网平台只有免费或接近于免费才可以实现整个社会价值的最大化。信息技术的影响力与日俱增,谷歌、Facebook、亚马逊等商业化的互联网企业日益庞大的垄断体系正在引起思想家们和社会的担忧,这类信息行业在中国也在如火如荼的高速发展中,如阿里巴巴、腾讯、百度、支付宝、淘宝等。我们的研究显示,中国的互联网企业已经将社会价值融入了企业的血液之中,这些建立在国家公网基础上的庞大网络对于整个国民而言,越是能够被接近零成本的使用,就越能够有利于中国获得更加强大的整体创造力和社会价值。

在数字经济时代,越是庞大的经济越是需要融入社会价值才可以实现可持续发展。这是数字经济时代的铁律。未来任何传统企业要获得发展必须转变传统经济思维,实现资本价值与社会价值均衡发展,共有经济体制可为其提供有效的运营管理保障。

要实现共享还要规划可实现共享的城市基础设施和建设体系，并通过新一轮城市总体规划，实现共享体制下的城市各类空间的重新配置。这显然是一项极其复杂的工作。

中国城市可针对个人或经济组织拥有的资源和公共资源实现有偿和无偿共享。除了完全通过共有经济体制实现接近零成本、零利率的全民共享机制外，还可以通过以下与政府合作方式实现共享机制：

1. 由政府主导在各街道社区民选成立共享管理机构，从成员中选举产生的管理代表要为机构的管理负责，并有向全体成员解释其行为的义务。

2. 机构规划确认可以实现共享的公共资源，实现使用权共享。

3. 共享管理机构所有成员共同管理，管理费用由机构成员共同出资、共同享受共享权益，并负责培训和宣传共享基础理念等。

4. 共享管理机构与各共享服务中心建立区间链接，以实现跨区域共享，并负责与政府公共资源等实现大数据链接。

5. 由共有经济体制的企业或组织机构负责建立基于个人或者组织机构拥有的可租赁资源的共有平台，实现资源有偿共享。如共享各类服务中心，共享个人汽车、车库，共享个人住宅、旅馆，共享交通设施，共享医疗，共享教育等所有可以实现租赁的个人资源或企业组织拥有的资源。租赁利润由平台的共有各方通过合约实现合理自愿的分配，人们可以向共有经济体制的组织或者企业管理部门申请自愿加入或者退出共享平台。

6. 政府成立专门的共享协调部门，负责链接协调城市不同区域的资源共享接口的衔接并保证其合法性。

7. 也可以由群众自发利用区块链等信息技术实现类似于合作社的共有平台实现资源有偿或无偿共享。

8. 通过新的共享城市规划，规划建设不同等级的城市共享中心和城市共享汽车专用道路等服务设施。从城市配套设施规划建设着手促进资源共享的实现（详见第19章）。

数字经济时代，人们既可通过自己建立的共享平台、也可通过共有经济体制，还可以通过与政府合作等多种方式，实现所有资源共享。对于未来新经济和城市运营而言，共享率决定效率。显然这将在所有领域实现资源利用和价值创造效率的极限。我们完全符合逻辑地预测，数字经济时代，人类资源的利用效率、人类创造财富的速度将实现几何倍数的增长，甚至将超越人类以往历史的总合。

第 10 章 共有经济体制

世界从来就没有万能不变的经济体制。每一次人类技术革命，都产生了新的经济增长方式，这主要是源于技术改变了人类信息互联的速度和生产方式、生产效率，当第三次工业技术革命使万物互联，伴随第三代通信技术与人工智能技术日益成熟，人类实现可分布式协作与共同创造的群体创新时代到来，与之相适应的是可创造财富效率极限，并能够实现公共福利最大化的新经济增长方式——"共有经济体制"必然兴起。

10.1 什么是共有经济

一种可持续的经济，并非只单一的强调市场效率，还必须能够实现市场价值与社会价值的均衡。在 21 世纪，需要建立一种基于实现这种均衡的经济机制，以应对数字经济时代人类财富剧增与日益加剧的贫富差距、人工智能快速发展与技术性失业等诸多矛盾挑战。在全球利益格局的剧烈波动现实中获得可持续发展的均衡解，就是本章论述的"共有经济"。

共有经济就是将人们的经济活动与基于第三代通信技术革命的点矩阵空间技术融合，实现个人创造之和大于总体之和的群体创造价值，基于权益共有、各尽其能、按劳分配、各得其所，并可实现群体创造效率极限的新经济体制。

其管理体制与价值分配体制、激励体制等建立在点矩阵空间（信息互联网、物联网、大数据、区块链、人工智能技术）基础之上。共有经济体制是能够实现对于个人能力、价值、创造、需求、市场等信息进行准确甄别，并接受智能感知系统管理，能够有效规避人性缺憾，避免平均主义的新经济体制。

共有经济体制应具备以下几个技术层面的要素：

1. 基于区块链技术及智能感知系统的管理、生产、利润分配、激励机制。

2. 基于智能感知技术保障各利益方权益公正的生产体系。

3. 基于大数据、智能算法与分析技术的决策机制。

4. 基于物联网技术的供应链拓展与市场营销体系。

要实现共有经济体制的市场价值与社会价值最大化，还需要保证做到以下几点：

1. 建立基于保障互联网信息、物联网信息、区块链、能源互联网等不被任何组织或个人垄断的法律保障体制。

2. 建立监管、审核、发布共有经济体制内部的经济运行策略与经济指标的公共平台。

3. 建立信息收集处理与决策的中心机构。

4. 建立区块链等信息技术运营管理和群体互信平台。

5. 实现国家信息公网、各类互联网经济平台、物联网经济平台的共享和接近免费的使用。

我们决不要简单地将共有经济体制理解为传统公有制经济或平均主义的衍生物。它既利于激励个人和发挥群体创造的优势，又具有灵活精准的市场触觉，并能够实现市场经济效率和公共福利最大化。

共有经济体制是第三代通信、信息技术革命的产物，是一种基于超级共享中心——点矩阵空间，并能够激发每个人参与公平创造的经济范式。并且通过智能技术明确各相关利益方权益，可实现个人能力与个人收益、个人价值与社会价值平衡的新经济体制。可以说没有第三代通信技术革命，就不会有共有经济体制。

第三代通信技术革命正在实现跨越洲际的产业分工，即使大国间也由过去单一竞争转向越加难以回避的合作，不同国家间利益的互扰性、依赖性加强，更加趋向突破传统边界理念的合作共赢。例如中国华为公司就在日本设有研发机构，雇佣大量日本人组成研发团队，为华为研发手机通信技术。技术革命及新经济体系建立的点矩阵空间及全球供应链正在重构全球利益版图，更为重要的是，信息技术使人类与万物互联、每个人都能够凭借自身能力加入到更多创造体系中，而无需像过去那样依赖某一个企业或组织。

当传统的资本主义经济开始失去巨额利润的支撑，传统经济的垂直化、规模化组织优势将面临瓦解，其基于"人性论"的垄断力量将开始逐渐走向衰弱。这并非是说那些被"人性论"定义的人们自动放弃了他们逐利人生的理想，而是人们逐利的生产方式发生技术性的根本改变，促使其基于自身利益的考虑转向新经济的必然。

例如一个传统的企业，员工必须依赖这个企业相对于大众垄断的机器才能完成创造产品的劳动，工人们创造的产品还必须依赖这个公司的销售渠道才能完成最终的财富变现。这意味着传统企业里，工人仅凭自己的力量或者即使联合了其他工人也无法完成商品生产到交易的财富实现。这就导致工人对于企业依赖的必然性。但是现在这一切开始被颠覆：最早被改变的是人们的智慧信息可以形成与万物互联的点矩阵空间，使创造力的最顶端"人才"及普通劳动者们自我创造意识发生根本改变。

万物互联的点矩阵空间使劳动者不再像过去那样对于一个企业长期依赖，

他们甚至可以随时摆脱企业、基于万物互联的点矩阵空间内更多供应链随时随地为消费者或为自己创造价值。

他们还可以根据互联网提供的消费信息为客户量身定做个性化产品，他们掌握消费数据就可以自由确定自身的生产规模，他们还可以通过互联网联合更多新的生产伙伴，形成分布式的、自由的网络化生产体系。他们也不再需要传统企业庞大的销售渠道，因为物联网已经取而代之。伴随3D打印技术的普及，还将会使更多传统产业不再需要庞大规模的车间和机器。

这将给传统企业造成致命打击。传统企业要想保持良好运营或市场规模，就必须链接更多劳动者加入其群体创造的矩阵，但这就必须对传统的单边自利型劳资关系进行必然的妥协调整，需要将劳动者创造的利润分配纳入更广泛的万物互联的价值体系中，以及同行业竞争群体中重新评估。否则这个企业将面临随时被劳动者抛弃的危险。这对于依赖高利润以维持其传统垂直化、规模化组织和规模化市场所必须支付的高运营成本经济体系而言是颠覆性的。之前的巨额利润（剩余价值）必须被真正的按个人创造价值不同进行分配，因此，数字时代的经济组织要想实行利润最大化也必须同时保障所有劳动者的公共利益最大化。这将导致那些传统的资本经济体系走向衰落，转向共有经济。而具有共有经济意识的那些企业或经济组织将创造新的繁荣。

显然一个传统企业要想维系规模就必须接受这种基于群体创造、剩余价值合理按劳分配的共有经济模式。企业必须基于利他性的尊重每一个创造价值的个体。因为这些个体链着更多供应链、拥有更多选择，虽然企业依赖资本可以迅速链接这些个体构建市场规模，同时也面临被个体随时抛弃的风险。当然企业如果能够遵循共有经济的原则，就可通过规模和群体创造获得更多的边际效益，实现经济效益与公共福利最大化，获得市场经济价值和社会价值的均衡。

在数字经济时代，共有经济实质是一种基于利他原则并且必须能够保障公共利益最大化的财富创造模式。

在科技革命的不断影响下，坚持传统经济理念的企业家们将会越加感觉到束手无策。这主要是因为经验、规模、资本等传统的价值体系被颠覆，过去的优势在科技革命与大众群体创新格局下荡然无存，未来仍将思维和行动停留在传统的资本经济时代的企业家将难有作为。

一个可实现个人积极参与的群体创造，基于权益共有，利润按能力、按劳动价值合理分配，实现企业群体各尽其能、各得其所的共有经济体制时代必将到来。

对于传统企业家来说，新的成功将来自于忘记过去那些经验和资本垄断优势，站在新的转折点上，而不是沉湎于多年积累的经验或资本的优势。优势将来自接受新经济体制的变革，由传统的规模化资本经济转向可以激发每个人积极参与群体创造、更多体现实现社会价值与公共福利均衡的共有经济模式。

中国华为就是共有经济的一种雏形。当大多企业都忙于上市以期待能够借股民资金继续扩充其资本规模的陈旧观念之中时，华为的不同选择适应了新经济时代，至少他们找到了一种能够激发个人参与实现群体创造效率的途径，而这也正是"共有经济"的核心。我们之所以将华为的经济增长模式归为"共有经济体制"，是因为华为公司从其权益归属和利润分配的模式均符合"公共经济"的宗旨。华为将企业的98%以上的股权分配给了员工，实现了企业权益共有，但企业同时保持优胜劣汰激励策略，避免容易滋生惰性的平均主义，使每个员工积极参与群体创造。顺应了企业群体创新、群体创造的新经济时代潮流。使华为从一家仅几十人的民办小工厂迅速崛起成为全球巨无霸的高科技企业。这种共有经济思想使华为创造了总体大于个体之和的经济效率。人们恰如其份的总结了华为的企业理念：

"一个人不管如何努力，永远也赶不上时代的步伐，更何况在知识爆炸的时代。只有组织起数十人、数百人、数千人一同奋斗，你站在上面，才摸得到时代的脚。"

事实正是这种具有"共有经济"思想的理念促进了华为企业快速的、可持续的发展。

任正非被认为是一个成功的具有新经济时代企业家精神的市场艺术家，华为公司的格言也是社会企业家对于共有经济体制最好的解释。华为成功了自己也成就了他人。华为公司创造市场利润最大化的过程，也是保障其劳动者公共利益最大化的过程，这是与资本主义经济最根本的不同。华为的成功说明注重实现资本市场价值和社会价值平衡的共有经济体制存在的优势，同时也给人们展示了这种经济增长方式的效率。当然，如果华为公司进一步将点矩阵空间技术与其经济组织融合，将会进一步实现经济效率最大化，同时也将创造更多的社会价值。

10.2 共有经济的宗旨

主导共有经济的主体是多元的。

共有经济是以激励个人实现群体创造效率极限为前提，可由国家资本（也可以是完全社会资本）、社会资本、市场艺术家（具有企业家精神的市场领袖）、劳动者群体、点矩阵空间共同组成，可充分发挥国家意志、大数据、智能感知系统等优势，实现精准的战略引导、市场需求主导、市场艺术家引领的群体创造，是经济、信息技术、区块链、数据、智能感知系统及甄别技术的聚合。

共有制经济体制的宗旨是实现市场经济与公共利益最大化。如果是国家资本与劳动者结合的共有经济，能够具有强势的国家执行力。在决策正确的前提下，这种强调国家意志的共有经济体制可以创造超乎想象的执行效率。传统的中国国企和央企融入共有经济元素，将为企业注入应对全球经济变革的灵活性和竞争力。

在过去信息技术难以实现实时互通、监管技术相对落后的时代，权力集中的经济体制时常难以应对复杂变化的市场发展进行精准计划与决策，强势的权力决策时常剑走偏锋，对生产效率和创新力构成瓶颈。21世纪，第三代通信技术革命甚至完全化解了传统计划经济容易决策失误的矛盾，当点矩阵空间融入传统的权力经济体制，如中国的国有经济等，将具有共有经济体制的所有优越性，将完全可以规避国有企业内部计划与决策难以精准的弊端，反而突出了国有企业执行力优势，使国有经济体制完全可以实现经济效率和社会价值的最大化。这符合爱因斯坦的广义相对论，在不同的时空内同样的行为所表现出的结果可以完全不同。

共有经济体制的决策者既可是政府、也可以完全是个人或者是某个经济组织。具有与数字技术融合的混合经济特质，共有经济体制具有自上而下的强势执行力和自下而上的群体创造力的双重优势，这让我想起美国科普作家凯文·凯利（Kevin Kelly）在其著作《失控》中非常契合的表述：

"完全听任底层的摆布并不是集群效应的宗旨，强势的执行力与集群自下而上的能量聚合才是其真正的双重优势。"

共有经济体制要实现步调一致的创造力、执行力的效率极限，必须将点矩阵空间与经济体制完全融合，将经济体系内管理、生产、激励、分配等各项机制建立在点矩阵空间基础上，智能技术与每个成员的创造活动互通互联密集融合。使共有经济体制内每个人可实时传递和协同发挥各自的智慧和能量，同时也将被智能感知系统实时采集其各方面数据，使每个人的能力和创造实现直观的量化。这些数据接受智能计算和分析，作为实行按劳分配利润、按能力分配职务的激励机制依据，以实现共同创造财富的效率极限。

新经济发展模式也将深刻影响城市空间的发展。对于每一座城市而言，越来越多的事实显示新经济对于城市空间的颠覆性影响，尤其在区域经济发展不平衡的发展中国家。例如中国的众多城市，第三代通信技术革命、新经济体系将促使资源利用和功能空间的重新配置，实现区域发展均衡。中小城市民众健康生活意识的觉醒、信息与交通的更加迅捷,大城市越加难以依赖国家政策的倾斜庇护继续过去的排他性、牺牲中小城市或农业地区利益为代价的发展方式。一定区域内的城市经济以及农业地区将趋于一体化的协同合作,形成优势互补、共同繁荣的利益格局。这将使更多的城市走向空间与资源聚合,走向工作、生活联系日益紧密的同城化。

人们对于生活健康品质、生态环境保护的共同诉求,如同所有的城市信息与物质都高度互联融合在共同的点矩阵空间内,城市物理空间也将向点矩阵空间的形态转变,不同的城市如同点矩阵空间内的各点,由初始的利益割据、分散的个体,转向彼此间更多的价值链接、协同合作、资源与利益共享的聚合,城市与城市将构建具有点矩阵空间形态特征的城市聚合(图2-1)。未来最具竞争力的城市将是资源共享与聚合的巨型城市。

从历史上的两次工业技术革命来看,自18世纪60年代至19世纪中期第一次工业技术革命到达顶峰之时,也正是第二次工业技术革命长达50多年历程的开始。传统经济体制转向一种新经济体制往往也需要较为漫长的过程。共有经济与其他类型的经济体系也将经历较长的此长彼消的转变过程,而资本主义经济也不会就此消失,至少在21世纪上半叶,将会出现共有经济、公有经济、资本主义经济、混合经济、民营个体经济等共存的局面。中国仍将保持资产的可私有化,但在涉及国家战略经济的行业,共有经济与公有经济将居于重要位置,并与其他经济体制共同创造经济繁荣。

未来共有经济体制将逐渐发展成为国家各类经济体制中的重要部分,将会更多激励技术创新和增加利润来应对全球国家间经济竞争。国家将继续保持资产的可私有化,以激励个人创新推动社会群体创新进步;共有经济体制可与国有经济体制融合,共同担负国家战略经济发展任务,负责建立未来城市资源共享体系和全球供应链基础设施规划建设。

共有经济体制的特征与德国的混合经济体制有诸多近似之处,例如德国城市经济发展规划都是由政府官员、企业领袖、教育科研机构等共同决策，由此不断优化经济贸易和投资战略，同时组织培训创新人才把握全球发展机遇。政府与企业的密切合作机制经常成为一些资本主义国家干预宏观经济以维系其经济全球竞争力的重要经济策略。

10.3 共有经济的竞争优势

论及经济体制竞争，除了长篇累牍的关注以美国为代表的自由资本主义经济体制之外，还有一种广泛流行的被称为"资本主义混合经济体制"也必须给予重视。

混合经济体制是当代盛行于欧洲和日本的一种强调国家干预的资本主义经济体制，其宗旨是实现资本经济利益最大化，基于传统规模化、中心化垂直经济结构体系，在日本和德国等众多欧洲资本主义国家占据主导地位。

当共有经济体制与资本主义混合经济体制两种经济模式并存时，彼此将处于合作与竞争并存的状态。

未来共有经济体系能否在世界经济格局中最终占据主导地位，取决于点矩阵空间与经济体系是否能够充分融合。除了需要具备本章第一节提出的各要素之外，还需要快速实现数字经济与实体经济供应链基础工程建设，供应链基础工程建设包含两个重要方向：

首先是基于信息互联网、物联网、能源互联网、区块链技术的全球虚拟空间点矩阵分布建设；

其次是结合物联网实现道路、航空、海运、仓储、物流体系等供应链的全球布局。

而资本主义经济体制若要避免陷入衰落，除具备以上要素之外，还需要实现资本寡头远离政治，权力于经济的相对中立，还国家权力于社会，少一些市场价值、多一些社会价值。但这对于那些权与利交错，根深蒂固的资本帝国来说，似乎是天方夜谭。正如美国学者尤查·本科勒在其著作《网络财富》中认为的，"依赖私有设施实现信息通信共享希望渺茫"。这或许是诸如美国等资本主义经济泛私有化带给其经济变革的根本桎梏。

要实现虚拟与实体供应链全球布局，就要获得不同国家的接受和支持，因此要考虑到这些国家的自身利益需求，合作与共赢是既定的原则。因此对于合作方的主权事务与领土完整等基本权益的尊重是前提条件。中国在此方面完全采取了更为接近的多边主义的全球经济协作策略，并以创造"人类命运共同体"为宗旨，获得世界广泛共识。所以人们发现行驶在海洋上最大规模的商务船队来自中国而不是拥有12个航母战斗群的美国。依靠强大军事力量、一呼百应的殖民经济或者颠覆别国政权掠取利益的时代正在成为过去。

在中国央企、国企等全民所有制经济体制内，存在"共有"的历史基因。中国的央企、国企以及集体企业可以实现由政府代表全民资本参与宏观决策的"产权全民共同拥有，集群共同创新与管理"的类似于全民股份制公司的共有经济体制模式。共有经济体制模式下的政府与企业密切合作，政府为企业提供宏观经济决策，将提升企业竞争的优势。政府还可以根据国家战略发展需要选择与私营企业建立共有经济合作关系，这种经济体制相比资本主义经济体系拥有宏观决策与执行力优势，拥有更高的竞争力和经济效率。

这是因为中国央企与国企的基础是政府主导下的全民所有制，其先天要素内就已存在"代表全民的国家意志执行力和共有与共享"的传统基因。其实现共有经济体制的前提要素是要将点矩阵空间（信息互联网、物联网、区块链、能源互联网）与全民所有制的国企和央企完全融合。

针对国家战略型产业建立共有经济体制，有利于增强经济体的凝聚力，可实现政府对于事关国家兴衰的战略型产业进行宏观、精准的引导，利于实现其经济效率最大化和凝聚力、执行力，增强企业全球竞争力。

中国国企和央企如果融合点矩阵空间技术，可以化解国企和央企内部存在的传统矛盾和发展桎梏。中国规模庞大的国企、央企成功转变成为具有全球竞争力的共有经济体制，使国企和央企能够成为创造经济效率极限与实现全民公共福利最大化的超级经济体，并且有利于化解未来技术性失业和社会贫富分化问题，以消除由此容易引发的社会生态危机，最终实现全民共同富足、人们自由创造价值、人性得到升华的美好生活。

至少在21世纪中叶之前，共有经济的实现并不是意味着私营经济的消失，国家不应排斥拥有企业家精神的民营企业。只是共有经济越是强势发展，追求私人利润最大化的传统私营经济就会相对变弱，当然私营经济也可以实现由企业家和共同参与创造的劳动者群体共同构建成为共有经济。

事实上现代众筹经济、合作社以及中国的央企和国企等都与共有经济体制存在保障公共利益的共性，都可以通过融合点矩阵空间继续完善其内部体系，转变成为更高效率的共有经济。在21世纪上半叶，将是由共有经济、私营经济、众筹经济、各类混合经济、合作社、各类社会经济等合作与融合，共同创造繁荣的时代。

强调国家参与经济决策的国家除了德国、日本，还有韩国及多数欧洲发达国家，这种传统混合经济体制为这些国家创造了过去的辉煌。德国实现统一的20多年内，针对不平衡的东西德经济发展差距，就曾采用"团结附加税"帮助东德快速赶上西德经济。在中国也存在国家主导的政策干预经济策略，如西部大开发、东部沿海城市对口援助西部经济落后城市等。

但是美国则更加倾向于新古典经济的自由市场化经济，政府对企业的干预度远远低于混合经济体制国家。美国甚至连公共服务也尽力使其私有化。在美国特种作战司令部高级顾问帕拉格·康纳看来：

"美国各州正在分化为独立的各个自制王国，不同的州之间缺乏国家协调和团结，富裕的州宁可将资本用于自身建设也不愿意投入其它州获得共同受益。"

传统的混合经济要焕发新的生机，同样需要与点矩阵空间融合，这样才可以实现每个劳动者信息共享，资源、能源共享。形成强大聚合力量，就会产生亿万个"芯片人"的信息能量回路，这在过去的任何时代都是无法实现的。

共有经济体制具有包容性，既可以是国家与各种经济体实现共有，也可以是集体与社会资本之间实现共有，也可以是完全的个人之间共有，是一种可实现全民公共福利最大化、实现生产、服务效率极限的超级经济体制。

第三代通信技术革命改变了人们的内心世界，使人类在智能感知技术的监督下，"人性"必须恪守集体规则的约束。伴随公共利益的最大化普及，实现生活富足的人们，内心世界将会逐渐转向人性的升华，完全追求个人逐利价值将转向与创造社会价值平衡。这将颠覆大多数资本主义经济学家关于人性的定义。信息技术将解除"人性"的桎梏，为世界提供了"奴役人性"和"消灭人性"之外的第三种方法——"感知人性"。

而基于"感知人性"诞生的"共有经济"将成为继资本主义经济（奴役人性）和社会主义经济（消灭人性弱点）之外的第三种经济体制。

通过智能感知系统、数据及计算分析技术，可重构人类与世界万物休戚与共的共识，可实现每一个劳动者清晰地感知世界，认知自我。令更多的人们和传统企业家认识到地球作为负载人类的共同之船，难以承受无限逐利的挖凿而陷入共同消亡的危险，从而变得多一些社会、少一些市场。

第三代通信技术革命必将重构人类经济由自私利己的完全竞争走向利主义的协同合作的新经济时代。"人类命运共同体"意识将在更多国家间形成共识，并将促进国家之间由过去单边主义的竞争走向全球供应链协同合作共赢的利益格局。未来的世界将是基于协同发展的合作版图而非由战争胜败划定的利益版图。因此"共有经济"具有广泛的国际性。

第 11 章　新经济背景下的城市

11.1 城市边际的消失

每一次工业技术革命都划时代地改变了城市存在的空间形态，改变了人类城市生活。从晨钟暮鼓的农业经济时代的手工业城市，到熔炉般的近代工业城市，城市从未停止日益庞大的扩张，吸引了更多农业地区的人们。越是发达的国家，城市人口的比例越是高达 80% 以上，城市生活成为定义人类生活文明的坐标。

以自由逐利定义的 20 世纪的资本主义经济将人类城市经济的繁荣推上顶峰。全球国家间的竞争越加凸显为城市之间的竞争。每年的世界城市 GDP 排名吸引着全球战略家们的眼光。科技的进步、经济的增长，来自城市内部的变革无时无刻不在聚焦城市空间的走向。

越是大城市越是肩负更多国家责任与经济期望，城市人们的生活早已被这些责任与经济定义。人们一方面享受城市物质的丰富和繁华，一方面也必须承受工作的效率压迫以及那些来自那些非健康的城市空间的困扰。人们总是期望寻求一种可以实现工作与健康生活相互平衡的城市生活方式。

人类生活文明进化的历史就是农业地区人口转变成为城市人口的历史，日益增长的人口相对于日益紧缺的地球资源和人类资源，人口的城市化是资源集约利用，实现大多数人们共享现代文明生活的必然。事实证明，全球众多城市发展的共同的趋势是——资源与空间的聚合与共享。点矩阵空间及数字经济现象启示：多个存在经济、资源等链接的城市所创造的价值（科技、经济产值等）远大于各个孤立城市创造的总和。

巨型的聚合之城具有更强大的经济、科技、文化创造力和竞争力，同时还具有更强的抵御经济波动的韧劲。但是长期以来，巨型城市的人们更多是一边创造着人类财富与繁荣，一边忍受着旧规划体制导致的"大城市病"的困扰。

在世界许多国家以及快速城市化中的中国，人们似乎习惯于将"大城市病"简单的归咎于城市规模太大，而忽略了始作俑者——城市规划。越来越多的对于技术革命和新经济的研究显示，21世纪的人们完全可以基于第三代通信技术和新经济体制，通过聚合与共享城市规划理念实现未来城市宜居与工作平衡的新生活。

事实上，城市空间的聚合早已成为情愿或不情愿的现实。只是还需要一种系统的规划体系和时间的过程，我在2015年出版的《世纪之城：中国城市规划再出发》中，就曾初步表述了"聚合城市"的理想架构及其将带给人们怎样的新生活情景。

从洛杉矶国际机场驱车前往市区的一家旅馆需要两个多小时，车子跨越一个个地图上标注的小城市，但它们彼此链接的灯光和繁华的建筑让我们看不见彼此的边际，司机朋友自豪的告诉我，这些小城市共同的名字叫洛杉矶。

带给我同样感觉的是我后来从上海去往60公里之外的昆山市一座名为"千灯"的历史古镇，连绵的现代建筑间隔着漂亮的工业厂房令我找不到与上海郊区的任何区别，同样令我无法辨别上海的边界，但是我的一位来自上海石库门里弄的同行确能够准确地告诉我哪里是上海与昆山的边界。这让我瞬间感觉到与洛杉矶不同的是——这里的边界是存在的，尽管它只是存在于人们的内心。

这正是发展中国家城市的一种普遍现象。经济与地理的版图正在模糊地图上的辖区界线,而人们的心理认同还远远落后于城市正在走向聚合的时代。

20世纪80年代改革以来的中国城市,即便是粗放式的经济增长所带给我们的盛宴也足以令我们欢欣鼓舞。贫穷的人们太需要释放抑制已久的致富激情,人们一度裹挟着城市行走在逐利与失控的扩张之路。或许人们还来不及被论及得失,就已洞见这段旅程的终点。生态环境的污染、资源的低效利用、大量基于逐利的非健康城市建成区、流离失所的"农民工与悲惨的留守儿童"、不可再生资源的剧烈消耗并被生产转化成为私人占有的闲置资产与巨额财富,仿佛整个世界都已陷入唯有拜金主义的狼吞虎咽时代。

人们似乎早已忘记生活幸福的本质,即使那些拥有巨额财富的人们也难以实现内心的平静。来自资本主义经济的无限逐利、自私贪婪开始占据人们的内心,但是人们忽略了即使在资本主义经济体制内也一直存在的企业家精神。在消费主义盛行的资本主义世界,人们早已开始反省:地球资源究竟还能不能满足每个人的奢侈生活?这让我想起圣雄甘地给予人们的忠告:"地球可以满足每个人的需求,但是地球无法满足每个人的贪婪。"

越来越多的现实警示那些建立在欲望与贪婪之上的城市中的人们:需要停止那些非健康的城市空间扩张的进程,进行与新技术、新经济时代相契合的、可持续发展的必然调整。使中国城市化、城市空间发展更多地参与到第三次工业技术革命进程中,不再重蹈资本主义经济"熵"时代。

通信技术、能源、物质变革的节奏如季节般更替,新科技新经济正在带给发展中国家人们新的历史机遇和新的生活方式。物联网、互联网、能源互联网、区块链、3D打印技术等正在重新配置城市功能空间和生产空间以及服务与交易方式,"分享代"们每天都在共享他们的悲喜和人生思想。全球脑神经链的彼此实时链接意味着人们可获得资讯与物质的双重网络传输,资源的集聚共享,庞大的群体创造能量,数字时代的新生活方式已经在人们之间构建,点矩阵空间正在重构城市的物理空间，我们如何还在旧时代的规划体系里继续制造不恰当的、甚至是非健康的人类容器承接这日新月异的新经济时代？伴随传统的资本经济时代向数字经济时代过渡，传统的旧城市规划体系及其界定的城市边际也将走向必然消逝与变革。

11.2 走向聚合与共享的城市

地球不可再生资源日益匮乏，能源利用成本不断升高，碳排放对于环境的不利影响在持续增加。如果将地球比作银行，人类经济活动的总体成本实质已经透支了地球的本金。占有世界五分之一人口的中国如何合理使用与分配自然资源、社会公共资源，是尚未完成城市化的中国城市与乡村获得可持续发展的根本问题。

基于耕地面积少、人口多，资源少、需求多的现实状况，中国城市必须实现空间与资源集聚发展和共享利用，区域经济实现一体化协同合作。通过合理规划，在宜居地区构建巨型聚合城市，增加城市人口承载力和对农业地区的人口导入。农业地区的土地由分散转向集中利用，发展现代化农业，以提升农业地区的土地利用效率，实现农业地区创造价值提升。这些策略是实现城市与乡村可持续发展与生态保护的有效路径，也是曾经过度以市场为导向的城市非健康建成区更新及创造城市空间再平衡的基本原则。

国家还应建立节制的经济体制以避免陷入资本主义经济的消费主义困境，应规划实现国民有节制、有礼仪的生活方式，规划家庭体制，优雅的城市源于生活细节的精致规划设计，实现这些规划措施无论对于国家还是对于全人类社会都是一种积极的贡献。最具经济效率的城市应是最具集约共享的空间与资源聚合的范式,城市聚合所产生的聚合效益将体现总体大于个体之和的价值。

如洛杉矶城市群和东京城市群的聚合，使原来的不同城市建立了统一的经济协作与管理，使聚合后的城市增加了经济创造和人口规模，增强了城市韧性和自我调节能力。洛杉矶和纽约是最早从美国次贷危机经济衰退中复苏的城市。2017年美国大城市贡献了全美GDP的85%，仅纽约城市聚合体就占了8%，以17351亿美元位列2017年全球第一。洛杉矶近百个小城市的聚合体也以9782亿美元紧随其后，位列全球第二。日本城市聚合后的东京都市区GDP长期位列亚洲第一，人口占据全国30%。相比之下，21世纪初的中国大城市如北京、上海、深圳、广州、南京、武汉、合肥、郑州等都具有实现资源与人口聚合的必要。

中国城市需要告别长期利益割据、各自为阵的发展僵局，聚集人力资源、自然资源、经济科技文化资源等，形成聚合优势，实现整体大于个体之和的聚合城市效应。通过打破传统的辖区限制，实现聚合发展，重构不同城市间的利益与空间格局，激发这些传统城市的潜能，成为具有全球竞争优势的未来聚合之城。

从第三次技术革命对于世界构成要素的宏观变革，到通信技术革命对于人们内心世界、经济发展方式以及政治体制的深刻影响，信息互联网、物联网、能源互联网、区块链、大数据等技术与城市空间和经济的融合，正在改变人们传统的生活方式和经济增长方式。数字经济时代人与机器日渐合一，虚拟与现实交织的点矩阵空间正在鲸吞蚕食传统的城市空间，重塑新的世纪之城。

对于世界每一座城市而言，其所面对的一个曾经既创造了人类财富辉煌又将人类带入"熵"的旧时代行将结束，一场划时代的城市空间革命已经来临。相比那些积弊已久的城市，年轻的中国城市迎来后发优势的历史机遇，将走向资源共享、协同合作、资源与空间聚合，实现资源利用与价值创造效率的极限。

历史证明，人类每一次技术革命都催生了新的经济体制及新的生活方式。城市空间发展从来都不是孤立前行，第三次技术革命及新经济增长方式决定了城市空间走向历史变革的必然。因此我们用更多的时间和篇幅探究科学技术与城市经济的奥秘。

由此我们构想了 21 世纪的共享城市和巨型聚合城市空间。但这并非只是一时之举，是基于 2015 年出版的《世纪之城：中国城市规划再出发》核心思想的继续，是新技术新经济时代，大地艺术、新生活方式与城市空间发展探索的开始，我们在不断学习接受新的思想，不断与各方取得联系，不断地调整规划思路。如其说我们在创造一个新的经济体制和规划体系，不如说是在与每一位热爱生活的人们共同经历、接受新经济时代的新思想、新生活的美妙历程。

但是人们很难想象一个庞大的城市规划体系逐渐崩塌、变革后，第三次技术革命将会带给我们城市空间和生活等怎样的情景？我们仍然需要考虑城市属于谁，我们究竟需要怎样的城市生活。或许主要原因是我们更多人并不清楚城市是因何而生长变化，城市生活的本质是什么。在此我们要退后一步，回顾一下历史上城市空间的变迁。

第 12 章　从 1.0 城市到 4.0 城市

创新，总能以其前瞻性，影响人们对城市物质空间在视觉、心理、功能、秩序上的再认识。人们需要越过人性的浮尘及其构筑的屏障，理性地面对充满生命内涵的城市理解与探索。

人们在城市里编织着形形色色的梦想，缔造着痛苦与快乐。那些令人激动的社会、经济、文化、科学技术的事变都将缩影为城市生长的生命印迹，无数热情与智慧在此凝铸成为城市的风景和历史。

12.1 城市生活的变迁

1933 年国际现代建筑协会通过的《雅典宪章》声明，"城市生活的物质环境是太阳、空间和绿地"，并在世界范围内形成广泛的共识。这彰显了国际现代建筑协会对城市生活的高度关注,从生活和学术角度定义了城市物质内涵，并界定了人类城市健康生活的基本标准，也表现出人类社会对于城市生活本质的共识。城市空间与太阳和绿地三者共同成为不可分割的城市物质主体。

代表自然的太阳和绿地相比城市空间拥有与人类为伴更为久远的历史，是维系人类存在的根本物质。人类对于自我生命价值的追求创造了城市空间。我们赖以生存的大自然与人类思想文明的进步共同绽放的人类智慧之花，是城市的"生命价值"。除此之外的城市物质空间是人类智慧的创造，体现了人类创造财富的"经济价值"。城市是人类智慧的创造和文明的集中代表。

早期农业主导经济时代的手工业城市多是禁锢于防御的城墙之内，依赖农业的城市却拥有比当时的农民和现代城市更为闲适的生活。城市里的人们除了关注四季更替、农业收获以及自然节律，还拥有更多时间用于思想或文化之旅。这一时期的城市实质是依赖农业并与自然联系紧密的权力之城，也是人类思想创造、文化与技术缔造的熔炉。

这些农业时代的城市沿袭着日出而作日落而息、晨钟暮鼓的生活，经久不变。但这种早期城市"宁静的慢生活"及其与自然相互依存的某种均衡，最终被人类技术革命催生的工业化大发展颠覆。农业经济主导的城市进程退出历史舞台。

人类城市生活恍如千年恬淡一夜间步入工业经济主导的喧嚣忙碌的时代。

如果说基督教促进了西方中世纪之前奴隶制度的瓦解，并且拯救了历史上的欧洲，18世纪的技术革命则导致了西方封建社会体制的终结和资产阶级力量的壮大，并且真正地踏上资本主义新时代征程。

人类智慧创造的"技术"使西方世界率先展开告别农耕时代的历程，开始了机器时代的资本主义新生活。

机器化大生产加快着人类对于地球自然资源与空间资源的开发速度，创造了辉煌的物质文明和海量的剩余价值。城市作为人类文明的摇篮与繁衍的容器，由于技术革命、工业文明的进步，从此走向快速增长、日益宏大的新纪元。

新兴的资本家们决心要将人们的一切都形成可以交易的市场。资本家对于效率的解释让人们感觉到时刻都要为了提高自己的竞争力而不断努力工作，否则就难以保证工作岗位。城市的生长开始显示出史无前例的增长速度。

物质丰富的保障使人类的生活品质和生存环境得以改善，同时也在不断激发人们对于物质享乐的欲望。消费主义盛行的城市展开了穿梭般对于物质的激烈争夺与各种形式的较量。

社会的变革,工作节奏的急剧加快、传统家庭结构的瓦解与生活方式的改变、贫富与社会阶层的迅速分化、环境污染对于健康的威胁等,19世纪末的西方城市空间以及传统城市生活方式的快速改变,有时令人们面临无所适从的境地,在代表太阳和绿地的"生命价值"与强调工业化生产效率"经济价值"两者间的矛盾,成为令人们迷茫的发展悖论,技术成为这一切的始作俑者。

技术进步导致人与机器的关系走向更加密切,取代了农业经济时代人与自然之间的生存法则,成为工业革命以来城市生活的主宰,在繁忙的城市里,人们甚至已经忘记大自然四季的更替,机器时代的城市空间趋于更加纷杂多变,面临难以捉摸的不确定性。

20世纪初,汽车替代马车使之前的人类城市空间被颠覆性改变,曾经人类与自然最为契合的文化与艺术却在面临消失或萎缩。有些被称为农业经济时代或某种文化时代历史遗产,连同它们的城市空间成为供人回忆和参观的历史景观。

人们必须遵循这种机器时代的空间和工作法则。机器使人们脱离对春耕秋收、春华秋实的四季的忠实和对季节变换的关注,对大自然的力量逐渐失去敬畏和尊重,因为即使远离农业与阳光,机器也可以创造海量的剩余价值。

来自土地和阳光的收获在资本家心目中的位置被可创造更高商业利润的机器取代,开始不再被人们关注。资本开始逐渐远离与逐利无关的绿地和阳光、热衷于对商业利润的争夺,以购买更多的机器。

早期物物交换的体系和节奏、笨重的黄金已经无法满足大量剩余物资的交换,人们开始寻求一种更为轻便快捷的交换方式及媒介。一个源自金匠贪婪的假凭证被其发现竟然可以为人们信任地用于等值黄金的交换,这令金匠恍然大悟，原来他开具的假凭证具有等同于黄金的货币的作用。而这种源于人们信任的结果可能令你无法想象，世界上最早现代意义的银行——英格兰银行在17世纪的英国伦敦诞生。行吟者成了诗人，金匠成了金融家的鼻祖，一种关于信任的游戏风靡世界。

从此，西方城市的资产阶级发现，除了需要高度关注可以制造大量财富的机器和技术，同时也感到越加需要掌握如何对于大量剩余价值进行更加便捷交易与分配的游戏规则。以亚当·斯密著作的《国富论》为代表的经济学在西方诞生。西方城市率先展开了对于机器技术及经济的双向研究，一些经济学家逐渐意识到城市空间发展与经济的潜在关联，城市经济学的雏形由此诞生。

19世纪伴末随机器的大规模使用，资产阶级力量迅速壮大。城市周边林立的工厂烟囱浓烟滚滚，涌入城市的产业工人、以城市为中心不断扩张的工业区、急剧的贫富分化，导致社会生态失去平衡和环境生态破坏。农业时代城市的秩序被改变。人们必须服从于24小时工作守则，并且要为效率负责。城市空间也在必须遵从经济效率中迅速扩张。1890年初拥有560万人口的英国伦敦，其住房密度、交通拥堵、空间竞争等问题显得更加尖锐。1894年纽约分租房委员会估计纽约分租房占据五分之四的地面，五分之三的城市人口生活在这种人类最小极限生存空间的地方（图12-1—图12-7）——拥挤在黑暗、通风不良的房间中，其中许多终日没有阳光，而且从来也没有新鲜空气，成为疾病、贫穷、邪恶和犯罪的中心。恶劣的居住环境与巨大的工作压力使人们陷入失去健康和闲暇快乐的恐惧与痛苦之中。这是人类工业化早期完全以经济增长为目标的城市空间发展的真实写照。

事实上，这个时期的西方城市已经被强大的无限自由逐利的个人和组织及其拥有的机器所控制，城市的一切行为均需服从于商业和工业利益。城市空间与机器展开了漫长的蜜月之旅。城市生活毋需遵循自然的法则，而更趋于投入制造和购买机器的热情。人们与机器并肩投入热火朝天的大生产，即使毋需休息的那些机器也需要人们24小时值守和精心保养，甚至超越对于人类自身的呵护。朝九晚五的工作似乎成为城市人民的枷锁，阳光、清风与绿地成为一种奢望，城市时常面临工业污染、健康与犯罪的威胁，城市生活日渐与自然割裂，变得无奈并且失去快乐。

19世纪末，逃离城市的梦想曾一度在西方城市人们的内心深处蔓延。直至20世纪中叶的伦敦、巴黎、纽约、柏林、芝加哥等这些西方资本主义国家代表城市成为英国思想家彼得·霍尔（Peter Hall，《明日之城》的作者）笔下的梦魇之城（图12-8—图12-11）。

对城市空间造成根本影响的因素还来自人们的内心世界：早期的工业化时代除了导致农耕时代那些与自然契合的文化与艺术的衰落，社会价值观趋向对于物质财富的推崇，严重压缩了人们用于工作技能及学习操作机器之外的文化、艺术、哲学等精神追求的时间和热情。人们很少关注探索人类生命的价值与生活艺术的意义，学者们甚至悲叹"哲学已死"。

这一时期，西方文化时常令人感觉到有倒退的迹象。这导致西方资产阶级主导的工业化早期的文化艺术成就甚至无法与文艺复兴时期的辉煌相提并论。柯布西耶曾这么认为：就生活的本质意义来说，其实手工业时代城市人们内心的幸福，也并不比机器时代少很多。因为对于文化艺术及各类非物质信仰的追求可以平静人们的内心世界。陷入完全追逐利润与工作效率的早期工业化城市，带给人们更多的是焦虑和对未来的不确定性。

当然我们决不要将早期的资本主义工业化大生产看得一无是处。事实上资产阶级对于自由市场经济的实践，极大提升了人类创造财富的效率，并且推进了科学技术的发展速度，这种效率和速度超越以往任何时代。资本主义经济用100年创造了人类历史以来的财富总合，最具说服力的事实是，实现了农业地区人口可以脱离繁重的辛苦劳作，转向平权、更具创造效率的现代城市生活。对于如何提升城市生活品质的追求与探索也开始为人们所重视。城市生活品质也在人们的努力中逐渐得以提高。但在此过程中，资本主义经济对于世界尤其是对弱国人民所表现出的自私自利的掠夺性，在其成功的历史中添加了不光彩的一页，在思想家卡尔·马克思看来，这符合人类的历史进程，资本主义社会仍然处于人类物质创造的基础阶段，其必然被更高阶段的、以实现所有人共同富足的社会主义替代。资本主义经济学继承者凯恩斯也明确告诉人们这是一种通往理想世界的"上帝让位给市场"的过渡。

凯恩斯及其追随者们深知资本主义经济体制无解的寡头与垄断的根本矛盾。要让资本游戏更为长久、更具效率，就必须考虑到相关利益各方的相对获得均衡趋于稳定。作为维系规则可持续性的一种保证，对于占大多数的资本游戏参与者——工人阶级、底层民众的公共利益如何巧妙地平衡与安抚成为资本主义体制内经济学家们长期的重要课题。

但是公共利益与资本家追求利润最大化的宗旨终究是相抵触的矛盾。特别是资本主义工业化早期，虽然资本家积累到了巨额财富，但是工人、农民等底层民众的生活境况依然没有得到较好的改善。来自农业地区的人们更多走进了机器的厂房和集中营式的住区。

对于资本主义早期工业化进程中的城市生活带给人们的焦虑，对于那些极其敏感的诗人与艺术家们，现实让他们更加感觉到灵魂无处安放，开始无所适从的逃离。挪威表现主义画家蒙克1893年创作的《呐喊》作为反抗这种早期工业生活的压迫和紧张的代表作，震撼了人们的内心世界。同时期逃离都市避居乡野的高更、梵高、塞尚等艺术家们在生活难以为继的困境中避居乡野，将生活的困惑与不安寄托在瞬间的印象和笔触的肌理之间。思想家们也开始聚焦资本主义经济工业化进程中城市生活的困境，展开激烈的辩论。

人类的历史往往在最关键时刻由思想家改写。

12.2 从《雅典宪章》到《马丘比丘宪章》

难道人们就不可以改变这种现状，使人类不再用幸福换取所谓的利润及人生的理想吗？

对于这个有关人们幸福生活的问题思考，思想家们也纷纷展开对于资产阶级工业化和资本主义生活本质的思考和探究。继罗伯特·欧文、路易斯·布兰克、佛朗西斯·傅里叶等实用社会主义者建立社会主义团体之后，一生颠沛流离，对于资本主义早期工业化生活有着切身感受的思想家、经济学家卡尔·马克思给出了系统的答案。他总结了资本主义经济的功过，揭示和定义人类社会历史的不同进程，以实现全人类共同富足为宗旨的社会主义和共产主义思想诞生。1867年《资本论》的出版奠定了马克思在世界上的影响力，并在世界范围内展开了资本主义与社会主义两大思想阵营的激烈辩论与实践。

几乎同一时期，"新古典经济学"开始逐渐兴起。早期亚当·斯密的著作《国富论》确立了古典经济学的根基，成为资本主义经济学鼻祖。1871年威廉·史坦利·杰文斯发表《政治经济学理论》，较早提出了价值边际效用理论，建立了新古典主义经济学，其对于技术进步导致的生产效率提升与环境保护之间的矛盾问题思考具有跨时代的前瞻性，被称作"杰文斯悖论"为后人所称道。

作为亚当·斯密的继承者，凯恩斯1936年发表《就业、利息和货币通论》，凯恩斯主义主导了第二次世界大战后至20世纪80年代的资本主义经济体制。凯恩斯将之前的经济学说都定义为古典经济学，与此同时马克思主义经济体制主导了人类社会的另一个强大阵营——社会主义国家的政治和经济体制。列宁在1908年出版的《俄国资本主义的发展》及其后来出版的《论合作社》等著作，基于马克思的《资本论》，结合当时苏联的实践，丰富了马克思主义经济学，列宁在其《土地问题和争取自由的斗争》一文中，明确提出了"计划经济"理论，并在后来作为新经济政策在苏联率先实践。从此，在世界范围内的主要国家、城市包括广大的村镇，展开了宏伟的两种不同形式的空间发展的历史画卷。

人类也从此展开了两种不同的经济和政治体制的伟大对比和实验。

时至今日，我们仍在见证着两者带给人类社会和城市发展的不同影响力。

资本主义经济学《国富论》诞生于亚当斯密对于人性缺憾的研究与利用，以及为解决其工业化大生产进程中产生的诸多矛盾的推理。在此之前，亚当斯密就已出版著名的《道德情操论》。

对资本主义经济提出批判的《资本论》则诞生于一位拥有普世思想的伟大哲学家马克思的人生情怀，是对于资本家主导的工业化大生产的矛盾根源的研究和对于人类社会历史进程的哲思，并且宏观揭示人类社会的发展规律。长期以来，人们习惯于将二者完全对立，但是如果我们稍做了解，就会发现两位思想大师所要实现的终极目的竟是如此一致："实现物质的极大丰富、人们摆脱逐利与拜金主义的困境，每一个人都可以为理想而生活等。"

1928年冯·诺依曼的研究宣告博弈论的诞生，为后凯恩斯时代的城市经济理论发展埋下了伏笔。其后继者约翰·福布斯·纳什（John Forbes Nash）1951年利用不动点的定理证明了"均衡点的存在"，奠定了博弈论被广泛应用的基础，自20世纪80年代以来，博弈论成为西方城市经济的主流，并深刻影响了西方城市规划与经济的发展。在中国，近几年也出现一些将博弈论应用于城市问题研究的学者，如厦门大学的文超祥、马武定教授2008年发表的《博弈论对城市规划决策的若干启示》[1]，美国规划师亚历山大·加文通过其著作《规划博弈》[2]从四个城市规划的实践角度展示了博弈论对于城市问题解决的影响。

与均衡点被证明的同一时期的一个重要的城市发展理论是克里斯泰勒的"中心地"学说，于20世纪50年代兴起并成为研究城市空间及城市经济的代表理论。它的研究对象从农业、工业延伸到整个城市，系统的城市区位理论诞

---

1. 文超祥，马武定.博弈论对城市规划决策的若干启示[J].规划师，2008，24（10）：52-56.

2. 亚历山大·加文.规划博弈[M].曹海军，译.北京：北京时代华文出版书局，2015.

生。其意义在于：首先是较以往的学术理论首次展开城市与农村区域相互作用的系统研究；其次是关于城市空间、其他社会因素和经济空间的模型化研究以及城市等级划分的研究；再次是关于商业等公共服务中心区位布局、规模等空间模型研究；最后是城市区位、规模以及职能对于城市时空分布变化的研究等。

而发表了"工业区位论"的韦伯则是第一个建立了系统的"工业区位理论"体系的经济学者。他于1909年发表《工业区位论》一书，建立了完整的工业区位理论体系，并提出具体的研究方法。但其实质是抽象的并且只是针对孤立因素、静态的区位研究理论，对于城市空间规划的实际指导意义并不大。

20世纪的工业区规模日益庞大，已经与人们的城市生活密不可分。工业化已经处于城市的主导地位，对于城市工业区空间规划发展的研究越加显得重要，思想家、经济学家们开始转向对于城市经济与城市空间发展更为广泛的深入探索。

1924年，美国经济学家弗兰克·弗特尔提出贸易区的边界是由该区产品的单位生产成本和单位运输成本之和决定，并确立了"贸易边界区位理论"。同年，瑞典经济学家俄林在其《贸易理论》和1933年的《区际贸易和国际贸易》等书中从多种因素系统研究工业布局问题。从20世纪40年代末开始，美国学者胡佛·伊萨德提出了工业区位的多种成本因素综合分析的理论。

这些理论探讨的中心问题是：如何以最低成本和最大利润的原则选择厂址。这些研究表明：工业区位理论由最初的抽象和孤立因素、静态的初步理论阶段，发展成为具体的微观领域、注重多种因素对城市空间的影响力，并由静态研究转变成为系统的动态研究。

第二次世界大战后，从宏观经济学角度研究工业区位的理论逐渐发展。这种理论着重从全国范围的国民生产总值和国民收入的增长率、资本形成特征、投资率、失业率、通货膨胀等多因素的地区差异，以及经济环境、生态平衡等方面进行研究。其后还出现运输费用学派的 E·M·胡佛、市场学派的廖施和区域科学学派的 W·伊萨德、行为学派的 A·R·普雷德等。当代城市总体战略规划的架构在这一时期初步成型。城市经济学也在这一时期走向成熟。

纵观西方城市经济学理论的发展历程，不同时期的城市经济学研究对于西方工业化进程中的城市空间发展产生了重要影响，甚至长期左右着城市聚居区与工业区以及农业地区之间的相互关系及其空间发展格局。

然而另一位著名的经济学家杜能早于 1826 年就出版的《孤立国同农业和国民经济之关系》中的"杜能环"农业经济发展理论，系统研究并提出"农业区位的地理模式"，却在快速工业化的机器时代很快淡出人们的视野。

经济学家们的理论研究或数学模型与具象绘图相比依然显得过于抽象，20 世纪另外两位重要的设计师开始为世界描绘城市发展的具体蓝图，他们分别是英国人霍华德和法国人勒·柯布西耶。

霍华德在 1902 年出版《明日的田园城市》[1]，实质是对于早期工业化城市非健康生活的集中反思后对于理想城市的构想，其宗旨是构建健康的城市生活和以此为目标的聚居区、工业区等城市主题功能区规划（图 12-12—图 12-13）。基于此建立一种自然农业与城市混合的空间模式，使每个城市居民都能够方便地接触田园乡村，并可及时就近获得农业产品供应。土地属于全体居民集体所有，实行集体管理。每个居民都需有偿使用土地并支付租金作为城市收入，居民建设的增值部分也归城市集体所有。基本的结构形式是：田园城市占地 6000 英亩；城市居中，占地 1000 亩，周围规划服务于田园城市的农业用地 5000 英亩，其间除了农田、牧场、森林、果园之外还规划大学疗养院等公共服务设施。城市人口规模控制在 32000 人以内，其中 30000 人居住在城市，2000 人居住在乡村。针对城市人口超出一定规模，提出另一种由六个田园城市围绕一个中心城市的空间组合模式，并提出中间的城市规模可以更大一些，

---

1. 埃比尼泽·霍华德. 明日的田园城市 [M]. 金经元，译. 北京：商务印书馆，2000.

人口可以控制在58000人以内。

霍华德在理论方面提出三个磁铁理论（图12-14），来证明其构想的田园城市的合理性。事实上霍华德磁铁理论针对的是城市与乡村之间的失衡问题。他分别列举了城市和乡村生活的利弊，同时论证了田园城市如何将二者结合实现利益平衡。霍华德认为城市环境的恶化主要是由城市无控制的扩张和土地投机引起，并提出城市人口过度密集是源于城市具有的优势资源的"磁性"，避免城市人口过度集中取决于对这种磁性的刻意控制或转移。

霍华德的城市思想在一段时期内，让深受早期工业化污染和社会生态破坏之害的欧美城市仿佛看到了健康城市的愿景和新希望，田园成为20世纪中叶大多欧美城市规划的范式（图12-15—图12-18）。只是在后来的具体实践中，或多或少改变了霍华德的思想宗旨，更多的流于表面的空间形式。借鉴了田园城市的空间模式但并不成功的伦敦卫星城规划依然未能解决城市空间失衡和交通拥堵的弊病。20世纪50年代美国许多借鉴田园城市理念的城市如洛杉矶、图森等城市暴露出由于失去一定密度导致商业萧条土地和能源过度消耗的弊端，最终遭到大多数人们的反对。

与霍华德的田园城市空间规划理念不同，主张高密度城市空间紧凑发展的柯布西耶著作《人类三大聚居地》[1]的规划思想带给了苏联及后来中国城市与乡村空间发展深远影响（图12-19、图12-20）。高层建筑带来空间内人口与建筑的高密度，带给人们表面的距离拉近，随着而来的问题是建立立体和环形交通以及建设垂直叠加的服务功能来疏导和满足人们的生活需求，实现土地和资源集约利用的同时，这种过度密集的空间伴随人口与汽车的快速涌入，也带来交通、环境、宜居品质等问题困扰人们至今。

20世纪初的工业化带给人们生活的阴霾始终笼罩着西方工业经济快速发

---

1. 勒·柯布西耶. 人类三大聚居地规划 [M]. 刘佳燕, 译. 北京：中国建筑工业出版社, 2009.

展中的城市。基于先贤们的研究与探索，以及人们对于改变现状的渴望，1933年勒柯布西耶基于国际现代建筑协会第4次会议讨论成果总结完成著名的《雅典宪章》，成为影响整个世界城市规划的行动纲领（以下简称2.0城市，此前的城市规划简称1.0）。针对当时的城市空间，提出居住区问题在于日照不足、缺乏绿地、道路对于生活区造成污染与噪音等影响、人口密度过大等，并针对问题给出了具体措施：如增加城市住宅阳光照射时间和增加绿地，增加公共服务设施，通过理想的道路设计缓解交通压力（如立交桥、各类平交路口的交叉设计等），降低人口密度等。

对于当时城市工业及作为其附属的居住区无序的快速扩张，导致的工作与生活失衡问题也提出明确方向，即对城市空间计划的进行合理分区，以实现居住与工厂之间的便捷联系。城市功能分区概念在这个时期确立。对于道路则主张以机动车为主导的整体道路体系的扩宽和交叉通行设计，以及对立体交通理念的引入。最终使城市满足居住、工作、游憩、交通四大功能。

1933年的2.0城市理念一定程度缓解了自19世纪以来工业技术革命以来，工业化带给当时城市的诸多积弊，影响了此后数十年西方城市空间发展走向。20世纪后半叶，是人类第二次工业技术革命巅峰时期，也是第三次工业技术革命酝酿之时，局部领域的技术创新层出不穷，技术更加凸显其对于城市与经济的影响力，城市新经济、新工业、新技术使20世纪成为历史以来财富创造最辉煌的时代，也是城市化及城市空间扩张最快的时期，美国、法国、德国、英国、日本等为代表的大多数资本主义国家的绝大部分农业人口进入城市，完成了城市化。实现农业地区土地的集中利用和农业现代化。城市人口的暴涨、城市空间规模、工业生产规模的急剧增加、对于资源的激烈开发等，导致环境污染程度有增无减，对于大城市及水土污染程度已达极限，当初的城市分区及交通和居住环境、公共设施等都面临史无前例的压力，变得不合时宜。

针对早期工业化时代的城市向郊区快速扩张导致的非健康城市空间，欧美国家转向城市空间更新规划,对过去遗留的非健康建成区进行恢复活力为目标的整治。但是这些被称为外科手术式的城市空间更新以及诸多推倒从来的大规模重建,似乎并没有带给城市人们想要的和谐。

这个时期美国思想家雅各·布斯与1961年出版的《美国大城市的死与生》对于美国大城市空间刻板的分区规划、以及牺牲普通居民利益的大规模城市更新等提出尖锐的批评。她在著作中倡导城市功能空间的混合、规划高密度、安全的重视人们生活多样性需求的城市空间。布斯的理念带给现代规划界深刻的反思和影响。使20世纪70年代又掀起城市紧凑发展的思潮。

来自亚马逊的书评中针对布斯的著作这样评价规划师的功过:"这本书出版已有35年,但它仍然是一部关于城市如何生存,规划师如何幼稚地破坏良性运行的城市的经典著作"。

1977年12月,在对传统城市规划理念诸多批评声中,《马丘比丘宪章》(以下简称3.0城市)诞生,第一次宏观的从经济学与城市之间的关系提出:过去城市经济政策并没有将城市建设置于优先地位,并且与城市规划脱节。

3.0城市共计11节,分别为:城市和区域;城市增长;分区概念;住房问题;城市运输;城市土地使用;自然资源和环境污染;文物和历史遗产保护;工业技术;设计和实施;城市和建筑设计。其中对于城市空间产生直接影响的几个方面的变化是:

1. 关于城市分区方面:3.0城市对于2.0城市比较机械、功能单一的城市四大分区理念提出批评,3.0城市强调功能综合,以人的需求为导向的更加灵活的城市分区概念。

2. 关于交通方面:3.0城市总结了自2.0城市40多年以来的实践经验得出结论:城市并不存在理想的道路设计方案,解决城市交通问题的关键在于让私人汽车从属于公共运输系统,作为3.0城市规划纲领,这种公共交通优先理念影响至今。但是伴随第三次技术革命诞生的"共享城市"（本书第19章）将是共享交通优先于公共交通的4.0城市。

3. 关于居住区问题：强调居住空间设计应重视人们的相互交往的邻里空间概念，应增加居住区的和住房空间的发展弹性和宜居性。每一个城市或者区域规划设计应当具备属于自身的个性特点和标准。3.0城市还首次明确了住宅是促进社会发展的工具。

4. 关于城市空间的本质：3.0城市相比2.0城市从更加宽泛的视角，指出物质空间与政治体制及人们生活方式之间的密切关系进一步丰富了1977年以后的城市空间内涵和规划的诉求方向。强调了城市规划与其他相关因素的融合。并且首次提出应重视规划过程中的城市动态与弹性的规划理念。

城市规划的变革与经济学变革表现出惊人的时间一致，在经济学领域，于1933年2.0城市（《雅典宪章》）同一时期诞生凯恩斯的宏观经济学在80年代开始被重视"供给论"的"里根经济学"替代，扭转了美国20世纪80年代的经济大萧条。几乎是同一时期2.0城市也被80年代诞生的3.0城市（《马丘比丘宪章》）取代。

1980年前后，美国兴起于两次世界大战的传统制造工业经常面临欧洲及日本等发达国家的竞争，以及1973年能源危机影响等问题。传统实体工业出现增长停滞，社会资本流向投机市场和房地产领域，逐利资本对新兴的科技研发及电子产业等并不感兴趣，一度阻碍了美国传统产业转型升级，里根总统于1981年及时采取了控制经济发展速度的策略，主要措施是：a. 通过大幅度提高贷款利率控制对那些落后制造工业及其他不良产业的投资，导致短期内400万家传统制造小企业倒闭，同时遏制房地产价格及其行业快速增长；b. 针对个人及企业大幅减税；c. 强化市场主导的经济体制；d. 打破垄断。

这些措施使美国在1982年陷入前所未有的淘汰落后产能的大萧条，却换来国家资本对于微电子、信息技术等高科技产业的投入。里根总统刻意放缓了那些不可持续的落后产业的经济增长速度，以时间换空间，等待新技术发展步伐的跟进。伴随美国微电子技术的突破，信息产业和新兴工业快速发展，美国经济经历近3年萧条期后，开始步入新的繁荣强盛时期。为此里根获得"美国第一总统"的殊荣。

美国经济增长方式的转变——以里根经济学为代表的去落后的制造工业转向微电子计算机、软件、芯片研发等科技产业为主，使曾经以服装制造业为主的纽约频临破产，旧金山也一度开始走向衰落。但国家整体经济发展迅速、强劲，并促使这些城市最终走向繁荣。2000年，美国经济增长又开始转向金融创新及高科技研发领域，而抛弃了许多高能耗劳动密集型制造工业，又使一些传统工业城市开始走向衰落，如以汽车制造业为主的美国第四大城市底特律以及费城等[1]。而以信息、微电子、芯片、计算机、娱乐科技等科技创新、文化艺术等第三产业及新兴工业为主导的经济增长方式使另一些城市和经济体迅速崛起，如美国第二大城市洛杉矶，以"硅谷"著称于世的旧金山在20世纪80年代因其落后制造业的转型而再次崛起。

20世纪末的美国人们开始将更多热情投向可以更快赚取利润的金融游戏。金融专家们游戏天才般的研究出令人应接不暇的资本翻云覆雨、转手获利的游戏。

盛行于21世纪的金融创新及其衍生产业在2008年引爆了美国的金融危机，使一度辉煌的纽约华尔街声名狼藉，并且爆发大规模城市民众游行抗议，城市空间一度出现瘫痪。一度屡试不爽的战争赢利机器不断消耗这个国家的经济实力，2010之后的美国开始重新回归以科技创新为核心的制造业时代，许多曾走向衰退的城市空间又悄然出现复苏的态势。

从以经济与科技为脉络的西方近代城市空间发展历史来看，科技进步与

---

1. 李华. 底特律的启示 [N]. 中国青年报, 2013-06-03(02).

经济增长方式是决定西方城市兴衰的重要因素。里根经济学对资本流向的引导及其对科技进步与产业转型的促进，使美国迅速摆脱20世纪80年代的传统经济和能源危机，稳定了美国全球霸主的地位。透过城市发展历史，人们发现任何城市的发展都无法回避的另一个重要因素——城市体制。

决定经济增长方式的是国家和社会资本的流向。科学技术进步是维系经济获得可持续发展的保障。但具有决定性的力量往往是政府实施的国家发展体制，政府对于经济和城市规划的干预深刻影响了现代城市经济与城市空间的走向。

当西方城市化步入后工业化的今天，回顾其近代发展历史，空间发展经历了"分散—聚集—扩张—集群"的过程。

至此，起源于20世纪30年代的博弈论逐渐成为20世纪80年代以后美国经济学理论的主流。2.0城市和3.0城市的理念影响至今，时至今日还没有任何一种完整的规划体系取而代之。可以预见的是，4.0城市将带给21世纪人们新的城市发展理念和新的生活方式。

历史证明，经济变革深刻影响着城市空间的走向，人们在关注其经济增长方式转换的同时，还应注意到经济背后潜移默化的技术力量。事实上美国经济萧条的背后是一场新技术革命的成功——20世纪80年代美国微电子技术研发成功。代表当时最前沿的电脑和芯片技术使美国经济彻底摆脱世界传统制造业的竞争，伴随里根经济学策略的实施，新兴技术产业如计算机、软件、集成电路芯片等技术奠定了美国新兴产业在此后数十年的全球领先地位。

新技术的诞生、新兴产业的兴起，导致了美国不同城市的兴衰。靠单一的传统汽车制造业发达繁荣的底特律，伴随以新兴产业为主的洛杉矶、旧金山、纽约等城市的兴起，底特律、芝加哥等传统制造业城市一度走向衰落。新兴产业的出现改变了3.0时代城市长期沿续的分区理念，特别是更加精密复杂的高科技产业，不再像传统工业制造那样必须拥有庞大的车间的人口规模，劳动密集型产业开始转移向落后国家或偏远地区，城市产业分区开始变得更加灵活机动，能够使复杂产业链上的企业们致力于建立更为节省成本的区域经济合作及区域分工体系。由于城市化的成功完成，城市劳动力充足，劳动力成为这种经济主导的城市分区的附庸。这导致3.0时代城市生活与工作间的失衡。事实上背离了3.0城市倡导的功能综合的理念。由于3.0时代的城市空间和人口规模已远超2.0时代城市数倍、私人汽车保有量大幅提高、城市人口及建筑密度增加、同时由于城市产业分工及分区的通勤距离加大，3.0时代城市公交优先的交通策略被现实证明无法缓解城市交通拥堵、汽车对环境污染、人们用于工作通勤时间过多等造成的压力。由于越加接近平权、生活富足的时代，人们对于教育、就业、文化、艺术生活等需求越大量增加，这导致区域人口涌向公共资源更多的那些中心城市，城市之间的发展处于实际的失衡状态。大城市的资源供给、自然生态与社会生态压力有增无减。

伴随新经济体系的形成和城际交通技术的发展，以及经济的全球化，城市空间也由过去的个体扩张转向基于相互间的产业合作的空间与资源的整合，一定范围内的不同城市开始走向城市群或称为都市圈发展战略，以增强其全球竞争力和生产效率。如大巴黎大区、西班牙的巴塞罗那大都市圈、洛杉矶都市群、东京湾都市圈等。但大多都市圈及大城市的发展，当初并非基于生活与工作、经济发展与环境保护等全面因素的规划考虑，更多是基于建立区域经济合作、强化经济效率的初衷，经过多年规划形成。传统单中心化城市格局并未改变，如东京都市圈内，在东京工作的一些人们可能居住在城际高速链接的千叶县。事实上20世纪大多数都市圈的宏观经济发展战略都没有能够与城市其它功能空间相协调。

经济全球化使资本主义发达国家的都市圈城市空间规划在经济效率方面取得不凡的成就，通过城市之间的经济协同与合作。东京都市圈、纽约都市群、洛杉矶都市群的GDP长期位列全球前三。

20世纪中后期，欧美经济发达的资本主义国家工业逐渐步入去传统工业的后工业化时期。高污染、高能耗的传统工业开始转向发展中国家，资本流向低劳动力成本的国家，这被西方经济学家称为经济全球化。

落后的产业技术和工业基础，使发展中国家经济与城市空间只能被动选择以增加GDP为主要目标的粗放式的发展模式。从中国的上海、深圳、广州，到泰国的曼谷、菲律宾的马尼拉、印尼的雅加达、马来西亚的吉隆坡，印度的孟买、加尔各答等，这种经济发展模式几乎渗入到发展中国家城市空间的方方面面。

当发达国家燃烧着人类石化能源在20世纪积累了海量的人类财富，而在21世纪仍然有众多第三世界国家一贫如洗。发展中国家却还在重复曾经的殖民者半个世纪前工业化的老路，它们都希望快速实现城市化，落后的技术和工业体系与快速实现城市经济增长的愿望之间难以实现与健康生活的平衡，更多的城市空间展开激烈的经济利益追逐，走向失去健康标准的快速扩张。经济全球化背景下的中国城市也无例外地走向以实现经济快速增长为核心的空间发展。郊区土地被出售建造成为实现利润最大化的新城，城市物理空间沿着新铺设的宽广马路急剧向郊区扩张；另一部分土地被建设成为引入发达国家落后产能的工业园区。包括中国在内的发展中国家一度成为发达国家劳动密集型或高污染类产品的制造工厂。

几乎完全市场化的城市空间发展难以避免地步入"失控"扩张（详见第16章）。

历史上的两次工业技术革命改变了世界利益格局，也改变着城市空间的走向，3.0时代的城市比2.0时代的城市规模变得更加庞大、多变和复杂。特别是技术的快速发展，使大城市对人们表现出更强的控制力，经济活动与工作方式的变革、人们生活的变迁、历经1.0至3.0时代的城市空间发展与环境的尖锐矛盾等，使城市空间发展面临诸多不确定性，人们依然难以实现发展与环境、工作与生活平衡的理想城市。

追溯20世纪的国家、城市发展，城市经济学主导了西方国家经济发展和城市化进程，当资本主义国家经济学与时俱进的创造20世纪的辉煌财富之时，中国的现代经济学理论研究近乎空白。中国及许多东欧国家正光荣地走在马列主义主导下的社会主义计划经济的道路上，直至20世纪80年代，中国才开始将计划经济融入西方市场经济因素，开启了中国特色经济和城市发展的新里程。而此时城市经济学还没有走进中国，学科建设至今也不过只有10几年时间。对于经济学的无知和城市研究领域的差距是中国规划集体幼稚的根本原因。

透过历史我们发现无论是卡尔·马克思和列宁主义的计划经济，还是亚当·斯密和凯恩斯的自由市场经济；无论是霍华德的田园城市、柯布西耶的人类三大聚居地的城市构想，还是雅各·布斯的《美国大城市的生与死》，从2.0城市（《雅典宪章》）到3.0城市（《马丘比丘宪章》）的今天，人类又走过了一个世纪，包括那些浩如烟海的经济与城市理论，都没能给出准确的答案。

但正如人类间隔四十年地两次经济与技术变革交替之际分别诞生了2.0和3.0两代城市规划纲领，在第2个四十年到来之际，第三次技术革命创造的"共享城市"，或许正是我们所要寻找的答案——4.0城市。

第 13 章　体制的力量

如果将 20 世纪中国经济的腾飞与城市发展，归功于 80 年代的经济改革开放，那么 21 世纪中国发展的重要动力之一将是来自国家体制与城市体制的变革。

只有当城市离开权力呵护的襁褓，建立公正、具有执行力和具备运营效率的体制，并自食其力地创造经济与生命价值，城市才可以在实践中展现健康向上的力量，城市物质的创造才可以实现经济效率与公共利益最大化，成为人们智慧与自然生态和谐的城市。

13.1 国家体制与城市化进程

虽然中国的国家体制与西方及一些主要发达国家本质不同，但与这些国家在"二战"后快速的城市化进程也存在着共性。国家体制曾经都如今天的中国一样强调中央集权的管理模式。但也存在一些重要的差异如：中国在城市化过程中，中央赋予地方政府行使管理权的职能部门过多、公共权力及专业力量参与度太低，并且伴随经济改革长达 30 多年的进程，国家与城市规划体制没有与时俱进，导致这种旧体制下的城市化进程中的城市空间规划发展一度失控，许多城市空间违背城市化本质和健康生活标准快速扩张。

即使拥有最灿烂的文明，最勤劳智慧的民族特质，如果失去审慎与公正的国家体制和城市体制，同样将难以避免的踏入歧途甚至走向消逝。历史上消失的古印度、古埃及、古巴比伦文明就是例证。中国作为拥有世界较早成熟的文明和悠久的历史文化的国家，只要能够适时调整、改变滞后的国家和城市体制就完全可以创造21世纪新的辉煌，就能够快速有效的实现城市化。

例如，法国在"二战"后20世纪50年代开始的"光辉三十年"的快速城市化进程中，首先采取中央集权的管理体制就突出了执行力的效率。"二战"后初期，法国城市人口约占总人口的25%；到20世纪80年代初，经过30年快速城市化，城市人口已经上升至总人口的92%。在被法国称为"光辉三十年"的这一成功的城市化和城市空间发展进程中，法国一直实行高度集中的中央集权制度，地方行政权全部掌握在中央派驻地方的代理人——"市长"手中，民选的地方自治机构权利有限，甚至根本无法发挥有效作用，并且尽量避免设置过多的行政管理部门。这种体制可以高效率地贯彻实施中央的各项城市化决策，避免各部门之间相互重叠管理和业务条块分割。法国的城市化进程具有非常明显中央集权化特征，并非建立在与经济发展相适应的基础上。而是通过国家颁布的系列促进快速城市化政策，快速实现农业人口向城市转移。如针对青年农民进行职业培训后，直接分配到城市工作岗位中去，迅速成为城市产业工人，成为正式的城市居民。对于中年农民则培训后成为职业农民等。

随着法国城市化的顺利完成，进入后工业化时代，法国及时调整了国家和城市体制，以适应国家进入新的城市发展周期的具体要求。20世纪90年代初，通过《权利下放法案》开始将权利下放给民选的地方自治机构，才真正开始有市民和社区参与城市规划发展决策机制，法国至此才有现在的大区、省、市镇三个层次的地方政府。

法国对于国家和城市管理体制与时俱进的改革调整，保障了城市化的顺利成功。

日本也在战后的城市化进程中采取中央集权模式的政府体制，有效地提高了政策的执行效率，并且在具体的社会实践中体现出其优势。直至快速城市化时期结束，这种体制开始伴随国家后工业化时代的改变而转变成为今天更有利于政府、科研机构、企业等共同参与的经济体制和城市管理体制。

透过西方城市化的历史，人们注意到当一个国家处于国民教育和工业文明发展落后、城市化水平低、城市建设和空间发展混乱，或是百废待兴的初级阶段，整个社会需要保持某种一致的强势执行力，才能够拨云见日、发挥出效率极限。当多数国民的素养尚不足以使其明辨真理时，所谓"民主"只能制造无谓的混乱和无法协调的矛盾，阻碍合理策略的实施和迟滞国家发展。在特定的历史进程中人们必须承认"真理掌握在少数人手中"。

因此在特定的历史时期，法国和日本等国家均重视国家针对不同发展时期的干预。战后工业化、城市化初期，这些国家无一例外地实行强势的中央集权体制，快速有效推进国家规划的实施。而当越过这种初级阶段后，民众具有了参与决策的能力，城市化顺利完成，国家及时向城市及社会民众下放权力，针对权力集中的体制进行适时下放改革，以发挥民众智慧，群策群力，使城市获得更好的发展秩序。比较这些国家的经济体制，也采取了一种较为接近的方式，即由"二战"后开始逐渐放弃完全自由的市场经济政策，许多资本主义国家经济开始走向政府干预的混合经济体制。

因此，国家体制及城市体制的适时调整影响城市经济与科技力量的走向。其在近代西方城市经济学理论中作为影响城市空间发展的要素之一被广泛重视，如20世纪50年代的中心地学说、博弈论等。思想家、城市经济学家们还试图通过数学模型，探索和建立经济、科技、体制、自然环境、资源等不同因素对于城市空间发展构成的某种定律，以彻底解决不同环境及矛盾下城市空间的规划与形态的确立。百年以来，无数智者对于城市发展进行着无私无畏的探索，他们的远见卓识、给予城市规划建设以杰出的影响与贡献，谱写了城市发展历史的光辉篇章。

他们中为世人所熟知的是：帕克、霍华德、格迪斯、刘易斯·芒福德、柯布西耶、韦伯、赖特、卡斯泰斯、卡尔·马克思、凯恩斯、冯·诺依曼、约翰·福布斯、佛兰克·佛特尔、E·M 胡佛、杜能、哈维、杜安妮、普拉特·齐贝克、罗杰斯、卡尔索普、简·雅各布斯、杰里米·里夫金、博拉格·康纳、凯文·凯利等。无数热情与精彩深邃的思想在城市的熔炉中渐渐冷却成为历史。虽然他们的智慧远见尚有许多被历史淹没或被搁置，却同样与那些被实践的思想共同推动了人类城市文明与经济发展。

对于世界城市空间发展的准确方向，历史上谁也没有给出完整的答案。每一个时代的人们都需要付出努力。我们除了敬畏，还要与那些伟大的智慧思想跨越时空地交流，在城市历史进程的片段中找到思想家们带给城市发展的真实印迹，即便如此，仍很难总结出某种恒定的规律。但是透过历史的回顾与研究，能够深刻感知：科学技术、经济增长方式、城市体制、思想家和经济学家的理论研究等因素带给城市空间的力量,这些因素是城市空间发展的根本动力。城市空间规划永远处于动态的、连续的进程，人们很难将其定格在某种静止的模式。城市空间是一种连续的、变化的、由生到死的进程，一如短暂的人生百年相对于城市历史的长河。我们每一代人能够做到的或只是延缓城市生命的衰老，留给下一代更多一点美好而已。

西方城市化进程中的体制因素带给城市空间的具体影响力，以及科技、经济体制、思想理论的影响力，是正在城市化进程中的发展中国家可借鉴的。其中我们对具有代表性的、成功实现城市化的法国政府对于城市化进程干预措施做简要总结：

1. 第二次世界大战之后，法国实施战后重建和快速城市化，强化政府的中央集权，地方政府由中央直接派驻市长进行统筹管理。直到1982年颁布《权力下放法案》，法国才取消中央对于地方各级政府的监督管理，这时才出现行使地方管理权力的"大区"一级地方政府。

2. 凡涉及城市公共空间的建设均由政府主导开发。有效避免由社会商业团体主导——可能造成只注重商业利润而忽视城市空间整体健康发展以及建设品质的弊端。

3. 地方政府的职能以服务城市公共事业及民生为主，不通过行政权力干预公共事业以外的市场行为，有效杜绝逐利团体将公共权益引向完全逐利和商业化。

4. 司法独立保障法国城市不同利益体系之间在快速城市化过程中面对利益各方的矛盾冲突，可以保持社会公正、正义和人们道德规范的底线。

法国与时俱进的国家体制保障法国社会虽然处于经济快速增长、城市急剧扩张、冲突和矛盾纷杂的时期，城市化进程仍可以井然有序地遵循公平和道德的规范，而没有像众多发展中国家城市那样，为了获得短期的经济效率和表面的繁荣，空间发展商业化，没能迅速有效的转移农业地区人口，城市扩张背离城市化本质和健康生活的标准。

法国的国家体制和城市体制与城市化进程保持了互动关系。法国国家体制和城市体制应对城市发展不同历史阶段及时变革体现了与时俱进的灵活性，并且创造了举世瞩目的"辉煌30年"的成就。

中国作为城市化进程中的大国，需要面向21世纪的科技革命、新经济变革确立新的国家及城市发展战略，以快速实现城市化和国民经济增长与公共利益的最大化（具体战略见后文各章节）。

13.2 创新的中国

如果将中国改革开放以来的 30 年作为"第一发展周期",那么国家在此间那些隐而不露的发展科学技术的伟大战略必将为中国城市从此迎来"第二发展周期"的光辉里程。

当我们将视野转向并关注中国政府干预主导的"韬光养晦"战略决策[1]时,可以感受到令人肃然起敬的精神力量。那些智慧先驱为实现国家的战略发展目标,默默无闻地贡献着青春和智慧,使中国在特定的科学领域和重点研究方向紧跟国际步伐,为中国可持续发展奠定了技术力量,为中国展开"第二发展周期"获得技术保障。

当整个社会进入对权力与金钱的追逐、物欲横流的时代,总有一些伟大的思想家倾一生如一日地进行着人类发展与科学技术的探索。他们放弃追逐权力与物质的欲望,内心富有强烈的使命感和正义的担当,在思想创造的里程中寻求属于全人类的真理。以智慧的力量力挽狂澜于颓废的时代,他们构建了中国"第二发展周期"的动力之源。在 21 世纪的第二个十年到来之际,人们必将见证中国技术与思想家们的力量。

这个曾经隐而不露的技术突围,就是自 20 世纪 80 年代改革之初国家"韬光隐晦"的伟大决策:即以国家为主导在一些重要的科研及高端装备制造领域所进行的科学技术研究,按计划、分重点悄然地投入人力和财力实施科技振兴行动。那些默默无闻的智慧先驱们悄然进行的这个伟大的科技突围行动一直伴随中国跌宕起伏的经济发展浪潮从未停止。这种国家意志下的具体行动内容主要包括:

中国政府首先批准实施的第一个依靠科学技术促进农村经济发展的"星

---

1. 李合敏."韬光养晦"国际战略方针及其重大意义[J]. 中南大学学报(社会科学版),2006, 12(5): 537-543.

火计划"于 1985 年开始实施。1986 年 3 月，面对世界高技术蓬勃发展、国际竞争日趋激烈的严峻挑战，王大珩、王淦昌、杨嘉墀和陈芳允四位科学家提出"关于跟踪研究外国战略性高技术发展的建议"。在朱光亚的极力倡导下，于 1986 年 3 月启动实施了"高技术研究发展计划（863 计划）"，旨在提高国家自主创新能力，坚持战略性、前沿性和前瞻性，以前沿技术研究发展为重点，统筹部署高技术的集成应用和产业化示范，充分发挥高技术引领未来发展的先导作用。

其后，依次展开 1988 年的"火炬计划"、1997 年的"973 计划"、2008 年引进国外先进技术人才的"千人计划"等在内的以国家为主导的计划，使国家中央政府和地方政府及城市之间出现两种并行但截然不同的发展策略。

与国家"韬光隐晦"战略不同的是，大多数地方政府和城市在"第一发展周期"特别是后十年中，由于没有重视发展科学技术以及西方的技术垄断和封锁，使中国城市过度依赖土地财政，付出了生态环境污染的代价，可建设土地资源濒临枯竭，却没能像西方城市那样成功实现城市化。

这种政府主导与私营经济并行的双轨机制发展策略体现了中国人的哲学智慧，一定程度化解了国际垄断组织对中国科学技术的封锁。在一些科学前沿及部分高端装备制造业等领域，这种科学技术突围战略使国家得以及时追赶和跟进世界科技前进的步伐，为中国创造了 21 世纪"第二发展周期"的战略机遇。

13.3 节制体制

"节制是一种好秩序或对某些快乐与欲望的控制。"被尊为代表全部西方哲学及整个西方文化的思想家柏拉图，从哲学的角度揭示了人类良好秩序的本质是"节制"。

有限的地球资源相对于人类无限需求的紧缺性，人们对于物质财富无限消费与无限追逐导致对于地球资源的必然透支，财富实质就是碳排放，人们生活及经济活动已面临节制的必要。

从国家和城市管理以及生活本质的角度，节制是对人们物质财富与权力欲望的控制。这种控制是创造和保持良好社会秩序、社会生态、生活幸福的必要条件。人们对石化能源的消耗与无限的逐利导致生态圈共同危机的21世纪，节制已是需要全人类共同遵循的原则。

在人口众多、资源相对稀缺的国家，既要通过新经济模式实现创造财富的效率极限，实现人们富足的生活，又有必要建立一种节制的国家体制，保证在实现经济增长、财富积累的同时避免陷入浪费主义和个人无限逐利的陷阱。

中国经济要跨越资本主义的"熵"时代，就必须实现经济创造效率的最大化与社会价值（公共福利）的平衡。实行共有经济与节制体制，是实现这种平衡的有效途径。

节制体制主要包括两方面内容：

1. 对政府及国民消费的节制

对于任何一个国家而言，实现经济可持续发展和公共利益最大化，不仅依靠财富的创造和实现社会价值与经济价值的平衡，还需要实现政府财政支出和全民节制体制。

> "地球可以满足每一个人的需要，但无法满足每一个人的贪婪。"
>
> ——甘地

甘地的忠告实质揭示了有限的地球资源与不断增长的世界人口的需求之间的矛盾，同时还揭示了人类对于资源与财富占有的可持续原理。其思想早已成为世界的共识。

例如土地作为地球不可再生的资源,对于人口众多的中国而言就是国民的生命底线。对于土地的最大消耗来自人们的住宅建设和城市基础设施建设。因此中国需要从固定资产持有和资源共享利用两个方向实现国家节制体制。具体如下:

(1) 根据中国现行的城市规划管理条例和具体经济指标计算,中国每个家庭每增加一套住宅(按平均每套面积120平方米)就将消耗土地约0.5亿亩。如果中国继续将住宅视为无限逐利的商品,中国人民在未来20年内将面临可种植土地资源枯竭,最终与这些不能提供财富和食物来源和创造循环价值的住宅及盲目建设的公共空间同归于尽、走向消亡。

政府对于公共基础设施的投资应建立与其收入相对应的公共管理政策,实现理性的政府财政支出保障机制。例如,对于投资规模巨大的城市住宅、地铁、道路交通、大型公共场馆服务设施等项目,应根据城市人口需求、城市收入、未来城市化发展、满足市民居住而非用以逐利的真实需求确定。而不是简单地依据那些幼稚的规划师们毫无理性与创意的规划,任意的破坏良性的城市化进程。

我在《世纪之城:中国城市规划再出发》一书中,曾提出限制耗资巨大的城市地铁等超大型公共设施建设的泛滥和城市的逐利性物理空间扩张。一方面地铁等诸多超大型、集中型公共设施并不符合城市空间未来发展的趋势需求;另一方面庞大的建设费用还将给城市带来财政压力和一定的经济风险。包括那些无限制的城市逐利空间开发必然将导致不可再生的土地资源枯竭、生态环境破坏和潜在的经济危机,最终威胁人们的生存安全。

建立全体公民的节俭、节能、高效率的体制,构建国民有理想、有文化认同、有社会责任、注重效率、节约资源的国民行为规则。

在城市物质方面，住宅等物理空间的规划建设对于土地资源及个人消费、幸福生活本质等具有决定性影响。住宅消费消耗巨量的资源，也是消耗人们的财富与时间。因此对于住宅及城市开放空间消费的合理限制，对于实现节制、节约地球不可再生资源、能源具有重大价值。

因此，需要通过法律强制或者提高对住宅等固定资产持有成本的市场机制，限制国民对住宅和固定资产持有或追逐的过度热情。同时住宅及公共开放空间等建设面积还应限定在一定范围内，例如中国城市住宅建筑应避免过去从30多平方米到300平方米越造越大的失控局面。应规划确定面积小于125平方米的统一住宅标准，使这种对于不可再生资源以及对于环境干扰度较大的公共产品消费纳入国家整体节制体制。

（2）除了对于固定资产的过度消费限制，还应对于国家所有资源利用实现最大化共享，逐步实现人们由重视拥有权向重视使用权过渡。例如在汽车使用消费、办公空间租赁、公共资源等方面尽快实现城市资源共享，实现城市资源、城市空间、城市经济的集约化、共享化，从根本上实现整体节约财富和自然资源，同时有效地降低碳排放。实现资源和财富利用效率的极限，逐步实现人们接近零成本使用公共资源、公共服务。

从发展中国家城市的现实来看，不加控制的消费欲望或被迫消费、过高的房价和公共服务的使用成本等足以消耗一个人一生的时光，并让人们陷入逐利的困境和滋生拜金主义思想，即使物欲满足也不能避免陷入无止境的焦虑之中。以致许多城市经济的中坚力量或是社会精英们难以摆脱逐利与拜金主义的困境，不得不放弃初心，屈从或沉湎于为满足人类最低层级的需求中挣扎。

城市所定义的生活幸福本质应是人们可以摆脱逐利的困境、自由地创造价值。良好的国家及城市体制应实现人们可以为理想而创造，带给人们生活自豪感、国家归属感和人生尊严。

2. 对于无限逐利和拜金主义的节制

如第一章"熵"时代所述，地球的资源是有限的。人们对于财富越是无限追逐和占有，财富越是高度集中，这些实质由地球不可再生资源转化的财富就越加不能为大多数人所利用，其真正价值就将转向负数。

科学家们也一再证明，碳排放对于地球环境破坏的现实是严峻的，无限的财富累积意味着无限的碳排放。如果按照今天的碳排放量不加控制，或将使人类很快在 21 世纪末面临消亡。

为维系地球资源的可持续利用，有些国家通过对流通性财产和不动产持有征重税，并且制定可以激励富翁们主动进行慈善捐款的体制等，有效控制人们对于财富的贪婪和过度集中，以控制资源被少数富有阶层失去社会价值的过度消耗，抵消财富过度集中所导致的宏观经济的负数效应。这是一种相对有效的经济平衡手段。发展中国家应适时实行对持有过多的不动产及各类流通性财富开征持有税、遗产税、奢侈品消费税等，以及针对城市新增的公共设施规划建设等导致周边固定资产增值征收相应的增值税（在固定资产交易时按比例征收）等节制体制，目的是弱化个人对于财富无止境占有的欲望，以实现经济价值与社会价值的平衡。实现大多数人们可以摆脱逐利困境，自由的为理想创造价值，能够有效提升国家整体创造力和运营效率。

要成功实现遏制拜金主义，还要通过以上的财富平衡策略能够实现国民在居住、教育、医疗等基本生活方面的社会福利保障。使国民对于住宅、教育、医疗、文化艺术、演艺、数据平台、各类经济平台等大宗生活与经济创造活动的必须品接近零成本、零利率的使用。

只有这样，人们才能够将创造价值的目标定位在基本生活需求之上，真正为理想、为社会创造价值，才能极大提升国家整体创新力。

国家还要为企业家建立实现个人价值与社会价值的平台，倡导企业家实现资本价值的同时转向多一些社会价值的创造。建立社会企业家的国家荣誉机制，以鼓励企业家积极融入资本价值创造与社会价值创造平衡的新经济时代，以实现社会福利最大化，社会企业家是实现全体社会成员脱离拜金主义困境、激发国家群体创造力的重要力量。

13.4 家庭体制

柏拉图在其哲学著作《盛宴》中提出：

"最美丽和最高形式的智慧乃是对城市和家庭体制的关注。"

这句著名的哲学格言体现了整个西方哲学体系对于城市和家庭的高度关注。在这位代表全部西方哲学乃至整个西方文化的思想家内心世界，将城市体制和家庭体制置于崇高的地位。

对于实现人类幸福生活本质而言，柏拉图最伟大的创举是将"家庭体制"提到了与"城市体制"的同一高度。

长期以来，人们总是希望通过改变人类自身以外的各种城市物质和空间存在秩序来改善许多复杂棘手的社会问题，比如提高工作效率、城市交通效率，改善社会公共安全等，却忽视了改变我们自身的体系——家庭体制。

家庭是构成城市生命体的基本细胞，是构成社会的主体。家庭活动的出勤频率事实上就代表整个城市的出勤频率，家庭的稳定意味着城市社会的稳定。家庭内部机制的效率也会扩展至社会效率。相比那些充满和谐与幸福、祝福与鼓励的家庭成员，一个令人沮丧的家庭走出的劳动者根本难以创造工作的效率，反而容易成为社会生态安全的隐患。

应重视现代城市家庭体制存在的必要性，重视城市规划也要重视家庭规划。人类城市一直以来几乎没有关注甚至根本没有家庭体制规划的意识。

其实社会问题本身就是家庭问题的延伸。维系家庭体制的本质是家庭本身的生活体制的独立性不被社会工作和其他体制所颠覆和改变，并且还要给予更为关怀和细致的规划。事实上家庭问题就是社会问题。

法国早就有学者认识到家庭体制的重要，如 M·拉罗克在其《法国的家庭体制和家庭政策》一文中论述：

> "每个人的机会——即使联系不那么直接，还是直接受家庭集团的影响。家庭集团对每个人的发展和他周围环境都有很大的影响，社会问题实际看来就是家庭问题。"

在中国的传统儒家哲学体系中，"齐家平天下"是社会与家庭伦理方面的重要思想，它将家庭的结构与个人发展的重要性等同。

在 20 世纪西方主流的城市经济学领域，已经非常重视家庭体制对城市发展的具体影响和它们之间密切的关系，并且由此展开深入的研究。家庭作为一个基本单位被纳入城市微观经济分析之中。美国加里·S·贝尔克在《人类行为的经济分析》中认为：

> "在人力资本论中，家庭就像一个企业，既生产用于增加未来收益的'产品'——繁衍后代、教育子女等，也产生'消费'——衣食住行、休闲保健等，因此家庭需根据其货币收入与时间这两种资源，进行有效配置和作出合理决策。在边际收入等于投资的边际成本的均衡点上，所有投资活动的收益率都相等。"

当代西方对于家庭体制的重视已经进入更高的实质系统化的研究层面。贝尔克的研究已经将家庭内部行为活动如生儿育女、子女教育、衣食住行等与社会工作和国家经济发展置于同一高度。

自 20 世纪 50 年代起，伴随所谓的男女平等政策落实，在"劳动光荣"的国家号召中，家庭的生活节奏和所有的人力资本都必须完全服从于社会化大生产。中国几千年传统家庭体制被瓦解，传统的家庭分工、礼仪、文化等家庭体制被不分优劣地几乎彻底抛弃。

这种所谓的"男女平等"实质是要求家庭的内部活动与分工由传统的独立走向服从于企业 8 小时的工作体制，所有的家庭劳动成员都必须成为社会工作的一员，导致家庭生活、内部分工的和谐秩序被瓦解。

随着城市化进程加快，城市几乎完全忽视家庭体制的重要性，家庭越加从属于工作体制，致使许多家庭失去其存在的独立性，逐渐远离传统的家庭结构体制。家庭所有男女劳动力都必须一律平等地享受劳动的光荣，家庭所有成员都时刻面临社会工作体制的干扰和影响。

这种工作体制主导家庭体制自新中国成立以来延续至今，随着改革开放及城市化的快速发展，城市更加失去对家庭体制的尊重，使中国城市包括乡村在内的许多年轻家庭，实质已经变成大量失去父母亲情陪护的冷漠空巢。

紧张的上下班节奏使那些年轻父母倾巢而出，共同拥挤在上下班或者是背井离乡的路上，城市交通和长途客运变得更加拥挤不堪。

留守儿童及年迈的老人开始缺乏甚至失去家庭的亲情与温馨，许多儿童很早便抛给退休老人或者来自农村地区的保姆，或者是过早地交给商业化的托儿所而失去父母亲情的陪育。而母亲用工作换回的工资却要支付给雇佣的保姆或商业幼托机构，其工作创造的价值对于家庭而言几乎为零，甚至是负数，反而带来更多方面的不利因素（图 13-1、图 13-2）。

城市失去对家庭体制独立的尊重会降低家庭成员的生活质量，容易导致家庭情感及工作间的矛盾。老人们或孤独失陪、或被迫成为家庭保姆，普遍的留守儿童现象等，家庭情感的失衡还将给社会稳定和公共安全带来一定隐患。

最大的隐患则来自儿童身心成长健康遭受严重影响。据相关数据显示，中国改革开放 30 多年以来，由于一些家庭体制的瓦解，导致近 6000 万儿童失去正常的家庭成长环境。作为国家未来的孩子们，其现状和未来的命运令人痛心。

城市家庭成员的出勤率对于城市交通也是一个直接的影响因素。一个家庭如果不能够实现成员间家庭任务的合理分配，不能够带给每个成员和谐与幸福，就会影响家庭成员的社会工作效率及个人创造等，并将影响一个国家的整体创造效率。

当代日本及欧美等发达国家非常重视家庭内部事务的独立性及其与社会事务的关系、矛盾的处理等，研究并实施最缜密的家庭与社会分工体制。

中国城市家庭体制规划应重视以下几个方面：

1. 逐步实现家庭成员一方承担几乎全部的社会工作和家庭收入任务，另一方负责全部家庭事务，实现家庭内部的合理分工体制，能够使家庭全体成员获得生活与工作的和谐和更高的幸福指数，利于构建和谐稳定的社会秩序，提升国家和全体国民的创造效率。

2. 通过立法保障女性的家庭工作权益、儿童家庭权益，将家庭主妇通过立法确定成为一种高尚的职业。

3. 规划由社区组织对家庭进行系统的职业化教育培训。如食品制作、营养学、儿童教育、规范家庭成员四季服装的款式和色彩、生活社交礼仪、传统文化礼仪教育等，使国民素养得以全面快速提高、素质教育每时每刻都可以在家庭中进行，以创造优雅精致的城市生活和高尚的人文环境。

4. 建立政策协调机制，使家庭成员之间以及社会事务、工作之间获得和谐发展，生活秩序变得更加有序和稳定。

13.5 法律体制

要成为一个理想国家,除了要实现以上各项国家或城市体制之外,还必须建立更为审慎严密的法律体系。除了继续完善对于传统犯罪行为进行制裁的法律体系之外,还应健全以下两个方向:

1. 明确划定国家存在的 5 个基本要素的保护底线

(1) 教育的公平,要实现全体国民享受公平的教育和竞争机会,才可以实现全体国民积极向上的创造力。

(2) 医疗的保证,国家应通过建立完善的医务人员收入保障机制,同时实现医院与创造经济收益分离,逐步纳入公共服务体系,最大限度的实现国民免费医疗。

(3) 居住权的保障,应实现居者有其屋的基本国策。使每个公民都可以摆脱为基本生存而陷入逐利的低层级需求困境,实现公民可以为理想更加自由更有效率的创造。

(4) 法律的严谨公正,从传统的人治、法制时代过渡到法治时代,法律的严谨公正将可保证整个社会秩序的良好,使社会不良现象被遏制到最低,只有法治国家才能使国民能够获的安全感、国家自豪感、国家归属感和个体生命的尊严,才能建立全民的契约精神和实现人格的独立精神。一个国家的法律如果不能严谨到足以有效遏制公民对他人进行任意语言侵犯、不能有效同时管控执法者和违法者,意味着法律体系的溃败。

(5) 公众传媒和舆论自由,国家如果不能保障公众传媒的自由,就会严重削弱国家民众的创造力,削弱国家自下而上的决策力,国民的自觉意识和社会的自洁功能丧失。

任何一个国家如果失守这 5 个底线,整个社会将陷入道德沦丧、唯利是图、人们互害的悲惨境地，科技与经济发展也将会步入急功近利的拜金主义，导致国家失去创新动力。

2. 法律约束力渗透到人们行为和语言的末梢

中国要建立全面的法律体系实现对国民的道德行为约束，将法律约束力渗透到国民日常行为和语言等每一个末梢细节，否则法律将形同虚设。只有细致入微的法律管控才能从根本扭转人性的缺憾。这种人性的弱点并非中国专利，在世界各国均有存在。长期以来中国人之所以存在广泛的陋习，正是因为法律没有渗透到每个人的行为和语言的细节。我们可以通过以下两个方面的法律细节为例分析：

（1）对于交通路权法，应通过更严谨细致的法律规定真正实现行人优先。

例如，当机动车发现人行道一侧站有行人时，应在15米外减速、停车等待行人通过，或者得到行人示意后优先通行；机动车路边临时停车时，必须保持不低于1米距离，以保证临时停车范围内人的安全；法律规定同向双车道并线，路权均等，车辆必须交替驶入前方车道；对于校车的安全措施是，只要校车临时停车亮起停车牌，在没有设置隔离带道路上行驶的所有机动车辆必须在15米外停车等候。

具有这些严密的路权法约束，就可以实现人们驾驶和对生命尊重的文明，而不是依赖"公德""道德"。

（2）对于个人行为要有缜密的法律约束。

例如，法律规定任何人不能够对他人进行语言恐吓或侮辱，否则将面临被警方强制带离接受法律处罚，一旦语言违法，除了接受相应处罚外，将被警告禁止其与被害人之间的活动距离和任何联系，如其再次被报警，则视其为违法事实成立，将面临暴力犯罪指控，接受法庭审判，直至坐牢。

只有细致入微的法律才能保障公民的日常生活权益和尊严不受他人的肆

意侵害，如制造噪音、在公众场所大声喧哗、在公众视野内晾晒衣物等；对老人、妇女、儿童暴力或虐待，有抚养能力的父母不给未成年孩子提供基本的抚养以及营养足够的学前早餐等，都应被列入违法范围。如果法律不能做到对于类似这些生活细节的管束，就难以建立一个真正的文明国家。

任何国家要成为一个人们有自由、博爱、自律、尊严、创新、文明的理想国，难以通过单一科技与财富创造和道德规范来实现，还需要将更为缜密的国家法律管控范围扩展渗透到个人道德行为及生活的方方面面。

第 14 章　由计划转向自由的新中国城市发展

计划经济给新中国的每个角落和人民的内心留下了深刻印迹。人民公社的兴起、城市空间的等量转移、对于一切民间资本的取缔，权力主导下的国家计划经济开始盛行。有计划的生产、有计划的平均消费，共产主义理想一度成为贫困人民的精神食粮和坚强的力量源泉。

30 年计划经济对自由追逐财富的压抑，经历了长期贫穷的人们终于迎来第二个 30 年市场经济对于逐利激情的释放。但是由贫穷转向富足的人们还没能真正理解与建立现代的财富价值观。

直至今天人们似乎仍然难以摆脱平均主义以及拜金主义等根深蒂固的影响。作为表象，它蔓延在今天城市与人们生活的每个角落，构筑着某些极端甚至成为人们追逐理想生活的壁垒。

14.1 世袭之城

在 20 世纪 80 年代改革开放以前，基本以农业经济体制为主导的城市空间发展缓慢。小城市作为地方权力中心，需要分散在各个区域；大城市代表更高一级的权力中心，并拥有为满足基本生活物资和农业生产资料需求的较为原始的加工制造业。

县级小城市遍布全国各地与其下辖的乡镇，成为直接服务上级、行使权力管辖、农业管理、物资交换和满足农业生产、技术培训等具体需求的聚居地，并负责为国家和上一级权力中心城市提供粮食、肉类等各种农产品。大城市处于权力的顶部，享用那些靠天吃饭、却时刻面临自然灾害威胁、挣扎在贫困线上农民的供品。这个时期，大城市空间发展几乎仍然保持着数个世纪的不变节奏。那些如夜空繁星般闪烁着权力的冷漠光芒的城市，成为亿万农民向往的圣地。那个苦难历程的见证者之一——作家路遥用其小说《人生》极其真实地描述了那个时期城市、乡村的空间面貌和人们灵魂深处的理想与生活的挣扎。

这一历史时期的农业聚居地空间组合形式，与19世纪法国城市设计师柯布西耶构想的农业聚居区有着极为相似的特征：土地被再次集中；农民们统一集体作业，貌似每个人都在为他人服务；村庄得以继续保留，建设人民公社作为农民的精神、教育培训、医疗中心；在中心附属的公共车间中开展的补充性初级加工制造业，成为联系农业生产、机器和自然人之间的重要纽带。由此，我们可以感受到柯布西耶的城市空间研究理论给苏联继而给中国带来的深刻影响，成为那个时期中国城市及农业地区空间发展的一种模式。

在与西方截然不同的社会体制下，土地所有权国有化和私有化、计划经济与市场经济的巨大差异，决定了中国与西方城市空间曾经在某些相同的规划理论基础上、最终却走向了完全不同的方向和结局。权力主导了那个时期的城市。

这个时期的中国大城市作为更高级别的权力中心则基本可以坐享农业的福利，工业几乎只是它的一个可有可无的副业。城市在权力的襁褓中像个时刻被袒护的婴儿，享受着相对优越的生活。这些城市几乎是通过世袭制保障人口需求和社会稳定、严格限制小城镇以及社会最底层大多数农民进入"城里人"的行列。通过实行世界上最严苛的户籍管理制度，限制劳动者在自己国土上的流动自由，以保护自身可以坐享那些社会最底层被剥夺工作自由及生活地域选择自由的农民的劳动成果。但在整个国家极度贫困的背景之下，即使城市人民也只能生活在极其简陋拥挤的住宅内，相比农民也只是解决了最低限度的温饱。

  这个时期的城市空间发展被强势的集权这种无形的高墙禁锢，体制这双无形的手左右了整个城市的命运。城市一度成为上演反右派阶级斗争、大跃进、上山下乡和所谓的文化大革命等的荒诞剧场。知识分子一度成为"臭老九"的社会丑角，科学技术及教育体系发展数度瘫痪停滞，生活在社会最底层、目不识丁的农民在贫困挣扎中被冠以"劳动者光荣"的精神桂冠，科学技术仅作为军事工具且发展缓慢。多数具有城市历史文化遗产保护价值的建筑和城墙被摧毁，众多历史文化名城变得面目全非，似乎成为文化沙漠上历史闹剧的舞台。

  于此同时，西方国家开始了以科学技术为先导，经济、政治体制更新为基础的新兴工业化、城市化浪潮。但中国也不是没有任何成就：全国性的国土水利整治成为这一时期可与西方任何壮举相媲美的伟大行动，举全国之力试爆成功可与敌人同归于尽的"争气弹"，奠定了天下三国鼎立的战略格局。但如同大多数发展中国家一样，中国城市此时错过了与西方工业化、城市化同步的战略机遇，在广泛的工业技术领域与发达国家形成代差。

14.2 工业化进程中的城市与乡村

  在新中国的城市空间发展历史中，有一个不容忽视、短暂却影响广泛而深远的城市与工业空间同步大迁徙时期。

  20世纪70年代初，世界东西方形成严重的意识形态对立，并且引发国家间的军事对峙，利用巨大杀伤力的战略导弹相互瞄准，进行武力威慑。因导弹远程防御及国土防空力量薄弱，基于国防战备的需求，军事以及重要战略工业从中国沿海经济基础较好的城市被迫向西南及西北的内陆地区分散转移，以避免遭受对立国家的军事打击。自 1972 年尼克松总统访华,直至 1979 年 1 月 1 日中美建交,带有强制性的空间转移才逐渐停止。

这种城市、工业空间的转移规模很大,促进了中国中西部和其他边远地区的城市空间发展。例如,一个几万人的西南地区小城市,在 1965 年一次就迁入十多万来自上海的产业工人及其使用的军工生产设备和大量车间。这种以政府意志为动力、大规模的工业迁徙根本性地改变了落后的西南、西北等城市空间的发展状况,在一定意义上使国家区域经济短时期内呈现较为平均的发展态势。

城市工业空间布局在东西部相对平均发展,但国家城市空间的总量和架构以及总体经济规模基本没有较大增长和本质的改变。城市职能几乎完全是服务于工业,城市人口增长缓慢:1953 年中国城市人口占全部人口的 13.26%,1980 年占 19.3%,近 30 年间只增长了 6%,平均每年增长 0.2%。而相对应的,法国在 30 年的城市化进程中,城市人口平均每年增长 2% 以上,城市人口占比由 25% 增加至 85%。

世袭的城市现状一直持续至 20 世纪 80 年代末的经济改革开放。经济改革主要表现在以下几个方面:

1. 针对曾被集中的土地进行再次划分、按人口分包给农民。

2. 允许农村人口在乡村和城市之间自由流动。

3. 计划经济向市场经济过渡和转变,放开对民营和个体经济发展的限制。

4. 对部分国有企业体制进行私有化或者实行类似混合经济体制改制。

5. 率先试行以深圳为对外经济开放试点城市,并逐步推向全国主要城市的国家整体对外经济改革开放。

新中国城市在"二战"后面临百废待兴的严酷现实,经历了与美日欧等国家截然不同的发展道路。由于历史原因、不同的经济体制等因素,使中国错过了"二战"后与西方同步的现代工业化。以日本、法国等为代表的发达国家通过三十多年的城市规划和建设，以及对始于"二战"前的工业化的快速推进与产业升级更新，并于20世纪末进入后工业化时代，掌握了21世纪初的工业技术核心。这些发达国家长期针对包括中国在内的第三世界国家实行技术垄断。

中国自战后1949年至1979年的30年间，除了60年代一段时期接受过苏联的一些经济技术援助外，基本处于自力更生的独立式发展状态。国家工业经济及科学技术发展缓慢，城市空间发展基本以满足农业经济体制及基本的国防工业为主导，空间形态及政治体制基本延续传统的农业经济时代的城市特征，呈现权力强大但城市空间扩张近乎停滞的单中心化格局。不同城市之间很少发生经济联系。

1979年至2010年这30年是中国处于经济改革开放的经济快速增长时期，劳动密集型的工业以较快速度发展，大城市的产业链开始带动其周边小城市的发展，拥有人口、国际航运空运等交通优势的沿海城市迅速崛起。这些趋势使一些沿海地区出现较为明显的城市快速扩张、区域经济整体增长，经济落后的中西部农业人口持续流向经济较发达地区的城市。但与发达国家城市相比，这些国内发达的城市经济仍然处于较落后的第二产业发展梯次，处于被动接受发达国家影响力及其产业转移的发展格局。

另一个阶段是自2000年以来十年间，伴随工业进步和工业空间规模的迅速增长，中国城市空间在全国范围内迅速成长扩张，城市化步入较快的进程，并完成了从农业经济体制为主导向工业经济体制为主导的城市根本性转变。国家统计局数据显示，城市人口占比由改革开放初期1980年的19.3%上升至2010年的49.48%，并于21世纪初逐渐在沿海形成若干经济发达的城市聚集经济带。其中以京津冀、长三角、珠三角经济区为代表，并出现大量人口突破200万的大城市及500万人口以上的特大城市。

由于历史、地缘及交通、经济基础、人力资源等客观因素，三十多年改革开放使东西部地区经济及城市空间发展失衡。即使在经济发达的沿海地区，也还没有形成如发达国家那样高度发达的城市及产业集群，不同城市总体上仍然处于相对孤立和产业重叠发展的状态，工业技术也相对比较落后。贫富分化较为严重，城市经济基础依然比较薄弱。

众多城市工业体系和城市第三产业对于来自农业地区的产业工人并没能成功将其转化为城市人口。城市一方面无法离开这些来自农业地区的产业工人，但也没有打算好如何接纳这些"农民工"。特别是那些年轻的农民工由于长期离开乡村在城市工作，已经逐渐失去农业技能，但又被拒绝或者面对高昂的房价、子女教育、医疗等根本没有经济能力留在城市。一边是灯红酒绿的繁华都市，另一边是黑暗角落里的建设者农民工以及他们身后那些被迫留守在贫瘠乡村里的孤独老人和儿童。

离散的家庭问题时常转化成为社会问题。虽然实现了国家经济的快速增长，工业化进程中的中国城市还没能实现城市空间扩张与农业人口转移到城市定居的同步发展。许多城市空间陷入非工非农的混沌状态，住宅和办公空间大多成为人们投资的商品。

大多数中国城市依赖土地销售对城市进行以经济增长为主的开发扩张，国家和社会资本大量转移至许多可获取短期经济收益的行业，甚至包括一些投机性经济领域，使城市实体工业经济遭受挫折，许多城市的科学技术研发及其他实体经济发展几乎处于停滞状态。农村年轻人口涌向相对更好的沿海城市打工，他们心怀对美好未来的憧憬，却不知未来将会怎样，许多村庄成为失去青春的空巢。

面对这些消极的现实，决策者们并没有无动于衷，自 2000 年开始先后实施了三种规划措施。这三种措施似乎均来自近代西方经济学界哈罗德·多马（Harrod Domar）的影响。多马以新古典经济增长模型为理论基础发展起来的

《平衡发展论》确曾一度成为影响世界城市空间发展的代表之作。随着国家对外开放，与国际交流日益频繁，这种带有平均主义色彩的平衡发展理念似乎也来到了中国。这三次具有平均主义色彩的规划战略分别为：

1. 西部大开发

2000年1月，国务院西部地区开发领导小组召开西部地区开发会议，研究加快西部地区发展的基本思路和战略任务，部署实施西部大开发的重点工作。2000年10月，中共十五届五中全会通过《中共中央关于制定国民经济和社会发展第十个五年计划的建议》，把实施西部大开发、促进地区协调发展作为一项战略任务，强调："实施西部大开发战略、加快中西部地区发展，关系经济发展、民族团结、社会稳定，关系地区协调发展和最终实现共同富裕。"在追求共同繁荣的美好愿望之下，中国开始了西部大开发战略。

中国西部大开发的范围包括重庆、四川、贵州、云南、西藏自治区、陕西、甘肃、青海、宁夏回族自治区、新疆维吾尔自治区、内蒙古自治区、广西壮族自治区等12个省份、自治区、直辖市；面积为685万平方公里，占全国的71.4%；2002年末人口3.67亿人，占全国的28.8%；2003年国内生产总值22660亿元，占全国的16.8%。西部地区自然资源丰富，市场潜力大，战略位置重要，但由于自然地理、历史、社会等原因，经济发展相对落后，人均国内生产总值仅相当于全国平均水平的三分之二，不到东部地区平均水平的40%。战略决策者们认为迫切需要加快西部工业发展和现代化建设，以缩小其与沿海地区的经济收入差距。

但是西部大开发试图以西部城市快速发展为核心的策略，显然忽略了西部特殊的自然地理、交通运输资源、人力资源、经济基础等影响城市发展重要因素的制约，这些先天不足的城市发展元素与东部地区存在巨大的区位差异。

西部大开发也没有关注脆弱或敏感的西部生态体系，以及中部的水土流失隐患、西部严重的水资源匮乏等基本现实。工业区和城市快速扩张使中西部城市发展很快面临自然环境与资源破坏等威胁；西部干旱少雨，水资源出现严重不足，中部城市大量建设导致山体和湿地被人为破坏，水土流失，水体与空气污染。曾经天蓝水清草绿的那些绿海明珠般的西部小城，开始被落后的工业污染，昔日如诗如画的美景时常面临灰色雾霾的侵袭，令人唏嘘不已。

中西部城市比起沿海城市更加缺乏现代技术支撑，同时缺少技术成熟的劳动力资源，工业区位处于远离港口的内陆，对外贸易运输与环境成本较高，因此城市工业发展缓慢。农业长期得不到城市经济的反哺，加上中西部农村教育、医疗等服务设施落后，大量外出务工的农民失去对家乡的留恋，宁可流浪他乡也不愿重回故土，他们已经对故乡感到陌生并且逐渐失去了农业技能。这致使大量农业人口流失，大量农田被弃置或者得不到高效率的耕作，从而极大降低了西部农业经济的收益和土地利效率。

国家巨额的投资并没能改变东西部的失衡，反而加剧了西部环境的恶化，沙漠化加剧和西伯利亚气流裹挟的黄沙很快殃及东部地区。过于理想化的规划理念使西部大开发这个曾经宏伟的计划逐渐陷入困境。

2. 城乡统筹

"统筹城乡发展"是党的十六大明确提出的统筹城乡经济社会发展的要求。十六届三中全会进一步明确要按照"五个统筹"的要求全面建设小康社会，将统筹城乡发展摆在首位。其核心思想是"工业化初始阶段，农业支持工业、为工业提供积累是带有普遍性的趋向；但在工业化达到相当程度以后，工业反哺农业、城市支持农村，实现工业与农业、城市与农村协调发展。统筹城乡发展，就现阶段而言，就是要加快推进城乡一体化，打破城乡二元结构，让广大城乡居民共享现代文明成果，形成以工促农、以城带乡、城乡协调发展的新格局"。

城乡统筹的愿望是美好的，但由于忽略了当时城市经济发展的承载力和资源集约化利用原则，本已稀缺的资源难以实现共享，而失去经济可操作性。

况且由于地缘辽阔，乡村遍及960万平方公里的各个角落，即使完全由国家投入，也难以承受如此广泛而巨量的市政管网及公共服务设施的建设费用。大多中国城市的工业发展尚处于初级工业化阶段，这个时期正值工业产业升级困难，大多数城市举债扩张，社会经济热衷于投机。大多数城市经济要么脆弱的依赖土地财政，要么依赖权力和体制的偏袒，城市资本流向土地及房子等不动产进行超前投资建设，产业技术更新举步维艰，坐享国家给予的优势的垄断性政策的福利，根本无力反哺农业，反而代之以城市对于农业土地资源的肆意吞占。

分散在全国各地的乡村乡镇，如果要建设与城市同样的公共服务设施，无论是财政投入还是人力资源的利用效率都无法同城市集约化建设的经济性和效率相比。这种铺天盖地般的村镇公共服务基础设施的海量投资，当时的国家财政根本无力承担。所以，城乡统筹策略根本无法像法国"光辉三十年"那样，在工业化和城市化成功实现以后，城市反哺和支持农业地区，使城市和农业地区获得均衡发展。

3. 新农村建设

2005年10月，十六届五中全会通过的《中共中央关于制定国民经济和社会发展第十一个五年规划的建议》中指出："建设社会主义新农村是我国现代化进程中的重大历史任务。"其主导思想是"生产发展、生活宽裕、乡风文明、村容整洁、管理民主"，并提出坚持从各地实际出发，尊重农民意愿，扎实稳步推进新农村建设。建设社会主义新农村，是在全面建设小康社会的关键时期，在我国总体经济发展已进入以工促农、以城带乡的新阶段，在以人为本与构建和谐社会理念深入人心的新形势下，中央做出的又一个重大决策，是统筹城乡发展，实行"工业反哺农业、城市支持农村"方针。

新农村建设从国家政策上高度体现了国家对农村经济及农民利益的关注和扶持，并且在医疗、农田等方面增加财政投入，彻底取消了长期以来的农民税负。作为新农村建设策略之一的税收政策从经济收入的角度极大地减轻了广大农民的经济负担，一定程度上提高了农民经济收入。但是，相对仍然落后的工业体系及城市经济收入，城市并没有力量支付这种良好愿望的巨额成本，面对新农村建设所需要的教育、医疗、文化、娱乐、交通等海量公共服务设施的庞大经济投入，城市反哺农业地区村镇规划与建设的时机尚未成熟。在地缘广袤的国土上针对所有乡村的新农村建设既不符合基本的经济学原理，也不符合资源集约化、共享化利用的基本常识。

新农村建设只在一段时期留下大量不切实际的规划方案和少数村镇的草率建设，很快就悄然地停止了。

西部大开发、城乡统筹、新农村建设实质违背了城市化的宗旨和发展规律。对于一个人口众多的发展中大国而言，农业人口向城市转移、城市尊重自然、实现资源集约化、共享化利用是必然趋势，以上三种基于政府对农业地区公共基础设施的大范围布置与投资的规划策略不符合基本的经济与资源利用原理，是一种平均主义下的农村城市化的歧途，实质是对农业地区价值的背离。

14.3 粗放式发展的中国城市

20世纪是人类有史以来最辉煌的一百年。在这充满巨变的一百年间，史无前例的战争结束了西方对于历史悠久的东方文明的殖民统治，人类步入崭新的文明时代。第二次世界大战后的城市化终结了西方的农业经济时代，大多数资本主义经济国家通过战后30多年重建率先实现了城市化。占世界五分之一人口的东方大国才刚刚开始一场世纪末的经济变革。20世纪80年代，中国实行伟大的改革开放，土地的再次划分、经济体制的改变、科学技术的引进，重开与国际往来之门。历经30多年工业化发展，中国经济取得举世瞩目的成就。

但在三十多年的城市化进程中，由于国内外经济、技术因素的影响，大多数中国城市在追逐经济快速增长过程中，经历了前二十年粗放型工业化成长，以及后十多年城市空间粗放式扩张期。

没有任何国家拥有像中国这样总量如此庞大的城市空间规模，也没有任何一个拥有世界五分之一人口的国家如此迅速地展开划时代的改革和城市化。面对西方及国际垄断组织的经济、技术垄断，在经验与技术匮乏的工业化进程中，追求经济增长、市场繁荣的中国城市，无论是经济发展还是城市规划，几乎没有可以照搬的模式，更多时候只能如改革家邓小平先生所言"摸着石头过河"，这是一种伟大勇敢的探索性发展。历经三十年改革开放，中国以世界十分之一的耕地养活着世界五分之一的人口，并且总体上脱离了贫困，实现了大多数人民脱贫致富的梦想。

中国以远低于西方早期工业化所付出的代价完成了工业化的阶段性任务，中国人以其善良、勤劳的优秀民族本质不计薪酬微薄的参与工业化进程，不以侵略掠夺求发展，表现出合作、团结、进取、忍韧的民族内质。中国人正在考虑如何跨越历史上西方工业化对于环境污染、交通以及诸多社会生态的覆辙，实现跨越资本主义阶段的城市化和全民福利时代的到来，因此对于21世纪新经济体制、科学技术、理想城市的探索同样成为中国政府的重要事务。

但世界的丛林法则似乎从未被改变，如同所有发展中国家一样，中国长期面临西方强国的经济与技术垄断封锁。曾经落后的中国工业体系发展至2000年，开始面临历史性的产业技术升级的瓶颈。除了来自技术垄断的压力以外，环境污染导致工业生产的环境成本升高、劳动力成本升高等导致传统制造业日渐失去面向第三世界发展中国家的国际市场竞争优势，境外资本开始转向泰国、马来西亚、越南、印度等生产成本更低的国家，外向型经济也时刻被动地面临欧美等外来因素的影响以及时常的金融战争袭扰等，导致中国城市化进程如履薄冰。美国20世纪80年代传统工业经济大萧条的阴影也曾一度笼罩中国经济。

房地产业是城市化进程中的重要融资与社会财富分配的杠杆工具，针对

2008年的国际金融危机，国家注资维系房地产业的稳定成为早期防范境内外投机游资做空中国经济的重要手段。对基础设施建设的大规模投入保障了市场的资本流动性，增加了市场需求，同时在全国范围内构建了交通迅捷的供应链。中国政府对于市场经济的干预成为国家和城市经济发展稳定剂。这种类似于德国混合经济的模式探索为中国经济创造了不同凡响的积极意义和价值。使中国在与国际金融投机组织的较量中，掌握了主动权。

但这一时期的城市经济和城市规划几乎难以避免的出现了如下一些问题：

1. 在中国城市实现经济快速增长过程中，过度强调经济利益和效率的城市空间一度出现规划"失控"，几乎所有的城市都不问地理属性与经济差异地迈向单中心化大城市扩张，全国范围的泛大城市化问题突出，千城一面，导致国家整体环境破坏与资源资本浪费严重。并在城市内部出现众多非健康的城市建成区。

2. 城市之间没能通过规划建立合作协同关系，急于经济增长，又各自为阵难以展开有效的合作；基于各自经济利益，相互之间展开同质化的竞争，产业规划及主体功能区重复建设问题突出。

3. 对于农业地区的发展一直缺乏有效的规划策略，政策摇摆不定使城乡发展失衡、贫富差距较大。

4. 粗放式的经济发展对自然资源和环境破坏比较严重，城市可持续增长受到威胁。城市发展未能有效转化来自农村的产业工人，城市发展与实现国家城市化的基本目标和价值背离，导致农村家庭结构濒临崩溃，留守儿童、失养老人等消极的社会生态问题突出。所有城市成为类似于混乱的城乡混合体，与现代文明都市还存在较大差距。

5. 粗放式的城市规划导致城市空间快速扩张但没能实现居住与工作，发展与环境之间获得和谐，形成普遍性的非健康城市空间。城市绿地、文体设施等公共服务严重供给不足及空间规划失衡。

以上这些因素是中国城市历经三十多年没能成功实现城市化的主要原因（具体论述在第 16 章）。

我们还应关注中国经济改革开放几十年以来，城市经济学家长期缺位于中国城市规划与发展，除了催生大批经常在电视台大谈关于房价趋势和鼓吹股市行情的预言家们，直至 21 世纪的今天，中国真正意义的研究型城市经济学家尚不多见。导致在粗放式的经济改革三十年间并没有新经济体制出现，也没有与时俱进的规划政策改革，更没有法律体系细致入微的完善。时至今日规划师们也未曾给出完整有效的国家和区域战略规划。即使对于关系民生的城市聚居区规划也尚未形成一种符合健康标准、资源空间均衡的有效规划策略。整个中国城市就是在这样一种禁锢的、数十年一成不变的体系中快速扩张，直至将有限的城市发展用地消耗殆尽。

对于物质财富不择手段的追逐，定义了这一时期城市生活的主旋律，许多城市成为唯物理空间、唯商品化扩张的"失控之城"。这些城市固守在自马车时代以来的道路交汇点，规划师们按照陈旧固化的规划条例围绕它们开始一轮又一轮机械的规划，并建设着道路、高铁、航空设施等，在其千年不变的位置上刻画着日益密集的交通线，不切实际地期望缓解那些早已失衡的空间所带来的巨大压力。

在广阔的国土上，跨越数千公里的社会分工体制不断制造难以承受的运输压力，不堪重负的运输系统年复一年承载着人类五分之一人口的大迁徙，同时又必须忙于巨量的生活物资供应及长途产业链之间的货物运输。这种人类"运输壮举"之下，却是效率低下不堪重负的城市运营压力。

在城市繁荣的另一面，一方是逐利性扩张的城市裹挟着流浪的产业大军，另一方是日渐没落被遗忘的故乡和留守的老人儿童。失控的城市与落后的工业区肆意地侵吞切割着土地，人们似乎步入了一种既非农业文明又非工业文明，浮华而内心失落的生活。

面对发展失衡的现实，中国城市需要反思如何找回繁荣之上的大国尊严。须致力于寻求城市崛起与自然和谐的均衡点，寻求最佳的城市、农业、工业地区平衡发展的构架。

那些自封建社会以来几千年未曾改变的城市相互间的格局，那些墨守成规的规划条例早已不再适应21世纪的新经济时代。面对第三代通信技术革命、新经济时代的城市规划应重视点矩阵空间带给国家经济与城市空间的影响力，创造协同、合作、分享、共享的聚合城市，重新定义城市人们宜居共享的新生活。

第15章　中、法、日、美空间规划比较

经济规模曾经决定了城市规模。伴随工业技术的不断进步，技术因素影响力表现更加强势。自20世纪后半叶，基于产业合作以及通勤技术的进步，全球许多城市开始走向集群合作发展，这导致了事实上的传统城市规划观念的颠覆。人们重新认识到，建立集群合作的规模化城市空间可以决定城市经济的规模。

自19世纪初兴起的区域经济及城市发展规划理论中，有代表性的理论分别是：经济学界哈罗德·多马以新古典经济增长模型为理论基础发展起来的"平衡发展理论"、克里斯塔勒的"中心地理论"、韦伯的"工业区位论"、杜能的"农业区位论"、勒·柯布西耶的"人类三大聚居区"以及霍华德"田园城市"等。它们基本都是以较为单一的区位因素和单项决策或仅以技术为对象，假设所研究的区域是与外界无关联的独立区域，区域内也不存在任何体制、经济、自然条件的差异，在此基础上运用大量实际资料进行推理得出理论。这些早期的理论与实践的探索为1933年诞生的《雅典宪章》奠定了基础。从此人类社会进入了2.0城市时代。《雅典宪章》及3.0时代的《马丘比丘宪章》深刻、系统地影响了现代城市空间发展走向。它们的影响力渗透在今天每个人生活的方方面面。

鉴于历史、体制、文化、人口规模等具体因素存在的差异，这些理论与

实践对中国这样幅员辽阔的大国规划难以找到直接的答案。但是在这些历史的进程中，人们可以感受到城市理想生活诉求的共性及城市规划自身之外的那些相关力量。在终极目标一致的实践过程中，某一历史阶段一种成功亦或失败的规划理念，总能带给人们可以追溯的规律、对未来的启示、可以借鉴的力量。

15.1 日本城市、农业、工业区空间布局

无论一个国家还是一座城市的可持续发展，都取决于生命价值与非生命价值的均衡发展。生命价值是指人们拥有健康生活的基本物质（太阳、空间、绿地、粮食）；非生命价值则代表高效率的经济收入。

寻求城市聚居地、工业聚集地、农业地区最具合理的空间布局本质就是寻求两种价值存在的均衡解。这种均衡是世界各国城市化进程和人类生存的根本原则，对于最佳均衡解的探索论证是对于人们共同关切的全球碳排放与不可再生资源危机的充分理解与行动支持。在世界较早完成城市化的那些国家与城市的历史进程中，大区域空间规划目的就是寻求最佳的均衡解，处于国家与城市发展的战略地位。

在国家区域战略规划方面，与中国分散的城市布局比较，日本是另一种完全不同的区域布局模式。日本是一个岛国，全境主要由四个大岛和一些大多无人居住的小岛组成，总面积37万平方公里，不到中国的3.8%。而日本1993年的人口总数为12454万人，相当于中国的10.6%，所以人口密度比中国高出28倍以上。日本地理条件的另一个特点是平原面积狭窄，仅占国土面积的24%，大多分布在河流的下游和沿海。最大的平原是东京附近的关东平原，其次是名古屋附近的浓尾平原和京都、大阪附近的徽内平原。如果以人均平原面积做比较，日本只是美国的三十五分之一，因此日本与中国一样属于人口密集、人均平原面积非常少的国家。

从国家区域空间发展的角度，日本区域城市空间的显著特点即是人口和经济高度集中于自然河流下游的三大平原地带，在日本的工业化过程中，逐渐发展为东京、名古屋和阪神三大都市圈。日本成功实现城市化不久的1985年，三大都市圈国土面积只占全国的31.7%，却集中了全国63.3%的人口和68.5%的国民生产总值。

日本都市圈经济最显著的特点是，圈内各城市间的分工与合作非常密切，而三大都市圈之间的经济联系并不发达，彼此相对独立、自成一体。都市圈之间的经济联系少，是因为日本三大都市圈之间产业结构相近，并且主要是外向型经济，因而各大都市圈内侧重于建立内部城市之间的分工协作，经济产业链相对完整，运输需求少，实现都市圈内各个城市的资源共享与集约化利用。

曾经的世界第二大经济体日本只有三个彼此独立的制造业中心，区域分工基本被限制在都市圈内部。而中国却有遍布各省的数量众多、产业链不全、技术力量薄弱的制造业中心或工业园区，各自产业结构零散不完整，造成产业分工在全国或全省范围内进行，极大地增加了远程交通运输及人力资源流通的成本和压力。这是中日区域布局模式最重要的差别。

从"二战"后到20世纪70年代末的三十多年，是日本完成城市化和工业化的时期。日本以大都市圈为特征的区域经济结构并不是过去就存在，而是伴随城市化的完成逐步成形。日本各地的人口不断向平原地区的城市集中，逐渐形成密集的城市集群，战略规划也历经数次调整，最终形成生活、工作一体化的三大都市圈。各大都市圈内部的各类产业也随着日本工业化的推进逐步发展、逐渐整合。从东京、名古屋和阪神都市圈之间制造业结构的相关数据看，名古屋都市圈的产业结构与东京都市圈接近。这说明日本不同区域完整的产业结构体系允许出现同质化，这是由日本出口型经济的影响力决定的。

而中国区域产业结构相对单一，布局分散但并不完整，既有出口型传统制造工业基地，同时还有众多落后的第二产业。大量西方发达国家的代工厂等制造工业主要分布在沿海的长三角、珠三角、环渤海等地区。这些地区的工业区附属于不同城市，分布在不同的行政区域内；不同城市的工业区即使相距数公里，彼此间也几乎不产生联系与合作，而是展开同质化的竞争和招商引资；大多是劳动密集型的加工制造业，产业结构单一，因此这些工业区的配套产品、原料供应、劳动力统一来自几百、几千公里外的中西部地区。而那些散布大江南北城市郊区和中西部绵延几千公里的道路交汇处的落后工业区，虽然各自力量非常薄弱，但也与沿海地区的同行们有着同样的经济梦想和对成为大城市的追求。各个城市之间的工业区在各自独立、产业结构不完整且高度同质化的状态下进行着零和博弈的竞争。这种产业链分散的格局导致全国范围内通勤压力增大，企业生产成本增加，资源无法实现集约共享利用，导致利用率低、碳排放标准高等不利后果。

日本都市圈虽然注重产业链的融合，但都市圈内各个城市的产业之外的城市生活以及公共资源的分配仍然保持突出中心大城市优势，在圈内占据主导位置，形成单中心化的城市群结构。单以经济为主导的区域规划使都市圈内城市之间没有实现生活的同城化，城市公共资源也没有实现多极化、多中心化、共享化。都市圈内的各个城市内部空间也是如此。这是与本书构想的4.0时代的共享城市和聚合城市的本质区别。都市圈的空间发展仍然停留在3.0时代的城市理念体系内。

日本30年的城市化进程中，都市圈内各个城市空间都经历了快速扩张的郊区化，直到其在20世纪70年代末成功实现城市化以后，自1990年开始出现郊区化终止、回归都市中心现象。这主要由于城市化完成后的人口流入的自然减少、人口老龄化、房地产泡沫破灭后的城市中心区土地及房产价格跌落、政府对于城市中心区投入更新等原因。但是回归都市中心现象并没有使都市圈产生收缩的趋势，反而促使政府开始考虑都市圈的多极化发展，以实现工作与生活之间的平衡，并开始出现一些趋向多核化、职住平衡的新思想。

15.2 中、日城市、农业及工业区空间对比

对于城市、农业、工业区空间集聚效应与规模，20世纪西方城市化及工业化迅疾的进程带给发展中国家人们最为直观的城市发展历史画卷。思想家们纵横驰骋的灵感与激情，宣扬着人们共同的生活理想的夙愿。人类取得历史上最辉煌的100年，物质文明获得巨大进步，城市、乡村、工业空间在城市化进程中此强彼弱的波动，成为人们争论不休的价值取向。

消耗人类地球共有资源的不均衡的海量财富积累，消费主义、享乐主义盛行，资本主义对于个人财富及工作效率的无止境的追求无处不在，城市间的全球化竞争、家庭体制的瓦解，不同城市间的矛盾与利益失衡、全球性的生态圈恶化与保护，碳排放控制指标分配的国家间纷争，针对全球资源的霸权与恐怖主义等新的挑战应运而生，导致全球不同国家城市空间、工业空间及农业地区发展面临复杂多变的不确定性。

世界经济呈现发达国家、金砖国家、发展中国家、次发展中国家、贫穷国家的多梯度结构。发达国家资本流向劳动力更低的国家，完全以逐利为目的的资本主义经济全球化给不同梯度的国家和城市都造成了各自不同的影响。它们时常面临经济发展与环境保护可持续发展，资本随时撤离、金融欺诈以及长期稳定可靠的社会公共福利保障的困扰，特别是包括中国在内、处于快速城市化进程中的那些发展中国家。

经济全球化的冲击对于原本脆弱的发展中国家经济秩序带来的波动，涉及城市、乡村、工业发展的方方面面。城市空间与农业地区利益格局时常被经济利益所驱动，人们似乎很难在经济全球化的资本逐利洪流中厘清自身利益最佳的均衡点。"大城市病"的顽疾、城市间公共资源的不均衡、小城市及农村人口非城市化的快速流失、土地利用率的下降、贫富的分化、环境污染、城市与自然的割裂等成为城市化快速进程中国家共同面临的题解。

中国城市没有像日本那样有序集中在沿海和平原等特定的区域，而是延续几千年以来处于毫无秩序的自然分散格局。一直以来，国家所有的交通、产业规划建设都约定俗成地依据这些百年不变的分散格局展开。城市在哪里，铁路就被动地修建到那里，国家资本也投向那里，规划师也跟进到那里。并没有从经济发展、环境保护、城市相互合作等多维角度创新性地进行区域空间的战略规划和调整，没有寻求更为合理的各个城市相互之间在生活、产业协同合作、文化地理属性等综合方向上的战略空间重构。

中国城市工业区没有规划如日本工业区那样多个城市相对集中并且构建完整的产业结构，也没能建立起互相合作的战略格局。因此，中国分散在广阔的东西部星罗棋布的大小城市及其零散布局的工业区，彼此间需要大量的交通运输保障，各个城市的工业区彼此孤立，产业结构同质化现象普遍，彼此基本没有有效的合作，无法产生集约效应，人力资源难以实现共享，削弱了中国城市工业体系的国际竞争力。这一点与日本存在较大差距。

农业地区也没有像日本那样集中，而是利用率较低地分包到各户的分散状态。小块的土地不利于现代智能化农业的推广和发展，不利于农业土壤的定期休耕养护，土地利用的经济价值较低，制约农业经济发展前途。

从 2014 年 GDP 世界排名第三的美国洛杉矶市的城市空间形态来看，其实质是一个由近 100 个城市组成的聚合体。这些城市紧凑有序地排列在接近 1 万平方公里的长方形地块上，轮廓鲜明。但洛杉矶并没有让任何一个城市成为中心，所以每天数百万辆的车流并没有向心或辐射般地通过某一个城市的中心点，这为缓解城市交通带来好处。

洛杉矶城市群这种产业相对集中、密集协作如蜂群般的城市聚合体与中国的分散割据的城市形态迥异。在十年之前，日本的都市圈和"洛杉矶蜂群"就曾带给我本书中关于聚合城市的遐想。

15.3 日、欧、美国家土地利用空间结构

土地、道路、住宅是城市最重要的发展工具。历史上每一次重大的经济变革几乎都关系到土地利用结构的再次划分，如法国"光辉三十年"仅土地的重新划分就成为推进法国城市化的重要力量之一。

中国城市与农业地区对于土地利用的相关体制的调整是影响城市空间发展的重要力量。

从土地利用的空间结构分析，日本城市的特点是城市相对集中，城市工业统一集中布局，大城市所占比重高。1985年，日本有城市人口9321万人，只相当于美国的53%；但是却有100万以上人口的大城市近50个，比美国还多5个；20万人口以上的大城市4个，比美国多1个。其中最大的城市东京有840万人，比美国最大的城市纽约还多出10多万人。1985年，日本有四分之一以上的城市人口是居住在100万以上人口的城市，美国则只有八分之一；而日本有近40%的城市人口是居住在人口40万以上的城市，美国却只有23%。

从这些数据分析可以看出，日本的城市空间发展策略非常重视在宜居的平原地区聚集，并充分强化城市的人口承载力，建立统一集中、产业结构完整的工业区。这些城市大量吸收分散在广袤的田野和自然山水间的农村和小城市人口，释放大量的田园和自然空间，让那些本属于大自然的物质重新回归自然；在那些对于人类聚居地利用效率自然承载力更高的地区建设人们赖以休养生息和工作的城市。这种一边是空间密集的城市，而另一边疏散开阔的农业地区布局成为日本的城市与农业、工业地区土地利用空间结构的特征。日本的区域空间规划实现了城市密集区与开阔的农业地区、工业区的均衡。

自20世纪80年代起，日本就曾以东京市区为中心，从东京湾的鹿岛开始，经千叶、东京、横滨、静冈、名古屋、大阪、神户和长崎建立东京都市圈，总面积约10万平方公里，占日本总面积的26.5%；人口近7000万，占日本总人

口的61%。全日本11个人口在100万以上的大城市中有10个在该大都市圈内。在东京都市圈内，又包括东京、大阪、名古屋三个城市圈。东京作为三大城市圈之首，是日本政治、经济、文化中心，也是世界上人口最多、经济实力最强的城市圈之一。

东京都市圈并非一次规划实施完成，从最初的以经济为主导到后期开始重视工作与生活平衡规划，经历了十几年发展（图15-1），这正体现了日本城市非常重视自身扩张发展速度与城市科技、体制、经济发展的速度相适应、相协调，在其城市化时期没有因为一味追求经济增长而快速扩张步入失速的歧途。在这些技术进步、经济发展、体制更新、财富积累等探索与进步过程中，针对最初的一些规划失误不断修正城市空间发展速度与方向，及时改进调整总体规划方案并付诸行动，并制定出了相应的行动纲领。这些措施主要针对人口膨胀、商务办公过度开发、交通与环境污染等大城市通病。

这些都市圈内各个城市开始尝试分担东京中心城市的科学、文化、教育、医疗、就业等职能，有效缓解中心城市的压力，同时促进都市圈内中小城市的快速发展，增加了城市人口的承载力，使这些城市可以吸纳大量农村人口，并将这些人口有效转化成为城市产业工人，从而使原本不堪重负的农业聚居区及自然环境获得解放。这些回归大自然的土地将成为城市的空气调节器，而不再到处都是人们与自然矛盾冲突的阵地。这是一种积极的、可以拥有更多绿地和阳光的空间组合。

在"二战"后的欧洲，随着重建的和平环境及经济的迅速恢复和发展，一些重要国家进入快速城市化时代，一个不能忽视的跨国都市圈形成——以巴黎为中心，沿塞纳河、莱茵河延伸的巴黎都市圈。它覆盖了法国巴黎、荷兰阿姆斯特丹和鹿特丹、比利时安特卫普和布鲁塞尔以及德国科隆，包括了4个国家、40个人口10万人口以上的城市。其中由7个省组成、有"法兰西岛"之称的大巴黎地区是这个都市圈的核心。整个大巴黎地区面积仅为法国国土面积的2%，但人口却占到了19%，是欧洲人口最密集的城市地区之一。

1960年法国城市化进程的后半期，城市经济实力日渐雄厚，但区域发展日渐失衡。伴随交通、科技及通信等技术的进步，法国开始展开全国范围的区域平衡规划，选择了8个用于平衡巴黎地区影响的大都市，构建城市集群，以平衡巴黎等少数特大城市公共资源及人口过度集中、交通拥堵、环境污染等压力，重构法国的城镇空间体系，强调这些城市的力量整合与相互协作。这8个大都市联合周边城市，构建8个都市群：里昂—圣艾蒂安—格勒诺波尔（Lyon-Saint-Etienne-Grenoble）、马赛—艾克斯（Marseille-Aix）、里尔—鲁贝—图尔宽（Lille-Roubaix-Tourcoing）、波尔多（Bordeaux）、图卢兹（Toulouse）、斯特拉斯堡（Strasbourg）、南希—梅斯（Nancy-Metz），以及南特—圣纳泽尔（Nantes-Saint-Nazaire）（图15-2）。

美国是欧洲、日本以外实施大都市区发展的重要代表性国家之一，但空间结构有所不同。美国由于国土面积较大而人口相对较少，地缘及经济发展、文化生活方式相近的城市之间虽然强调合作，但总体空间仍比较松散，如洛杉矶、纽约等都市集群。80%以上的人口生活在大都市区，其中居住在100万人口以上大都市区的人口超过总人口的一半。因此人口向大城市集聚、强调一体化的都市集群发展趋势与欧洲和日本趋近，并在21世纪显得趋势愈加明显。据相关资料显示，美国区域规划协会、林肯土地研究所等机构已经联合启动了巨型都市区计划"美国2050"，以期作为推动美国新一轮经济增长的动力，创造21世纪新的城市模式（图15-3）。

从日本、法国、美国等经济发达国家的城市化历程分析可以发现：这些国家在城市化过程中非常重视区域战略规划，通过国家区域战略规划，协调好城市、农村和工业三大聚居区之间的相互关系，在三者间寻求最低成本、最具效率的土地利用结构，使不同区域的利益获得均衡。

基于我国幅员辽阔的国土、丰富的自然资源、多样性的地理环境、南北及东西部地区经济存在较大差异的现实，长期以经济为主导的城市空间发展，使中国不但城市聚居区和工业、农业地区在物理空间方面发展失衡，相关各利益方同样处于失衡的状态。

相比较欧美日国家的区域规划，中国城市相互独立、各自为政，没有建立彼此合作机制，星罗棋布地各自占据在广阔的国土上，彼此间看不出任何具有艺术和理性技术完美结合的空间规划。没有考虑好城市化进程中城市与城市以及和农业地区及工业区的土地合理利用和空间结构的规划调整，没有寻求最具生命价值与经济价值的城市、农业及工业区发展均衡，没有重视城市聚居区、农业聚居区及工业区集聚共享效应与集聚规模问题。空间秩序缺失全局谋划，环境与公共安全、食品安全、道德缺失危机四伏，在城市内部空间，曾一度走向完全以经济增长为目标和投机性扩张。

我们可通过对"二战"后日本、美国以及法国"光辉三十年"等城市化空间发展的分析和比较，剖析城市空间发展的共性与规律，寻求适合中国城市和工业、农业聚居区的区域战略规划以及城市空间发展策略，在城市各相关利益方的矛盾中寻求存在的均衡解。

第 16 章　失控之城

相对于一段旅程，如果终点是疾病和毁灭，速度就失去了价值和意义。

让位给市场的城市规划时期，规划偏离了生活本质，背离了城市化核心价值，长期以来中国城市规划处于事实上的失控。

城市空间规划失控在发展中国家城市化进程中较为普遍，往往表现为城市规划失去科学技术与可持续的经济力量相适应、失去基于健康生活的城市规划标准，背离了通过城市化尽快实现农业人口转向城市的根本目标，而一味追逐短期经济利益和物质表面繁荣的物理空间扩张，农业人口并没能被同步转化为城市人口。导致农业地区人口流离失所，家庭结构瓦解，留守儿童和孤寡老人问题严重。

中国城市规划长期执行的控制指标和规范标准远低于国际公认的健康标准，如公共服务配套设严重不足、建筑日照时间控制过低、绿地率不足、人口密度和建筑密度过高、支路网密度不足、大型商业空间对城市空间的任意侵入，不加控制的泛大城市化等。并且中国规划一直未能与时俱进地进行规划理念的适时更新，这导致中国城市规划处于长期失控状态。

这导致那些广泛的建成区出现日照不足、停车困难、交通拥挤、区域空间利益失衡、公共资源分配不均，城市与城市难以实现资源集约化发展、相互孤立、彼此难以协同合作，导致国家对于城市发展财政投入的浪费。而那些遍及全国，基于未来市场盈利预期而规划建设的空置新城，一方面面临人口向大城市流失的压力，导致城市自然收缩，市场需求降低的风险。一方面面临难以适应或者满足未来人们日益更新的生活需求而遭淘汰的潜在可能。在虚拟空间与物理空间规划合一、相互融合、城市空间不断重新配置，人口规模、交通方式、生活方式等快速变化的新经济时代，这些建立在非健康标准基础上的城市空间面临生死存亡的不确定性。

中国城市规划面临总体规划思想创新与适应新经济时代的体系变革的必然。

能够可持续发展的城市是将物质追求与人们生活理想、经济发展、自然资源、生命健康共同加以重视的城市。陷入完全逐利的拜金主义、背离城市化核心目标和失去社会价值的城市如同躯壳，城市是养育人类的容器事实上也等同于人类生命体，失去理想与健康的城市是没有希望的城市。

在中国的快速城市化进程中，那些与科学技术发展及可持续的经济增长方式、城市体制进步等智慧思想相去甚远的城市，应重新审视城市规划发展战略，面向新经济时代，在理解各种与城市相关因素及不同矛盾的基础上，寻求相关利益方的均衡点，重新规划、更新城市空间，构建经济增长与环境、人们健康生活与工作相对均衡的城市。

16.1 利益的蔓延

众所周知，自 2000 年至 2010 年的 10 年之间，在泛大城市化的规划蓝图下，在以土地出让为主要收入来源的各类规模的城市都展开快速的规划与扩张。所有城市不分大小、不分区域、不问空间与产业合作，不顾自然资源与人口承载力、不顾未来是否可以持续，都在盲目地要实现同一个目标："大城市化"。

新一轮城市规划的真实目的往往是为了争取更多的城市建设用地指标，然后集全社会的资本用于新城开发，联合所有可以联合的资本，开发建造大量商品建筑，而这些住宅区和商业区从规划建造之初便以实现商业销售收入的眼前利益为主要目的，一切遵循商业的法则，一切服从逐利目的，使大多城市空间发展违背人们健康生活的标准，失去了公允和审慎。这些商品建筑代表着利润的空间不断侵吞覆盖郊区的土地和自然资源。

在过去的21世纪的第一个十年，中国许多城市空间在规划事实失控的现实背景下急剧扩张，并走向人性扭曲和反生活的一面。那些妥协错误的规则策略推波助澜，不思创新与改变。执着于谋生营利的规划师们却乐此不疲地将城市草率规划得千城一面。而在新经济时代的今天，这些始作俑者们毫无愧疚地又开始翘首以盼，又可以去规划、整改和所谓复活他们的历史"遗产"，又可以多一些谋利。这个失去控制的旧规划时期简直是一部漫长的始作俑者自我嘲讽的滑稽剧。

20世纪初期欧洲城市涌现建设科学实验室的热情，而在一百年后的21世纪初期的十多年间，中国城市涌现的是针对一切可以谋利事物的投机狂潮。

20世纪80年代的经济改革对于中国工业化及经济增长功不可没，但21世纪的第一个十年之间，对于以经济快速增长为主导、投机盛行的中国城市，许多城市的快速扩张与发展没能避免西方工业化先污染后治理的老路。如20世纪五六十年代，工业化导致以美国洛杉矶、英国伦敦等为代表的西方城市陷入城市交通拥堵、水土资源污染、空气污染等"大城市病"困扰。今天许多中国城市也开始面临雾霾侵袭、交通拥堵越加严重、食品安全频繁出现危机、水土资源污染严重，影响了人们生活质量和身心健康的困境。

自2000年以来的现实是，许多中国城市不顾自身科学技术和城市体制的落后、现代工业基础的薄弱，为维系单一的经济增长目标，城市空间依赖土地财政为主导的经济增长方式进行快速的纯物理性质和商业化的空间扩张。这种空间扩张的"失控"造成众多城市空间发展失衡的同时，正重蹈20世纪中叶西方工业化过程中"大城市病"的覆辙；并且导致大量为满足一时之需的产能过剩的低端制造业泛滥，新兴产业发展滞后。

几乎所有城市在落后的规划理念的引导下，一方面依赖房地产业，出售土地、进行不可持续的城市扩张；另一方面引进高能耗、高污染工业，却不愿投入科技创新和城市体制更新，使城市化成为物理表象繁荣的非人的"土地城市化"。显然中国城市空间发展的弊端来自中国城市规划理念未能及时跟进经济改革发展的步伐及时创新更新，而是数十年不变，甚至在很多方面还达不到1933年2.0城市的某些重要指标。

我们从上海"一城九镇"[1]城市空间发展规划可见其一斑（图16-1）。自20世纪80年代实行改革开放以来，国家政策体制的倾斜（经济中心北移）及传统的工业化进步，使上海城市的物质空间和产业人口规模快速增长。但如同其他工业化进程中的中国城市一样，上海在城市繁荣的同时也未能避免环境污染、交通拥堵、公共资源分配失衡、人居环境失去健康标准等诸多弊端。特别是1997年亚洲金融危机以后，面对现代新兴工业、科学技术、城市经济体制落后的现实，上海众多传统的高污染、高能耗、低附加值的城市工业面临转型升级的困难，因为上海并未能如杭州、深圳等城市及时导入互联网、物联网、数字科技、人工智能等新兴产业。

这导致上海一方面不得不容忍高污染的外高桥和金山化工园区的存在，一方面选择了与国内众多城市近乎相同的发展策略——依赖土地出让满足城市经济的高增长和短期利益的需求。同时为了保护自我既得利益，采取诸多非开放式、排他性城市发展策略，如限制外地车辆通行、限制人口规模等，缺乏积极探索创新规划理念、与其他城市建立合作共享、大开大合的新经济时代空间的发展共识，没能有效实现城市化的根本目的。暴露出日趋保守自利、自我孤

---

1. 一城九镇 [EB/OL]. http://baike.baidu.com/view/962070.htm?fr=aladdin.

立的封建小农意识,一度步入失去当代大都会文明与尊严的城市空间发展窘境,背离了城市化的核心价值。

"一城九镇"规划在这样的背景下应运而生。仅在21世纪的第一个十年间,上海郊区就建成用于商品交易的大量新城。这些大多数无人居住的庞大建筑群白天被开发者和中介以及那些专门从事投机的炒房客用于买卖谋利,夜晚就变成漆黑的"空城",其总面积之大,足以超越整个上海传统城区。银行提供巨额贷款给那些投机团体或者个人用于这些商品房的买卖。逐利团体、投机者、银行等坐收渔利,分得巨额利润,郊区的新城成为追逐利润与商业投机的名利场。

在中心城区,由于没有多少可以增加收入和创造就业的高科技产业、高新技术研发、装备制造业等新型产业支撑,在城区南部紧邻号称"国际金融中心"的张江产业园区,依然规划引进具有一定污染性的制药厂和电子设备工厂;在城区东部的外高桥及北外滩引进和长期保留大型高污染的石化工业、农药厂、垃圾焚烧厂,这个区域烟囱林立,不断排放污染健康的烟雾,远远望去,完全是一幅19世纪被烟雾和污染笼罩的欧洲工业城市画卷;在城区北部是高能耗重污染的宝钢及其庞大的产业链;城区西部紧靠中环高架道路内侧和城市东部曹路镇东部则分别规划建设时常散发着恶臭的大型垃圾焚烧厂,这些高污染的产业不断向市区排放有害气体。在城区内部每天都可看见排放严重超标、尾部冒着黑烟的公交车,这些来自傲慢的垄断集团的排气管像是时刻移动在城市中心区的黑色烟囱,在马路上肆意排放可致人癌症的黑色烟雾。[1]这些情景直至2016年后才开始逐渐有所改善。

一方面是用来炒作的新城和都市的繁华,另一方面是那些流浪中的产业工人蜷缩在拥挤的空间里,他们家庭离散、望城悲叹:有家的地方没有工作,

---

1. 钱炜.中国癌症现状[EB/OL]. http://health.sina.com.cn/news/2013-04-08/092079186_2.shtml. 2013-04-08/2014-08-01.

有工作的地方没有家。

大量空置的新城住宅时刻等待着高价来临时被抛售谋利,时常被群众举报的外高桥黄浦江边的高污染化工区,失去健康生活标准的城市高密度区,频遭污染的城市环境,日益烦躁不安的社会群体,价高者取的城市公共资源失衡等这些现实证明,诸多大城市长期以来的空间规划与发展策略背离了城市和谐生活的本质,纯粹物理空间的城市逐利性扩张背离了中国快速实现城市化的根本宗旨。在落后的非健康的城市发展策略和规划理念驱动下,众多城市一度成为利益蔓延之下的大城市病重灾区。

16.2 失控之城

长期以来中国传统城市规划理论及规划建设导则事实上已经陷入无创新、背离城市化宗旨、失去基本健康生活标准、无现代规划理论可依的窘境,传统的规划导则形同虚设令大多城市空间发展误入歧途。

这导致中国城市长期处于宏观与微观两大方向的规划失控;宏观方面主要表现在全国范围内几乎所有城市不顾资源承载力和经济承载力的泛大城市化、土地财政、土地城市化。微观层面主要表现在城市内部空间发展与环境、生活与工作、公共资源分配的失衡。

伴随大多数城市快速扩张,诸多城市并未能实现发展与环境、工作与生活的平衡。无论是大区域空间还是城市内部空间的公共资源分配、区域经济规划等失衡,失去应有共享与使用的便捷性和资源的集约利用经济的协同合作。许多建成区刚建成不久即面临城市病的困扰。这主要是因为过去的城市规划所执行的规划导则缺乏多专业融合与创新、缺乏现代城市规划的基本原则、过度逐利并且不符合国际公认的健康标准,甚至远低于1933年国际建筑师学会颁布的《雅典宪章》的标准。从而失去对于现代城市空间发展的正确引领功能。

为此我在 2015 年出版的《世纪之城：中国城市规划再出发》中对中国城市现行的规划经济指标做了较大调整（见《世纪之城：中国城市规划再出发》P141），2016 年中国住建部下发的城市规划暂行条例也与此基本一致的做了一些调整，旋即引起全国范围内的对于旧城区和新建城区空间更新热潮，那些始作俑者之一的城市规划师们又燃起跃跃欲试的热情。

但中国城市规划宏观与微观总体失控带来的诸多城市问题绝非仅通过表皮的整容可以化解。由于中国城市符合基本健康标准的规划策略长期缺失，长期基于利益蔓延的城市扩张，早已使城市空间背离现代生活的本质。

那些安逸于垄断体制内幼稚的所谓规划师们也早已丧失基于城市经济、科学技术进步的城市规划理念创新功能。伴随新经济时代的快速到来，特别是那些处于垄断组织体系内、数十年如一日沉湎于逐利的规划师们变得茫然无措，要么更加习惯借助于盲目的抄袭，要么无所作为的等待另一场令其血液沸腾逐利时机，他们已在安逸的体制襁褓中成为一代巨婴。

越来越多的事实一再证明：长期处于失控的中国城市规划亟待一种能够实现发展与环境、工作与生活平衡的、系统的规划创新策略支撑，具体将在 19 章至 23 章中详细论述，在此我们将其主要症结及应对措施简要总结如下：

1. 从以往的中国城市规划的控制指标来分析，长期以来国家执行的城市规划管理条例并没有符合国际公认的城市空间、城市生活健康标准。城市规划的健康标准甚至还未能达到 1933 年《雅典宪章》所明确的空间范式。城市规划一直没有及时跟进经济发展的需求以及科技进步进行有效的适时调整，导致表面上虽然有统一的国家规划管理政策，但事实上对于现代城市空间规划早已失去科学合理的规划指导价值，形成事实上的无规可依的局面。导致许多城市空间被错误规划导入失去健康宜居和空间发展失衡的困境。

2. 规划没有引入与城市问题密切相关的多专业融入，缺乏宏观引领和微观的精准设计，出现盲目的泛大城市化和城市内部空间的非健康发展。

中国城市规划没能真正融合与城市问题密切关联的诸多专业力量，城市经济学家、人类学家、科学家、自然资源环境保护等专业力量长期缺位中国城市规划，使城市规划方案在设计和审批两个层面都难以保证规划方案的宏观性、前瞻性，从而降低了规划方案对城市及国土空间发展的指导价值。使中国各地的城市不顾自然资源承载力和经济、人力资源承载力，一律盲目的致力于规划发展成为大城市，一方面导致西部、中部地区自然环境、河流生态体系等区域环境与自然资源破坏，容易导致中下游宜居地区自然生态环境恶化。另一方面这些缺乏自然资源与经济资源以及人力资源等支撑的泛大城市规划建设必将面临不可持续的困境。还将给国家大区域总体发展带来不可估量的损失。

长期以来的旧规划体系之下，具有科学理性指导价值的国家空间总体规划、城市规划、自然资源保护性总体规划几乎是空白。在具体规划事物中其他各专业如城市经济学、社会学、城市历史研究等长期缺位，中国改革开放三十多年以来、在整个规划研究领域缺少系统的规划理念创新。导致城市规划没能及时响应城市经济、科学技术的快速进步，对于城市发展没有及时给予现代城市规划理论引导。

3. 长期以来，城市空间规划方面出现普遍规划业务垄断现象。在垄断的规划机构内，对于决定城市命运与人们福祉的规划重任失去审慎与对专业思想的敬畏，他们有一个共同的特征是排他性的固执己见和盲目的抄袭。期待这样的规划群体去维系城市的健康可持续发展和人民的利益最大化简直是一种奢望。

一旦这种创意行业出现垄断，国家就会在这个方向陷入创新停滞，严重影响城市规划理念创新和城市空间的健康发展。事实上这样的规划群体根本不会在专业领域投入过多的研究时间，对中国及世界城市缺少全面系统的研究，早已失去创新能力，难以系统考虑到城市全面的生长因素和更多边缘专业之间的复杂关系，最终失去宏观正确的规划战略视野。规划缺乏多专业（经济学、科技、人文、艺术、自然资源保护等）融合，导致遍及中国大地的城市空间规划难以实现人们健康和谐的城市生活，缺乏文化自信地对于西方国家城市空间盲目抄袭，致使中国城市规划大多失去对与自身自然资源和人类资源因素的重视，最终导致大量非健康城市空间，并且失去其个性特色及未来存在价值。

4. 长期执行的空间经济指标弹性过大，使规划策略失去对于城市健康生活标准的保障作用。在经济主导下的城市住宅及商业建设用地比例始终按国家规定的较高比例实行，虽然没有违反所谓"国家规范"，仍然导致许多城市空间偏离健康生活标准，导致城市建筑密度、容积率、居住用地比例等过高，绿地率、建筑日照时间也远远低于健康生活标准。

许多城市新区及建成区的土地利用规划阶段过度重视经济收入因素，极力压缩公共设施及城市道路用地，大量增加可供销售的居住用地比例，导致城市主干道间隔过长、支路网密度不够、城市社区单元规模过大、公共服务设施及公共静态空间规划不足，并且对不能创造收入的旧城区道路改造以及增加路网密度等失去热情。居民工作生活通勤时间过多、中心城区拆迁的空间大多重新被用于商业开发，而不是增加绿地与阳光以使空间获得再平衡，导致城市空间始终处于失衡状态。因此，即使修建更宽阔的快速路、城市环线、立体高架路以及地铁等，人们发现城市交通仍然无法摆脱拥堵。事实上，早在 1977 年的《马丘比丘宪章》中就已经明确提出：并不存在理想的道路设计能够解决城市拥堵问题，今天越来越多的事实证明，即使公交优先的 3.0 城市策略也已经失效。

据相关数据显示，美国纽约截至 2010 年拥有小汽车约 800 多万辆，同期的北京和上海分别是 500 万辆和 270 万辆，但纽约的总体交通并没有比北京、上海拥堵现象更严重。从这些城市的道路与建筑构成的空间肌理对比，可以清晰地看出北京、上海与西方城市在道路及空间规划方面的差异给城市交通造成的影响（图 16-2）。

大多数城市还严重缺乏规范的道路标示、公共停车位、门号牌及静态交通系统的规划建设，这些因素也是造成城市局部拥堵的重要原因。

因此，可以通过完善城市标识设计、规划建设智能感知系统、可变车道技术、大数据及数据分析技等提升交通效率。

城市内部一些大型开放空间的规划设计平面化，缺少与整个城市空间立体衔接的大空间宏观规划意识——如一些大型城市综合体、购物中心、学校、医院等公共开放空间。应加强城市内部较大型开放空间与城市的立体衔接，或者将其功能逐渐转移分布至各级共享中心，将其空间拆分转变成为城市新兴产业空间，同时保障城市其它区域的交通系统可以无障碍的通过这些开放空间。

城市空间总体规划应调整建筑基底密度，控制住宅小区规模，实现大社区、小街坊、生态慢行共享大道、密路网。城市就业、居住、绿地休闲、教育等功能复合多核化。减少居民因工作、教育、购物等的通勤时间，实现工作与生活之间的平衡

5. 改革开放 30 年，中国那些本是各具特色、个性鲜活的城市几乎全部被这些盈利群体规划的千疮百孔、千城一面。

大多城市都不同程度地遭遇到简单粗暴的规划设计。专业水准的低下、职业操守的缺失，令这些规划师们更多关注的是规划设计业务产值，而不是规划研究和城市设计本身。永无休止的忠于谋生和盈利似乎是他们永恒的人生目的，像是终生乐此不彼，而不是全身心致力于研究和服务城市。基于城市空间发展本质是一个连续的、不断变化调整的进化过程，一座包罗万象、养育千千万万人们的城市需要一个规划师团队付出一生的时间加以研究、跟踪规划和专业服务。

而对于那些致力于谋利的设计师而言，那些不知为谁规划的"项目如此

之多"，他们也时常挑灯夜战，时刻关心着年终的奖金。往往只是快餐式的草草交付一个全国通用的规划文本而已，以至于狼吞虎咽般地规划出充满隐患和症结的城市空间。随后再也见不到他们的踪影，规划师们又开始奔赴异地，以大同小异的套路、兴高采烈地克隆下一座城市。

6. 单中心化的错误城市规划理念盛行。

单中心化城市的旧思维使中国大城市长期以城市政府办公大楼及云集其周围的科、教、文、卫等城市职能部门为中心进行快速扩张，这种单中心化的城市空间规划使城市中心区产生功能与交通的向心力，吸引人口和交通流量潮汐性地向城市中心移动。交通流量失衡是导致城市拥堵的重要原因之一。

城市公共资源规划分布不均衡及公共资源利用分配政策不合理，例如优质的医疗和教育资源只集中于某一局部，没有实现其全城共享，导致同一城市空间不同区域的利益价值差别过大，空间发展很难获得平衡。

中国城市应实现多中心、多核化发展，城市所有公共资源应充分实现共享，新区规划及城市建成区可通过综合规划、城市更新，成为我们构想的共享城市。

7. 传统的旧规划体系、规划意识理念内，早已习惯性的、错误的强调在城市内部规划建设大型城市公园，超大型商业综合体等事实上这种错误的空间规划理念是导致中国城市空间失衡的重要原因之一。

改革开放后，中国城市步入三十多年快速扩张期以来，城市建成区一种普遍的错误现象是在城市内部规划大型公园绿地和超大型商业综合体。

一些拥江拥河的城市除在城市内部规划大型公园还不惜巨额成本规划建设庞大的滨河带状景观公园，却忽视了一个根本问题——这些需要支付巨额财政的规划建设是为了谁。

据我们调研数据显示，大型公园绿地、停车库及周边地面交通体系等投资庞大，服务半径却不超过 600 米，市民对其使用率、共享率极其低效，即使周末也人迹罕见，平时居民几乎绝迹。而在广泛的生活集聚区绿地规划及用地却严重供给不足，人们健身、跳舞只能拥挤在充斥着汽车尾气与各色人流的马路边或街头。

大型公共空间实质成为利用率低、失去以人为本的城市失衡空间。平时无人光顾、而在周末人多时又容易使周边区域的交通及停车空间压力陡增，如果打开卫星地图，会发现大型城市公园和超级商业综合体庞大的空间硬生生的切断了车水马龙的城市道路网略，显得如此突兀。这种错误规划只能照顾到周边近距离的居民使用权益和便利性，忘记了大部分民众的利益和日常使用的便捷，背离了现代城市共享健康生活的价值。使城市空间增加局部价值优势，导致城市居民固定资产和使用权益等出现本不应有的空间失衡，城市整体空间的公共利益、资源、交通流量等失衡的"城市病"日益尖锐。

因此这种令城市空间规划面临实质失控的旧规划体制应迅速改变，中国城市需要更为全面系统的城市规划导则，在城市内部应禁止规划或更新改造去除大型城市公园绿地和超级购物中心，将建成区的大型公园和商业按共享城市规划原则，基于实现全体居民共享的分布式规划或更新为现代城市空间（详见第19章）。

8. 不顾自然资源与经济资源等承载力的泛大城市化，导致全国范围内到处都在规划发展大城市，不同城市各自为阵，经济发展难以互补、产业结构相互重叠并导致同质化竞争，区域内无法实现彼此分工合作。

不同城市之间长期延续着自利性的、各自为阵的经济增长方式和空间规划结构，导致全国大区域空间发展日益严重失衡。

即使距离很近的不同城市之间也缺乏经济与技术协作，导致区域内不同城市经济、科教文卫等公共事业发展差距较大，造成人口向拥有更多优势公共资源的高一级城市跨区域流动并导致其人口及交通流量过度密集，引发区域内不同城市发展失衡。

城市产业规划未能注重产业链的完整及区域间协同合作，没能建立一体化的区域经济。产业结构不完整、聚合度不够、产业力量薄弱、产业分工分散，同质化竞争严重。导致城市经济活动效率低、不同城市利益空间彼此割据，使城市之间产生同质化、零和博弈竞争，产业工人跨区域通勤的城际交通压力大，导致年复一年的钟摆式跨越数千公里全国性流动的产业工人大军，给整个国家交通系统带来压力，农业地区家庭离散，城市居民难以实现工作与生活的平衡。

中国城市应重视空间与资源的集聚效应，建立资源共享、数字与实体空间规划合一的区域经济与空间聚合架构。

9. 规划体系不完善。

对于国家规划组织系统的改革，中国工程院吴志强院士在其一篇题为"论进入 21 世纪时中国城市规划体系的建设"[1]中做了系统的研究，提出从纵向和横向建立国家空间规划组织体系，其中纵向包括：国土规划、大区域规划、地域规划、市域规划和乡镇规划管理组织机构。横向从中央政府到省级、市级、市镇级层面上的调整。目的是建立一套理性的、权限界定明确的、高效协作的组织系统。

2018 年 3 月，中国政府成立国家资源部，全面负责行使之前较为分散的国家空间规划职能，将国土资源部的职责，国家发展和改革委员会的组织编制主体功能区规划职责，住房和城乡建设部的城乡规划管理职责，水利部的水资源调查和确权登记管理职责，农业部的草原资源调查和确权登记管理职责，国家林业局的森林、湿地等资源调查和确权登记管理职责，国家海洋局的职责，国家测绘地理信息局的职责整合，组建自然资源部，作为国务院组成部门。这或将是中国城市与乡村规划新里程的开始，将为中国城乡发展与资源利用开启新的辉煌，或将开启 21 世纪中国城市规划新时代。

---

1. 吴志强. 论进入 21 世纪时中国城市规划体系的建设 [J]. 城市规划学刊，2000（1）：1-5.

下面我们以上海为例，来分析发展中国家普遍存在的城市空间规划失控问题。

上海具有发展中国家城市化进程中实现快速扩张的代表性，事实上那些"大城市病"在城市化同样进入较快发展周期的泰国的曼谷、菲律宾的马尼拉、印尼的雅加达、马来西亚的吉隆坡都存在着不同程度的共性，在全球 GDP 排名第一第二的东京和纽约也存在某些方面的共同症结，更早成熟的资本主义经济的英国伦敦也曾长期为"大城市病"所困扰。上海城市空间规划的主要问题在于：

1. 主体功能区规划方面

针对主城区的公共资源和各类空间如何实现"大区域内的均衡"没有在规划中被重视，导致市中心的公共资源依旧盘踞旧地，城市大型商业中心、公共资源过度集中，资源共享性差，居民难以快捷地使用公共资源。城市内部空间发展失衡，交通容易出现大范围的严重拥堵，环境污染加重。通往这个城市职能部门云集的市中心区的南北高架路等城市快速干道的严重拥堵就是资源过度集中、空间分布失衡的例证，其通勤效率甚至远低于自行车。

城市大型旅游娱乐功能区规划不合理，没有综合考虑与城区的联系和影响，例如将大型娱乐项目迪士尼等置于城市东部而不是西部，就将导致来自全国的交通流量横跨上海东西城区，给上海本已严峻的城市交通平添压力。

老城区及新城居住区规划与产业规划缺乏统筹考虑，导致住宅成为与就业及公共服务脱离的商品，居民用于工作通勤时间过多，难以实现工作与生活的平衡。

应改变在城市内部规划建设大型城市公园的传统规划思维，应规划小型绿地（1 万平方米内），均衡地分布给城市空间，以使更多市民可以快捷地使用公共绿地。大型公园应规划在城市郊区。

2. 交通规划方面

上海城市交通规划过度依赖地铁建设，而不重视实现城市空间及资源的均衡以及规划多样性交通来实现交通流量的均衡，以达到缓解交通拥堵的目的。不断扩张的新城区大多只有一条快速路与庞大的主城区相连，从空中看去，仿佛是由纤细的绳索拴在旧城区臃肿腰身上的一个个扎紧的口袋，主城区似乎坚定地要通过这种方式宣告它强大的统治势力的存在。

交通设施用地不足，特别是各类学校的公共交通配套用地几乎为零，学校出入口没有规划任何停车场地或交通临时停车设施，导致城区局部交通严重拥堵，道路用地比例偏低，支路网密度不足、道路分级过少、主路网间距过大，城市快慢交通方式过于单一。

3. 城市空间总体规划方面

规划过度偏重经济利润，建筑密度过大，住宅区停车困难，绿地率偏低、日照时间偏少。上海总体空间规划几乎完全模仿英国伦敦20世纪五六十年代的卫星城规划思想与模式，其东南远郊的临港新城规划则几乎是对霍华德田园城市构想图的简单模仿，这些令人瞠目结舌的"宏伟"规划仿佛是规划师一夜之间的神来之笔，彻底抛开与被模仿者近百年的时空差异，导致这些地区至今也无法集聚人气。这种"卫星城市"发展模式于20世纪早期就在英国"伦敦卫星城市"的实践中频遭诟病。显然，规划师们并没打算从西方城市规划的诸多弊端和错误中汲取教训，而是不加思考的拿来主义。

卫星城规划的目的则面临完全商业逐利的质疑。上海近十年以来新增的住宅面积近乎是旧城区住宅面积的两倍，足以承载数千万人口，但其城市人口却被严格控制每年增加不足0.5%。城市空间扩张了几倍，吸纳人口近乎为零，不利于国家城市化的快速实现。这种单一的城市物理空间扩张，显然背离了城市化的宗旨。一方面离不开产业人口的导入，一方面刻意剥夺他们的身份平权和创造价值。一个有失公正与平权的城市环境容易给社会生态、公共安全带来一定隐患，并且难以体现当代都市的文明。这显然是对现代城市文明的一种莫大讽刺。

如同许多发展中国家的大城市一样，一边是外表华丽的高楼大厦，一边是产业人口混居的简陋出租屋；一边是灯红酒绿的衣食男女，一边是有工作没有家的产业工人和他们远在故乡的留守儿童。这种对于生存平权的背离，使城市空间陷入城乡生活混杂、城市文明失落的窘境。这也引起众多学者的聚焦和反思。

而那些空置的商品房价格被逐利团体和投机者抬高数十倍于成本，虽然低于中心城区，但因缺乏完善的公共服务设施，交通不便，且远离产业区，令普通市民和工薪阶层根本无法将其作为刚性需求的住宅购买使用。他们只能依旧拥挤在20世纪六七十年代破旧的民居里，而那些新建筑大多成为炒房者及逐利团体囤积待涨、倒买倒卖的商品，被空置或出租或待价而售。

由于各个卫星城与主城区交通联系非常薄弱，距离产业中心和城市优质的科、教、文、卫等公共资源太远，自身公共资源严重匮乏，交通不够便利等不利因素，使卫星城失去对主城区人口的承接、承载功能，不能有效疏散上海主城区人口，无法缓解上海中心城区交通、环境、公共资源利用等压力。这导致一方面是人口密集、交通拥堵、环境卫生维护、公共资源利用等不堪重负的高密度老城区，一方面是远郊鲜花绿树却人迹罕见的新城（美兰湖、临港新城、嘉定新城等），仿佛是鸟兽欢愉的世外桃源。与人车拥挤不堪、气味怪异、各类民工、公司白领、产业工人、来自各地庞大的求医问药人群、流浪产业工人等人员混杂的旧城区相比，表现出令人啼笑皆非的情景。

4. 城市体制规划方面

应适当缩小市民收入与房价之间的差距，与收入相比过高的房价增加人们的生活成本和工作压力，使人们容易陷入逐利与拜金主义的困境。城市规划策略缺乏创新，数十年不曾改变的城市规划标准和宏观战略，导致城市环境污染、交通拥堵、公共资源分配不均等，影响了城市人们的生活幸福指数。在城市公共管理策略上也存在诸多不妥之处，如限制外来机动车辆通行、限制人口规模等。

不分时间段的限制道路停车、产业孵化政策不够主动等，存在发展中国家普遍存在的城市利益割据、排他性发展现象，降低了上海的国际竞争力和城市整体运营效率，以至于大多出现于21世纪初的高科技信息技术大型新兴产业总部放弃选择上海，如华为、中兴、阿里巴巴、腾讯等。

事实一再证明，"大城市病"的问题并非由人口规模过大及人口导入所致，其根本原因在于规划策略、规划思想落后导致的规划失控。

上海在城市化进程中表现出的这些症结、瑕疵，在全球范围诸多大城市发展中具有一定的普遍性。由于国家及城市体制及经济发展历史阶段等诸多因素的限制，上海如同日本东京、美国纽约等特大城市一样，难以避免的面临快速发展与环境保护、工作与健康生活的矛盾，城市空间面临创造与纠错更新的阵痛。但是所有这些都不会让上海失去全球卓越城市的光辉，上海以其独具的东西方文化融汇的人文魅力和勇蹈世界潮流、客观务实、锐意进取的精神，正在不断创新并积极融入第三次工业技术革命进程中。伴随城市聚合、共享与更新理念的实施，这座充满人文魅力的城市必将能够创造21世纪的辉煌，成为理想城市空间，实现人们理想生活的中坚力量。

16.3 双重危机

发展中国家城市发展失控的后果，往往导致社会生态与环境生态的双重危机。其本质在于：城市空间规划执行的规划标准不符合现代生活健康标准共识，城市规划策略和理念落后并且没有与时俱进的适时调整，城市化进程中的城市完成了空间扩张，却没能够成功转移农业人口，成为纯物理空间扩张的伪城市化。

落后的技术和城市体制尚无法创造新兴产业。一些城市过于急功近利，不愿长期投入科学技术研发、文化艺术创新等创造型产业，资本流向那些可以短期内赚取巨额利润的城市消费空间的扩张。许多方向的科学技术以及城市新兴工业发展几乎处于停滞状态，甚至无人问津。

城市一方面倾向于依赖出售土地进行城市扩张盈利，另一方面那些高污染、高能耗的工业区由于失去资本的关注和技术进步的支持而无法进行产业升级，致使大多数工厂无力或者不愿坚持长远的投资和实施可持续的发展计划，导致大量涌入城市的农业人口处于被短期雇佣和廉价利用的处境，他们既无法成为长期的产业工人，却已忘记农业耕作的技巧而又难以融入城市生活。

众多难以实现可持续成长的落后产业和流浪产业工人混合的时期，产生了近6000万留守儿童的惨痛现实，这将成为社会生态潜在的隐患，成为中国经济学家们热衷于讨论的所谓被错过并已面临消失的"人口红利窗口期"[1]——虽然这一观点饱受争议。

许多失控扩张的城市对环境生态和国家资源造成许多难以修复的破坏。由于全国范围的快速大开发大建设，对于原材料的短期巨大需求导致对于自然资源的破坏性急速开采，最终导致大量江河湖泊出现断流枯竭、草原大面积沙化、森林覆盖率降低、土壤板结、地表及地下水体遭受污染、空气污染造成全国范围的雾霾，一些地区甚至面临水不能正常饮用、空气无法正常呼吸的危险边缘。

失控所引起的城市病症还表现在急速扩张背景下，城市管理、城市规划、城市经济、国家金融、社会改革等各方向的专业力量难以支撑由此所产生的庞大任务，导致城市面临体制建设、城市建设品质、食品安全、公共安全等环境

---

1. 蒋伏心，谈巧巧. 民工荒、刘易斯拐点和人口红利拐点——基于经济学角度的再认识[J]. 江苏社会科学，2014（2）：35-43.

生态与社会生态的双重威胁。

城市幸福生活是什么？是拥有充足的阳光绿地和清新空气，带给人们内心的平静、尊严和自豪的生活。城市如同人类生命体，都将经历诞生、成长和死亡的过程。城市生命的价值并不在于经济力量有多大，在于人们能够获得发展与健康的生态环境、工作与生活的和谐平衡，并能够具有蕴育文明、养育人类的功能。

严格意义来说，中国目前尚没有出现现代意义上的国际化城市。由于工业化和城市化没能真正转化农村涌入城市的产业人口，还无法摆脱对于那些流浪在城市的农业人口的依赖。那些来自农村的产业工人早已经失去从事农业生产的技能和热情难以重返乡村，对于他们来说，有工作的地方没有家，有家的地方却没有工作。他们像是寄居在城市的流浪者，使城市人陷入既非城市又非乡村的光怪陆离的生活。

中国广阔而日渐低效利用的农业地区与拥挤不堪的大城市，日益失去人口和就业机会的中小城市与乡村空巢里孤独的老人儿童。一方面，人类信息技术创造的虚拟空间正在夜以继日地令一些传统的城市实体空间走向收缩；而另一方面，人们却在不惜一切创造挑战建筑高度与非健康的城市扩张。事实一再证明：诸多城市空间与发展陷入失衡的窘境。

中国城市应基于新经济时代，新的技术及生产方式、生活方式，制定新的城乡规划管理条例，在此基础上迅速展开新的规划战略，构建新经济时代的城市空间架构，突出资源共享、资源集约利用、发挥群体创造力集群创新优势，迅速提升中国城市生活品质和经济全球竞争力，实现城市生命价值和经济价值的平衡发展。

实施去中心化的共享城市及聚合城市规划策略。实现各类不同规模城市聚合发展，提升城市人口承载力，有效吸纳农业地区的产业工人，在失衡的现实之中寻求各方利益的均衡，重新定义城市空间规划理念，构建去中心化的共享城市，在经济、地理属性相近的城市之间聚合各个共享城市，建立资源共享、产业集聚、区域经济一体化、生活同城化的聚合城市。

第 17 章　博弈论空间规划

17.1 基于博弈论的非对称均衡理念

我们通过以上各个篇章分别对于世界城市发展的历史、科学技术、经济体制等与城市空间发展的关系进行了系统的分析和研究。在那些千丝万缕的关联和矛盾中，我们发现维系城市空间生长的理念难以固定在某种特定程序，所以对于城市问题历史上也从来没有绝对的答案。给予我们一个重要的发现是：城市空间维持一种可持续的生存状态来自不同矛盾利益方获得均衡。

在分析对比世界城市空间发展规律和策略的研究过程中，经济学家纳什先生的"博弈论"对于不同矛盾的理解及其"均衡点的存在"的探索，给了我们重要启示。基于"纳什均衡"对于现实世界万物普遍存在的均衡解理论，我们确信实现城市可持续发展的均衡点一定存在于中国城市与乡村发展方方面面的矛盾之中，一定可以实现对于不同矛盾在理解基础上获得经济增长和环境保护的平衡发展。通过我们对于城市历史、科技、经济等因素的系统研究，在广袤的中国大地上所存在的均衡点就是我们将要继续阐述的聚合城市。

1928 年冯·诺依曼的研究宣告"博弈学"诞生，并于 1944 完成划时代的巨著《博弈论与经济行为》。1951 年约翰·福布斯·纳什利用不动点的定理证明了均衡点的存在，为博弈论的一般应用奠定了基础。

今天博弈论已经成为一门完整的学科，并深刻影响了世界经济发展。后来的 2012 年诺贝尔经济学奖获得者埃尔文·罗斯和罗伊德·沙普利两位经济学家提出博弈论领域内的核心内容是："研究多个个体或团队之间，在特定条件制约下，针对全局内利用相关方的策略，进而实施对应策略。"从学术分类来说，博弈论是应用数学的一个重要分支，既是现代数学的一个新分支，又是运筹学的一个重要学科。2005 年的诺贝尔经济学奖获得者经济学家托马斯·克罗姆比·谢林和罗伯特·约翰·奥曼的代表成就是对"冲突与合作的理解"研究。而奠定博弈学坚实基础的却是约翰·福布斯·纳什，他利用不动点定理证明了均衡点的存在。从对均衡点的存在到针对冲突与合作的理解的研究，其研究成果对西方现代城市经济发展的贡献被世界所公认。

博弈论最出色的贡献是，建立了有史以来最全面的城市经济研究与分析理论体系，并首次将国家体制、人口素质、自然环境等因素纳入，成为凯恩斯时代以后的西方城市经济学理论的主流。

纳什在 1950 年通过关于"非合作博弈论"，彻底改变人们较为普遍的对于竞争和市场的看法，证明了矛盾的各个相关利益方均衡解（均衡点）的存在，即著名的"纳什均衡"。纳什真正将博弈论拓展并应用于经济学领域，从而奠定其诺贝尔经济学奖的地位。如果从博弈论体系中均衡点的存在及冲突与合作的理解等理论中寻求中国城市空间发展诸多矛盾因素在现实中的均衡点，"纳什均衡"博弈论对于解决城市空间失衡的现状就具有现实意义。

基于"纳什均衡"对于经济学的广泛深刻的影响，其应用价值迅速扩展到军事、政治、城市规划等领域。城市规划作为经济、政治实践与研究的载体，更为直接受到来自博弈论的影响。著名经济学家保罗·萨尔森曾说："要想在现代社会做一个有文化的人，你必须对博弈论有一个大致了解。"规划学家约翰·M·利维曾针对博弈论有过这样评价："最好的和最有成效的规划师是那些具有良好边缘学科知识的人，他们不仅掌握规划技巧，而且熟悉规划问题与围绕这些问题的社会力量间的相互关系。"从加文教授 2015 年出版的《博弈城市》我们也能感受到博弈论的影响。

在中国史无前例的城市化进程中，我们也能发现博弈论对于城市规划的影响。较早由王颖、孙斌栋 1999 年在《城市规划学刊》发表"运用博弈论分析和思考城市规划中的若干问题"，2007 年曹珊在《北京规划建设》发表的"作为博弈规则的城市规划编制"、文超祥、马武定教授 2008 年在《城市规划学刊》发表的"博弈论对城市规划决策的若干启示"等，博弈论的影响已经深入城市规划的不同层面。

"均衡点的存在"理念的核心是在城市空间、农业地区、工业区发展诸多矛盾冲突中，寻求相关利益方存在的最佳均衡解。

我们可以将这种存在于相关利益方失衡的矛盾中的均衡解应用于城市及乡村空间失衡的现实问题的解决方法，统称为"非对称均衡"规划策略。

对于一个拥有 13 亿人口的大国，城市化及其空间发展并非只是其自身问题，还取决于国家大区域空间的均衡发展，即城市与城市，城市与农业地区、工业区，以及它们与自然环境之间的相关利益方存在的均衡问题。区域战略规划为世界各国所重视，未来所有的城市总体规划及空间发展都将在国家区域战略空间规划的总体构架内进行。本文所指区域战略规划绝不等同于以往的区域或城市总体规划，而是指基于点矩阵空间技术与新经济体制基础之上的大国空间总体规划。

回顾三十多年改革开放，在辉煌的成就之外，不争的负面现实是：在中国广袤的大地上，多如繁星的城市混杂着低效利用的土地。从遥远的西部天山到东部人口密集的太平洋沿岸，随处可见不断制造污染、大量吞噬资源并时刻消耗大量能源、生产效率及工业技术落后的工厂，在众多城市的周边，这些工厂被强制性聚集成为不同规模的面目相似的工业区，并且它们几乎不问彼此协同合作，各自进行着低效的努力和无序的竞争。许多新城的空间发展要么成为逐利的工具，要么成为看不到未来的工业区的附属品。

在农业地区，那些曾经美丽洁净的小乡镇被建筑形态丑陋、技术落后的小工厂毫无节制地侵入，它们随意排放污水、释放有害气体，到处是机器轰鸣的噪声。所谓的"乡愁"早已荡然无存。

很长一段时期内土地及其所有附属物均成为人们追逐利益的材料或工具，城市空间秩序混乱，被商品化的城市住宅、建筑工地遍及城乡每个角落，伪劣的工业产品肆意流通，整个社会进入激烈追逐经济利益的"狼吞虎咽"的时代。中国城市各自为政，彼此不断重复着同样落后的工业生产，安于彼此间的利益割据，以透支高昂的土地成本、健康以及环境污染为代价，换取成为发达国家产业转型外迁的劳动密集型或者高污染类型的世界工厂。来自农业地区流浪的、没有劳动保障的农民工以微薄收入支撑着赚取高额利润的世界工厂。农业用地日益被肆意侵占，土壤和水体被工业污染，江河失去清澈，大气充满雾霾。拜金主义使人们道德与信任缺失，社会生态和环境生态发展严重失衡。

长期以来，几乎所有的城市都在不断重复规划建设同质化的工业，展开同质化的竞争，很长一个时期内以争取国家资源和政策扶持、以增加更多可销售土地等为目标的中国城市都通过制定新的城市总体规划以实现城市规模的扩张扩容，而非致力于以发展实体经济、建立产业间彼此合作、创造宜居城市为目的战略规划，并且那些建立在旧体制下的城市规划根本不会考虑新经济体制以及第三代通信技术革命带给城市空间的影响力，也很少关注新经济时代人们生活方式的改变。建立在旧体制基础之上的非健康的城市规划如今正在引导中国城市走向一种未知的方向。

第三代通信技术革命以来的21世纪的中国缺乏与新技术、新经济体制以及中国新的发展周期相对应的国家大区域战略规划，这种在战略层面上的规划缺失，不利于国家有效管理和构建中国各区域内经济产业协作与宜居城市的规划建设。中国城市难以适应21世纪构建"人类命运共同体"的新经济全球化时代的国际竞争体系。

不争的现实是当发达国家城市于 20 世纪早已完成产业升级和区域产业分工协作之时，中国城市还各自固守在自己的脆弱壁垒之内。中国广阔而日渐低效利用的农业地区与拥挤不堪的城市，如潮的城市人海与乡村空巢里冷落的老人儿童灿烂的笑容与忧郁的眼神；对健康生活的渴望与雾霾密布的天空；不断挑战速度极限的汽车技术与限制速度的道路……一方面是人类信息技术创造的虚拟空间正在夜以继日地取代传统的城市实体空间，而另一方面人们却在不惜一切创造挑战建筑高度的实体空间的神话。

这是一个矛盾失衡的时代，在失衡的现实之中寻求各方利益的均衡点将成为城市、农业、工业空间发展研究的重点。

面对失衡的空间秩序，国家级的大区域空间规划势在必行。中国应寻求城市、农业地区、工业区最为合理、最具竞争力的空间布局的均衡解。这个均衡解的答案就是均衡点的确立。我所有的研究足以证明，这个均衡点就是聚合城市。

均衡点规划理念的核心目标之一——就是要使中国浩如繁星的城市跨越"熵"时代，避免陷入土地低效利用、能源过度消耗和广泛的环境污染，在地缘及经济发展、文化生活方式相近的城市，聚合其空间与能量，共同构建人类元素与自然元素的均衡点——巨型的聚合城市。

一方面发挥巨型城市的科技研发与产业发展集聚集约优势和资源共享利用效率，另一方面在聚合城市实现多中心化城市发展，创造巨型聚合城市内部空间功能和公共资源布局均衡的多中心化的巨型结构；统一规划发展现代科技创新研发及新兴产业区，实现区域内产业分工和产业协同发展；提升聚合城市人口承载力，有效转化、转移农业人口，促进城市化发展；在聚合城市以外广阔的农业地区限制城市扩张，选择发展和定向保留 10 万人口以内的小型农业化城市以及历史文化名城，通过城市空间的重构逐渐恢复经济发达的城市密集地区的城市生态并实现城市的宜居目标。通过城市与农业地区的新规划，恢复中西部广袤国土的农业属性、大自然空间的生态属性、自然肌理、田园牧歌般的生活方式。

这种走向空间聚合的城市与小城镇疏散的农业地区将创造空间非对称均衡，实现各自发展矛盾的共解与共享，新规划将创造并实现经济价值与生命价值的均衡。21世纪点矩阵技术与新经济发展背景下的城市化进程，将实现自然生态环境与社会生态环境的平衡发展。巨型聚合城市具备应对新经济全球化及技术革命时代的国际竞争力。

提出并构想一种新的聚合城市规划体系之前，我们并不会仅从研究科学技术、新经济体制、政治体制的影响力出发，我们还回顾和总结了城市化进程中的那些有着卓越发展思想的城市历史，在过去与未来之间构想属于共享的、宜居生活的聚合城市。

17.2 博弈论与中国城乡空间发展的融合

国家区域空间发展，不能忽视区域经济、技术、文化、自然环境、工业基础等多种因素存在的区域差距。依靠几乎无差异化的行政决策，或仅依赖某些所谓专家意见，在全国不同城市实施近乎统一的规划策略，这种不问差别、大一统的规划理念，必然违背区域城乡空间发展及城市化的基本规律，致使区域空间发展越加失衡。城市失去个性和健康发展，被同质化，包括许多珍贵的历史文化名城被破坏或者被完全商业化，逐渐失去宜居品质和传递历史信息的文化价值。

因此，我们应确立新的区域总体规划策略，并应基于各区域的不同文化、技术、物质、精神文明及地理属性等差异和不断变化的各种现实因素，当代博弈论对于均衡点研究成果的启示在中国城市化进程中的具体实践。可基于博弈论的理论基础融合点矩阵空间建立具有面向差异性的城市空间发展的数学模型和各种变量因素的计算模型，构建一种科学的、可计算结果的城市空间发展的评估机制，在影响城市空间发展的众多因素可以获得具体数据的信息时代，实现城市空间规划未来数字化、模型化、可通过计算机评估的模式已完全成为可能。

非对称均衡中的非对称因素主要包括自然因素和人类因素。自然因素指的是广阔的农业属地与自然的山川河流、人类生存基本物质太阳和绿地等地球资源，人类因素是指人类的生活、经济、军事、政治、文化艺术等活动和资源。

这种非对称均衡是通过战略规划引导区域空间内的有些因素由分散走向集中、有些因素则由集中走向分散，从对物质原来相对稳定但长期失衡的状态下进行集中和分散的调节改变，获得新力量的释放。就像原子结构的重新组合就可以产生令人震撼的能量，使人类方方面面的活动与田野、森林、山川、河流、大海、阳光通过重新的规划组合，产生新的聚合力量。在不对称的空间内，寻求建立事实存在的均衡点，通过这些均衡点使人们获得健康生活、自由工作的均衡。

均衡点所要实现的非对称均衡还包括：一方面实现农业地区的土地再次集中，聚集国家中、西部原来较分散的农田，逐步实施庄园化或一定规模的农场化经济，以集聚农业地区原来分散的土地生产力，提高农业地区收入，平衡与城市收入的差距，针对非城市非工业地区开展环境保护规划、保障这些地区在国家城市化进程中的生态安全，实现与国家经济收入增长和谐发展；另一方面通过对城市、工业地区规划建设，集聚城市力量，发挥空间集聚效应，增加城市人口承载力，逐步实现对于农业地区的反哺，逐渐实现90%以上农业人口转变成为城市居民。

传统粮食生产的各大平原地区、山区、林区及生态脆弱的西部地区应限制城市规模，规模过小、过于零散的村镇鼓励逐步实现空间集聚，总体应坚持通过快速城市化转移农村人口，释放可用于农业或生态保护的土地，恢复其田野、绿地、河流山川等自然属性及环境的生态品质，构建既拥有自然又具有经济收益的农业地区。同时通过规划整备逐步取消农业地区那些既不具备构建聚合城市、又不具有历史文化保护价值的人口超越10万以上城市，有选择地保留部分10万人口以内的小城市，规划成为服务于农业地区的技术、服务中心，生态旅游休闲度假中心，农业产品加工输出中心等，在相近的地理属性、文化、经济等地区规划构建均衡点——共享城市和聚合城市。并实现高科技产业集聚与协作，逐步实现城市、农业地区、工业区三者间利益互补，使整个国家城市经济发展与农业空间利益、工业空间与环境生态保护获得均衡发展，创造田园牧歌与繁华都市的两种不同生活方式的共同繁荣，实现非对称均衡。

第18章　国家城乡规划策略

18.1 实施新城乡规划的意义

1. 有利于区域城市均衡发展

自上个世纪80年代改革开放30多年过程中，中国城市曾因过度重视经济效率，几乎所有的城市都不顾及自然资源承载力和地理属性及经济差异等，实施扩张规划，导致全国范围泛大城市化问题突出。在造成自然承载力弱、环境敏感度高的中西部城市过度发展，而经济基础较好、环境宜居地区的城市规模及人口承载力规划发展不足。通过新一轮城乡规划，有利于统一调整东西部城市规划战略，分别明确需要实施收缩和扩张的城市范围，实现国土利用效率最大化和东西部城市可持续发展与生态环境保护。

2. 有利于快速实现农业人口城市化

在中国，长期以来人们似乎存在一种误解，实现城市化的前提需要发达的经济和工业化基础。恰恰相反，快速实现农业地区人口的城市化是对经济、产业、思想创造等效率的最大化，是对人类资源与自然资源利用率的最大化，是实现农业现代化的前提条件，是国家实现国民现代文明与物质生活均质化的必由之路。因此快速城市化是国家进步与可持续发展的必然。

自然资源的日益匮乏对于集约化利用的需求、人口的老龄化趋势、大城市公共资源的吸引力、自然资源承载力不足、生态环境敏感度高、经济发展滞后等使广大的中西部乡村与城市长期处于人口净流出的实质收缩，但规划现实是这些处于必然收缩的城市却与趋势背道而驰，错误的进行物理空间的大城市化。而在经济发达、资源丰富、宜居地区的诸多城市却不恰当地采取保守、谨慎的人口发展政策，还没有为国家快速实现城市化接收农业地区和来自收缩城市的人口做好准备，甚至背离了中国城市化的本质。快速实现城市化一方面可以提升农业地区产值，另一方面可以大幅度降低城市各领域的劳动力成本。增加的农业收入可以实现对城市发展的反补。

3. 有利于打破传统行政辖区壁垒

实现区域城市经济、农业经济合作和资源集聚共享，实现资源与空间聚合发展，构建巨型聚合城市和农业大区，提升城市和农业地区创造效率和全球竞争力。

传统城市规划没能重视不同城市之间、城乡之间构建合作协同发展关系，没有从全国范围内统一规划区域城市经济与农业经济。城市与城市、城市与乡村经济各自为阵、固步自封，难以展开有效的合作。基于各自经济利益，相互之间展开同质化的零和博弈竞争。削弱了城市与农业经济增长效率和国际竞争力。

4. 有利于自然资源的保护

通过新规划可限制自然承载力、环境敏感度高的中西部地区广大城市过度发展，划定城市发展和生态保护红线，规划建设国家自然公园，可以从宏观层面保护国家自然环境和自然资源，保障中国城市发展与环境保护能够实现平衡。

5. 有利于农业地区土地集中利用和快速实现农业现代化

过去对于城市和农业地区的发展一直缺乏有效的城乡规划策略，城乡发展失衡、贫富差距较大，农村人口流失严重，使分散的农业用地闲置或低效利用问题严重，制约了农业地区的生产力和经济增长效率。粗放式、零散的农业经济发展，导致土地利用率低、管理成本高、不利于规模化农业经济发展，同时不利于对农药使用的管控，容易对自然资源和食品造成污染，使城乡人们健康受到潜在威胁。

实时新一轮城乡规划，通过将农业地区人口快速转化为城市人口，实现农业地区土地集中利用，可迅速实现现代化农业经济，提升农业地区的土地利用价值和经济效益。实现城市与农业地区的共同繁荣。

6. 有利于化解城市与乡村贫富分化严重、留守儿童、农业地区家庭体制瓦解等问题

由于过去城市发展没能有效转化来自农村的产业工人，城市发展与实现国家城市化的基本目标和价值背离，导致农村家庭离散、濒临瓦解，产生大量留守儿童、失养老人等消极的社会生态问题，成为社会未来发展不可忽视的重大隐患。

7. 有利于中国城市实施数字城市与物理城市空间规划合一

数字经济、人工智能技术等快速发展使城市功能空间正在重新配置，需要新的城市发展理念给予引导，第三次工业技术革命令经济体制展开深度变革，全球利益版图正在重构，世界格局的巨变对于处在城市化进程中的中国城市稳定发展构成挑战。中国城市需要提出新的空间发展及经济发展应对策略。

18.2 规划目标

新经济时代的中国城乡规划核心任务就是要规避中国城市化进程中，城市与乡村陷入广泛的工业污染和自然资源的破坏性利用、避免城市之间同质化零和博弈，实现城市之间资源与空间的集约化、共享化利用，从战略规划层面实现传统城市区域空间格局，通过实现多中心化、共享化、区域经济一体化，在全国范围内创造更多全球竞争力的国际化巨型城市。提升城市和农业地区的土地利用效率和经济价值创造效率、保障国家自然资源和生态环境安全，实现城市、农业、工业空间的共同繁荣与可持续发展。

1. 建立城乡自然资源、人类资源数据信息、智能管理体系，通过新一轮规划实现国土资源的集约利用，针对不同区域的资源状况和自然生态承载力建立评估机制，分类别、分地区、分规模规划土地开发强度和编制新的全国城乡规划。基于农业国转向数字化、智能化、城市化强国，重新构建国家资源和土地利用关系，实现自然资源、人力资源最佳利用效率和生态环境保护的可持续发展，实现国家发展经济价值与社会价值最大化。

2. 城市规划实行沿江、重要经济带、沿海东部地带先行规划整治、更新并举，中部适度开发优化农业土地利用结构，西部限制性、选择重点城市开发。城市总体空间开发强度坚持东部加强、西部控制减弱。

划定城市聚合区范围红线和划聚合城市范围红线。划定农业大区开发边界红线，划定农业用地保护红线、自然资源生态环境保护区红线，确定实现聚合发展的城市名单和城市发展边界。在此之前应停止一切城市以自我为中心的、旧规划体制的实施。

在聚合城市总体规划指导下，针对各个传统城市进行以共享城市为目标的规划与建成区更新。通过城市集聚发展，增加聚合城市人口承载力，农业地区大部分城镇资源和人口等向聚合城市逐渐转移合并，逐步规划建设实现聚合城市内生活工作和产业一体化、公共服务、城市绿地、商业空间、工作空间等多中心空间格局，资源实现共享利用、城市与绿地森林融合，最终构建成为具有全球经济竞争力的聚合城市。

3. 依据统一的资源数据信息，结合评估机制，在自然地理属性、文化、经济发展相近、资源环境承载力满足的宜居地区，首先划定聚合城市区域范围、明确具体的城市名单，实施聚合城市总体规划。针对传统城市重新规划与更新整治相结合，建立若干个聚合城市（本书例举46个，具体数量可依据具体的评估结果进行相应增减）增加城市人口承载力，聚合城市人口规模可依据具体的城市地理、经济规模、自然承载力等城市因素综合规划≤6000万，聚合城市的边际范围控制在城市通勤直径160公里以内。所有聚合城市逐步实现可吸纳全国90%以上人口。依据共享城市策略同步规划建设共享城市。

4. 针对聚合城市以外的地区，划定限制发展以及处于实质收缩的城市名单和具体范围，对其进行严格控制开发并停止城市开发用地供给，采取积极的收缩政策。只保留具有历史文化保护价值的城市和作为服务农业大区与聚合城市的小城镇。历史文化保护城市的人口采取收缩政策，逐步缩减其人口规模，城市职能重新回归其传统历史文化价值和城市肌理，实现这些城市自然地理属性与生活特色的回归，成为未来聚合城市人们瞻仰学习历史、追寻人类历史文化记忆、旅游度假的圣地。

5. 成立若干农业大区，并划定农业大区的边界。根据未来各农业大区的发展需要，选择发展10万人口以内小城镇，由大区首府管辖各小城镇，小城镇管辖并服务于农业地区。土地由分散实现集中耕作种植，实行农场化、庄园化经营，提升农业地区生产力，通过综合规划整治更新，恢复农业地区的生态平衡，恢复乡村工业化时期破坏的田园肌理和自然生态体系，重构21世纪的人们蓝天、绿地、阳光、田野、青山绿水的田园生活。

6. 划定国家自然资源保护范围红线，结合自然资源保护区建立若干个国家自然地理公园，以实现资源保护与合理利用均衡。

7. 划定国家不可再生资源保护范围，实现中央政府对国家不可再生资源的宏观保护和开发的有效管控。

8. 规划发展数字化国家、数字城市。规划建设国家级智能感知、数据信息基础设施。城市规划建设统一布局信息感知和数据采集、智能数据分析等数字化管理系统——建成国家点矩阵空间。实现国家对自然资源、人力资源、物质资源等无缝监管。实现资源共享、智能化、数字化城市，实现国家城乡实体空间规划与数字空间规划合一，使人们生活与经济活动充分享受到数字、智能技术带来的便捷和效率。

9. 规划建立一体化区域经济，实现区域产业聚合、实现完整的内部分工、资源共享，创造城市经济效率极限，提升城市经济全球竞争力。规划发展以第三代通信技术、人工智能技术为核心的城市产业及高科技产业，引导传统制造业与高科技融合创新、实现产业升级。重视参与第三次工业技术革命及发展研究，关注城市实体空间与数字虚拟空间的相互转换关系，使科技促进传统城市空间实现人们生态宜居新生活。

18.3 行政区域再划分

现阶段，中国大区域范围内不同城市间的产业合作、生活一体化规划建设的困难还在于：这些城市分别属于不同地方政府行政管辖，各地方政府间利益条块分割现象严重，这些因素制约了不同行政辖区的城市空间聚合发展和资源集约化利用、工作生活同城化的实现。因此需要进行如下规划调整：

1. 依据划定的聚合城市、农业大区等发展边界红线，实施新一轮打破传统行政辖区的行政区划。实现中央政府对聚合城市和农业大区的直接管辖，以减少中间环节，为尽快改变国家空间发展失衡提供政策保障，提升聚合城市对于中央政府的各项政策的执行力和运行效率，实现聚合城市经济发展灵活性、实现区域经济一体化发展，创造城市与农业经济效率极限。快速实现国家区域空间均衡发展。

2. 通过国家城市总体规划统一协调，分别建立以下行政管辖区域：

(1) 聚合城市

(2) 农业大区

(3) 自然资源保护区

(4) 产业聚集区

不同功能空间实现共同协作发展。通过智能感知、大数据、区块链、物联网等信息技术，为聚合城市和农业大区等不同功能区间的相互合作、利益协调等提供技术保障。凭借点矩阵空间，国家可高效率无缝隙地实现对这些国家主体功能空间和经济活动进行数字化监管和发展指导，对于广袤的自然资源和人类资源实现实时管理，实现国家范围内的资源共享利用和经济效益最大化。

18.4 农业地区发展策略

我国西部干旱少雨，生态敏感度高，处于国家几乎所有自然河流的上游，多山脉、湿地、草原、沙漠，人口承载力弱，不宜发展人口密集的聚合城市。

中部地区为国家重要的粮食生产基地和维系国家东西部生态平衡的自然山脉及江河湖泊，因此在这些区域应限制工业区及聚合城市数量。中西部依据评估可保留适合发展的首位城市、规划少量聚合城市、保留历史文化名城名镇名村；应限制各类城市发展，逐渐通过向聚合城市转移人口，使其逐渐缩小或发展成为人口10万以内的小城镇，这些小城镇的总人口规模最终应控制在国家总人口的10%。发展和保护具有历史价值的小城镇。小城镇直属农业大区管辖，有利于小城镇获得平等的发展机会和国家资金的投入，获得均衡发展。小城镇将成为农业地区的技术、文化、精神堡垒，传递来自农业区域的信息、记忆和服务，同时传播来自聚合城市的技术和都市精神，并承接未来聚合城市内修养生息、休闲度假的洪大人流。

农业大区逐步向宜居且经济发达的聚合城市转移人口，重点发展现代农业。为防止垄断寡头，应限制农场规模，实现家庭小农场及其他商业类型的庄园化经营。通过对零散的农业土地进行集中的家庭农场化、庄园化经营策略，既实现了土地的集约化、增加了土地利用效益，又保障了更多农民或其他自然人可以成为小型农场的经营者，并且有利于从源头开始保护中国各类河流中下游人口密集、经济发达的城市集聚地区的生态环境安全。为避免寡头垄断，保证多数人的利益，应制定具体的农场规模限制指标、产权或经营权转让或继承的具体规则，以限制这些小型农场被同时转让或被继承给同一个人，鼓励农场拥有者实现联合规模化经营。

土地的再次集中利用划分是新一轮城市规划发展的战略前提和保障。从国内外城市发展历史分析，土地与住宅一直是城市化的重要力量，每一次大规模的土地利用的重新划分，都使城市与农业地区之间的关系发生根本改变。农村土地实现一定时间内的有偿自由流转，使农村地区得以逐步实现规模10～100公顷农场化经营，同时还可以为离开乡村转入城市的农民提供额外的土地流转租赁收入。既提高土地利用效率又增加了个人经济收入，在促进城市化进程的同时优化和保护了自然环境。60岁以上农民由国家供养，40-60岁农民由政府统一培训成为职业农民，服务农业现代化，发展农场经济、庄园经济、乡村旅游度假、农产品深化加工、农业技术转化服务等。实现农业地区以农业为主导的一、二、三产业融合，快速实现农业现代化。

法国"光辉三十年"成功城市化过程中，政府采取了积极干预措施。在20世纪50年代，为了快速实现农业人口向城市集中，法国政府的主要措施是：

年龄在55岁以上的农民由国家供养，发放国家补贴；通过住房优惠、职业培训等具体政策，鼓励年轻人离开农村到城市工作；对于一部分中老年劳动力进行现代化农业技术培训之后，再回到农村务农，实现新型农场化现代农业经营；土地的集中规模化经营。一方面保证了法国城市产业对于人力资源的需求，另一方面小型农场化或股份制规模化经营保证了农村的土地利用效率和农业经济活力。

在发展中国家，土地的再次划分将成为一种推进生产力解放的巨大力量。中国应将历史上分田到户造成分散的农业土地进行再次集中。土地再次集中的具体策略为：

1. 成立以农业经济为主导的N个农业大区（本书暂规划13个）。农业大区隶属中央政府直接管辖，具体可划分为：

关中平原农业区（南倚秦岭，北界"北山"，介于陕北高原与秦岭山地之间；西起宝鸡峡，东迄潼关港口，东西长约360公里，总面积39064.5平方公里）；中原农业区（西起太行山脉和豫西山地，东到黄海、渤海和山东丘陵，北起燕山山脉，西南到桐柏山和大别山，东南至苏、皖北部）；江汉平原农业区；洞庭湖平原；鄱阳湖平原；四川盆地农业区；松嫩平原；辽河平原；南疆农牧业区；北疆农牧业区；内蒙古牧场区；南部山区农牧区；西部青藏高原农牧区。

2. 在13个大区内，除农业大区、自治区首府、聚合城市和保护性城、镇、村以外，其余所有城市应严格限制规模及工业发展，并逐步向沿海或本区域内聚合城市迁移人口，只保留一些服务于聚合城市和农业地区的人口10万以内的乡村小城镇，成为农业地区和聚合城市之间的桥梁。

3. 13个农业大区总人口应控制在全国人口10%以内。对农村的年轻人进行对口专业技能职业培训，然后到城市工作，成为城市居民。对于子女去城市工作的农村老人的养老问题，可以通过土地流转的租金收入和国家给予一定补贴，实现老有所养，以解决其子女进城工作的后顾之忧。

4. 对中年劳动力进行现代农业技术培训，成为职业农民，然后返回农村进行农场化经营。农场规模可控制在 10～100 公顷，也可以实行股份制进一步扩大规模经营。

如关中平原农业区应包括陕西省全境，除保留其中心城市宝鸡和西安及西安周边 80 公里聚合城市范围内的城市以外，其他城市和乡镇限制发展并逐渐向沿海各个聚合城市转移人口。宝鸡、西安聚合城市人口宜保持现有规模，避免继续扩张，陕西省境内其余需要保留的各乡村小城市人口限制在 1 万以内，职能以服务现代农牧业为主。

其余各个农业大区均按此模式规划发展。例如：江汉平原农业区以武汉为中心，建立城际交通 1～2 小时的共同生活圈、半径 80 公里的聚合城市。湖北省总人口约 5700 万，武汉聚合城市人口承载力可提升至 5000 万。湖北省境内其他城市全部限制发展规模，并逐渐向武汉聚合城市转移人口。那些人口外迁的城市将逐渐缩小为 10 万人口以内、成为服务于农业区的乡村小城镇，退出的城市用地完全用于农业。伴随城市化进程，境内人口将有 90% 居住在城市，乡村就可实现小型农场化或者股份制规模化经营，农民土地使用权实现一定时限内的自由流转，出让的租金可作为个人家庭收入，以补贴其迁往聚合城市的过渡期。农村土地实现由分散走向集中，土地利用实现集约化，土地利用率、生产效益将大幅提高。环境和粮食安全得以良好监管和安全保障，土地监督、管理、运营成本大幅降低。大量破败非健康的农村住宅将被拆除，低效利用的土地重新回归自然的原野或补充成为农业用地。

通过对农业地区的农村人口、各类城市人口向聚合城市转移，可分别实现农业用地、城市用地的集约化利用，节约大量对于分散的村镇、中小城市的基础设施等公共资源投入成本，实现各自的经济效率最大化，并利于对自然资源的保护和农业地区的庄园化、农场化等现代化农业经营，提升农业经济的生产效率和全球竞争力。

18.5 建立 N 个聚合城市

新经济时代的中国将无可避免地出现人口老龄化、智能技术对于人工的替代、劳动密集型工业对于人口依赖逐渐消失、地理资源优劣的差异、大城市公共资源的吸引力、日益紧缺的地球资源及碳排放对资源和生产活动的集约性需求，这些因素将导致中国大部分中小城市走向难以逆转的人口与空间收缩。而那些宜居之地的城市将需要承载这些转移的人口以及来自农业地区的城市化人口，将规划成为基于增加人口承载力的巨型宜居城市。这种巨型空间将来自宜居地区具有相近的地理、经济、文化的不同城市实现空间聚合、资源共享，共同构建成为新经济时代的聚合城市。

中国经过几十年经济改革发展，逐渐形成若干经济较发达的沿海、沿江经济带，以及少数中西部经济次发达地区，并逐渐形成许多相对集中而又分散并且彼此行政、经济政策、产业发展等孤立的大中城市，如以北京、天津、石家庄为代表的京津冀地区，以上海、杭州、苏州、无锡为代表的长三角经济区，以广州、深圳为代表的珠三角经济区，以及发展较快的大连、沈阳、长春、哈尔滨等东北经济带，南京、常州、镇江、武汉、重庆等长江中上游经济区等。经过长期工业化积累，这些区域经济基础相对比较好，工业技术相对较先进。但是由于彼此难以建立有效协同合作，资源没能实现集约、共享利用，难以创造更高的经济效率，在全球城市经济竞争格局中处于日益不利的格局。

中国城市未能根据经济发展进步的历史新阶段新趋势及时进行规划战略转型和对于传统规划观念的及时更新，使中国城市处于西方 20 世纪中叶前的旧规划体系之中面临无新规可依的尴尬境地，并且出现旧的规划保守势力群体性排斥创新思想的不利局面。这些曾经被体制偏袒的规划群体早已失去创新能力，导致城市空间发展被落后的非健康的旧规划体系垄断，陷入盲目和非健康的发展失控（详见第 16 章）。

在人口密集、自然资源相对紧缺、城市化尚未完成的中国，中国城市规划失控的现实如果不能得到迅速解决，将严重制约中国城市的可持续发展。为适应21世纪构建"人类命运共同体"的全球共识，提升城市的国际竞争力，实现最佳的城市、农业及工业用地架构，中国城市应在相近的地理、经济、文化等宜居区域实行城市空间集聚发展。资源集约化、共享化利用，将分散的城市建立线性链接聚合，实现点矩阵的虚拟空间与实体空间融合，可创造整体大于个体之和的经济效率的极限。因此规划实施共享城市和聚合城市发展战略具有重大价值。

应通过新一轮行政区域划分，规划N个聚合城市（图18-1）（本书暂列46个聚合城市，未来可依据具体调研和评估进行合理增减）。这些巨型的聚合城市将吸纳全国90%以上的人口。

聚合城市规划：

首先，通过评估、规划确定聚合城市范围。在聚合城市内，城市空间逐步实现新规划建成区更新和再生相结合，增加支路网密度，降低建筑密度，实现公共资源共享，增加城市绿地和建筑物的阳光照射时间，同时实现产业、居住等不同功能复合。规划聚合城市范围内的中小城市，增加中小城市规模及人口承载力，通过逐步规划整治调整使这些传统中小城市逐步聚合成为共享城市。

其次，发挥集聚效应，逐渐增加聚合城市人口承载力和经济全球竞争力，提升城市经济收入，改变中国目前城市及工业区分散布局，秩序混乱，产业结构单一分散的落后局面；去除单中心化特大城市，使聚合城市内各城市生活品质和资源获得均衡，使城市生活、工作自由便捷与生态环境平衡发展，拥有充足的绿地阳光、良好生态宜居的环境，保障城市养育人类的本质功能；通过城市资源集约化、共享化、产业一体化，完善聚合城市的各项城市职能，逐步吸纳农村多余劳动力及产业工人，成功实现国家城市化，释放中西部分散的农业用地，实现农业用地集中化、规模化、现代化农场化庄园化经营，实现城市、工业、农业三大地区的区域发展平衡。

具体划分如下，其中 19 个沿海聚合城市分别为（聚合城市内的城市数量可依据具体评估结果进行增减）：

1. 北京、天津、保定、沧州

2. 大连、旅顺

3. 连云港、东海、灌云

4. 临沂、兰陵、费县、沂南、莒南、临沭

5. 盐城、大丰、射阳

6. 宿迁、邳州、睢宁、新沂

7. 淮安、泗洪、盱眙、金湖、泗阳、涟水

8. 上海、苏州、无锡、宜兴、湖州、嘉兴、南通、海门、启东、昆山、张家港（如考虑跨辖区困难，可以苏州、无锡、宜兴、南通共同构建聚合城市，湖州、嘉兴划入杭州聚合城市，上海与其周边区县建立聚合城市并与相邻聚合城市建立一体化城市合作）

9. 杭州、绍兴、宁波、舟山

10. 厦门、漳州、泉州

11. 潮州、汕头、揭阳

12. 广州、佛山、鹤山、江门、中山

13. 东莞、深圳、惠州

14. 青岛、胶州

15. 潍坊、安丘、昌乐、寿光、昌邑

16. 东营、滨州

17. 威海、烟台

18. 南宁、崇左、钦州、北海

19. 珠海、澳门

沿长江中西部地区也已经形成一定规模的城市集群，可划分 6 个沿江聚合城市，即：

20. 南京、滁州、镇江、扬州聚合城市

21. 芜湖、宣城、铜陵、马鞍山聚合城市

22. 武汉三镇、孝感聚合城市

23. 重庆聚合城市

24. 南充聚合城市

25. 成都、广汉、德阳、都江堰聚合城市

除此之外，在广阔的中西部地区还可依据国家"四横四纵"铁路交通体系选择有宜居条件、经济基础较好、文化相近的城市群重点发展 21 个聚合城市，即：

26. 郑州、漯河、新乡、菏泽

27. 西安

沿京九等高铁规划：

28. 合肥、巢湖

29. 南昌、九江

沿京沪高铁规划 3 个聚合城市，即：

30. 济南

31. 徐州、枣庄、滕州、济宁

32. 蚌埠、淮南、阜阳

沿京广高铁规划 2 个聚合城市，即：

33. 石家庄、衡水

34. 长沙、株州、湘潭

沿京哈等高铁规划：

35. 哈尔滨及其周边市镇

36. 吉林及其周边市镇

37. 沈阳、铁岭、本溪、抚顺

西南地区规划 5 个聚合城市：

38. 贵阳

39. 昆明、安宁、玉溪

40. 乌鲁木齐、昌吉、石河子

41. 喀什

42. 拉萨

西北地区规划 4 个聚合城市：

43. 兰州聚合城市

44. 天水聚合城市

45. 灵武、银川、青铜峡、吴忠聚合城市

46. 呼和浩特、包头、鄂尔多斯

在经济次发达的中、北部地区，应依据不同的自然资源、地理环境、经济发展现状等诸要素，确立适合自身的城市产业结构及发展战略，并进行新一轮行政区域划分。中西部12个城市聚合体及小城镇应规划承载近3亿人口，与沿海沿江聚合城市共同承接全国90%以上的人口。

在新疆西藏及中西部地区如拉萨、喀什、呼和浩特、包头、鄂尔多斯等环境敏感度高的边远城市可进行适度的规模化发展。保护这些区域具有历史文化保护价值的城市；其他所有中小城市应严格控制扩张发展，成为人口净流出城市，人口逐渐迁向各聚合城市，逐渐降低各城市规模至10万以内或不影响地区生态平衡为止；限制发展重工业及有污染、高能耗型工业，使中西部恢复良好的自然生态体系，成为与自然共生的农业区、林牧场和山水田园风景区，重塑田园牧歌式的中西部生活。

聚合城市内原大型中心城市应逐渐向区域内各共享城市疏散人口，并疏散原来过于集中的科教文卫等公共资源。同时要通过新一轮总体规划，将区域内小城市建设成为多极化的共享城市，实现聚合城市内各个城市间交通、生活、工作、文化、教育等一体化。彻底打破原有大城市单中心化、自我利益保护、地方利益割据的旧规划理念，改变目前城市非工非农的城市价值背离的发展趋势，消除中国"大城市病"。

聚合城市内的政府应迁出原来的大城市中心区，成立专门的聚合城市规划协调部门，以做到公正、审慎实施聚合城市与共享城市规划。参与规划决策者应是来自与城市相关的各个专业领域，以及聚合城市内各个城市民选的代表。投票决策机制应充分利用现代科技引入区块链技术，通过智能合约系统及智能计算分析系统甄别来自各方的智慧信息、保障最终决策的精准，维系不同利益方的均衡发展。逐步实现所有共享城市公共资源共享，避免在聚合城市内出现中心大城市。在对矛盾理解的基础上，寻求各方利益的均衡点，实现聚合城市空间均衡发展。

18.6 自然资源保护区

通过新一轮城乡规划，划定国家自然资源保护区范围，针对不同地理环境自然风貌区，可大量规划国家自然地理公园，在自然承载力范围内，以实现有限度的保护与利用结合。

如绵延千里的太行山脉、秦岭、昆仑山、天山以及遍及全国的名山大川。江河湖海、湿地、沙漠等，进行统一的资源保护与旅游开发利用综合规划。

国家自然地理公园的红线范围及数量、规模的确定，需通过详细的数据调研后，通过数字、大数据技术等多专业综合评估。

18.7 产业区

产业聚集区主要是指未来聚合城市外部的区域一体化产业区，以及农业大区的产业区，国家应从宏观经济角度对全国不同地区的聚合城市及农业大区的产业聚集区的产业结构、产业方向给予总体协调。参与不同聚合城市产业区经济发展宏观决策。促进各经济体国际贸易与经济合作，规划建立全国及全球供应链体系和基础设施。

通过城乡规划，最终实现聚合城市、农业大区、自然资源保护区、产业区之间形成完整的供应链和产业分布式分区、分工体系。

第19章 共享城市策略

本文对于共享城市的研究，是基于早期我在2013年开始写作的《世纪之城：中国城市规划再出发》书中提出的"针对城市资源实现共享"的深入思考。共享城市是基于第三次技术革命、新经济和新城市体制等人类因素和自然因素构建的物理空间与数字点矩阵空间的融合。它们在空间构成的形态和价值的链接形式等都具有非常近似的共性。共享率决定城市运营效率。只有共享的城市才是效率更高的城市，只有更高的城市运营效率，才能最大化地节约人们通勤时间、提升工作效率和资源利用率，实现工作与生活的平衡。其宗旨是要实现多中心化、功能复合、资源与空间共享、发展与环境、生活与工作平衡、交通安全型、公园化的慢生活城市。共享城市理念源于对"多极复合城市"的深化。当代城市可依据"共享城市"规划策略，对传统城市的建成区进行空间再平衡规划和更新整治，对于未来新城则可按"共享城市"理念实施新的规划建设。共享城市是继2.0《雅典宪章》、3.0《马丘比丘宪章》之后的4.0城市。

共享城市应具备以下特征：

1. 在城市功能分区方面：共享城市产业及公共服务等功能分区更多采取分布式、复合型、多中心等共享模式。

2. 在住宅方面：住宅作为城市化的重要工具，在城市化任务完成后将被接近零成本使用，逐步实现向共享权优于拥有权转变。

3. 在交通方面：私人汽车交通及公共交通从属共享交通，共享交通路权优于传统交通路权，规划建设可链接每一个居住小区的生态慢行共享大道。

4. 城市管理政策方面：实施共享管理政策，实现资源共享，实施数字化空间规划。

5. 城市产业发展方面：规划区域城市一体化经济协作区，小微产业、无污染产业在各级共享中心分布融合。

6. 城市绿地与阳光：绿地均衡分布、增加城市光照时间。

19.1 城市主体功能空间规划及更新策略

1. 针对建成区的城市更新或新城规划，根据城市人口规模，可规划 1 至 5 个等级的共享中心。各级共享中心实现城市功能复合、资源和空间共享的并联模式。通过规划和政策引导实现公共资源及可租赁私有资源共享化，多核化、扩大使用权范围，实现工作、居住、教育、医疗、体育、休憩、购物等功能复合、生态健康、快乐安全、慢生活城市空间规划（图 19-1）。城市功能空间规划分为：

(1) 洲际共享中心（链接城际高速、国际航空、海运）

(2) 城际共享中心（链接城际高速、城市快速干道、主干道）

(3) 区级共享中心（与主干道、次干道链接）

(4) 社区级共享中心（链接次干道）

(5) 邻里级共享中心（链接生态慢行共享大道、公园与居住小区）

各级共享中心服务不同半径，对接不同等级道路，并由生态慢行共享共享大道链接。保证所有居住区的市民可以完全通过没有汽车干扰和污染的生态慢行共享大道，步行 5 分钟内到达邻里共享中心，步行 15 分钟可到达公园绿地和社区级共享中心，步行 30 分钟到达区级工作地和共享中心，使市民生活与工作和谐平衡，生活充满阳光、绿地、公园、清新空气，其乐融融，非常便捷、安全、接近零成本的利用公共服务。

每个城际共享城区之间可预留或通过城市更新保持宽度不低于 300 米生态走廊并在其中规划城际高速，生态走廊与城市道路慢行绿化带、生态慢行共享大道、街心公园绿地、自然山水田园等构成共同生态圈。在各个共享中心规划产业和公共功能空间，建立完整的产业体系，实现公共空间共享，有效缩短市民的工作、学习、医疗、购物等出行距离，降低城市生活成本和工作通勤时间。共享中心的公共服务功能可根据需要，通过生态慢行共享大道向居住小区延伸，以更加便捷的被人们利用（图 19-2、图 19-3）。

2. 共享中心主体功能规划：在洲际共享中心、城际共享中心、区级共享中心、社区级共享中心、邻里级共享中心内，通过具体的功能空间均衡规划并避免形成功能中心化的共享中心。

对于建成区人们或许会质疑规划共享中心的用地从哪里来？这里可以肯定的是：数字经济将为城市建成区释放足够的空间用做共享中心规划建设，新经济模式如物联网、智能制造等产业的出现，将使过去城市空间如各类批发市场、百货商场、零售商店、旧厂区、银行网点等众多机构面临关闭。城市可据此规划建设各级共享中心。还可针对建成区大学、医院等占地规模较大功能空间周边的非健康城市住宅等建筑拆迁、以及旧商业区、商贸市场改造等，规划建设城际、区级等各级共享中心。应尽量使用钢结构可分拆自由组合并可以像集装箱一样可移动的建筑，使这些功能空间充满可变的弹性。

具体规划策略如下：

(1) 洲际共享中心的用地规模虽然大于其他共享中心，但其公共资源的配置主要服务跨国供应链为主，其主要功能区规划为：国际航空交通枢纽，城际与国际交通中转中心，国际科技、文化、教育、艺术、产业交流展览展示中心，全球数字供应链节点，全球物联网分布式洲际仓储及信息和供应链调度中心。

(2) 城际共享中心内规划布置规模较大、必须满足占地面积的，如大学、大型医院、国际创新产业园区、国际科技产业孵化基地等，同时规划设置较大规模的新兴产业或者研发产业以及无污染工业、国内供应链调度中心及分布式仓储中心、城际交通枢纽等，其它各类功能区、公共资源应向其它各级共享中心实现均等分布，传统城市过于集中的公共资源向各级共享中心分散布置。

(3) 区级共享中心规划中小型新兴产业、科创中心、中小学、社区智能医疗供应链、物联网分布式仓储及调度中心、大中型商业空间、城市内部区域交通换乘中心等。

(4) 社区级共享中心规划小型微创产业、物联网、供应链等终端仓储及物流配送终端、社区商业、公共资源、幼儿园等。除邻里共享中心之外所有共享中心均实现商业、办公、娱乐、教育、智能远程控制医疗、社区医疗中心、小微创新产业等功能复合并设置共享汽车站库、社区交通换乘中心等。

(5) 邻里级共享中心及生态慢行共享大道内设置5分钟内可被居民利用的物联网终端站库、生活必需品便利店、居民物质共享空间、慢行共享站库、慢行交通载具及共享交通终端与公交系统换乘点等。

(6) 规划建设城市共同生态圈。在各等级共享之间必须规划相互链接的生态慢行共享大道，分布在居住区的绿地公园、慢行系统带状绿化、城区内保留的自然山水绿地、以及在两个城际共享中心片区之间保留的自然环境或者针对旧城通过更新重塑的间隔绿地、郊野公园等建立空间链接，构成共享城市共同生态圈（图19-4）。

3. 各个共享中心的公共资源应实现共享，公共资源包括物质资源和人力资源。物质资源是指可以提供服务的公共空间和各类设施（如大型绿地、公园、校园、文化娱乐设施、汽车、慢行单车等各类交通工具、停车库、教室），可通过新一轮规划建设体制的调整和控制，结合虚拟空间与实体空间的相互关系，引导其空间向各等级共享中心分散实现共享，同时鼓励社会和个人资本参与资源共享经济。例如城市各类公共及私人交通工具的共享可提升城市交通运力，解决城市拥堵问题；教育医疗设施、城市体育设施共享等，都可有效提升城市的效率和承载力。

人力资源主要是指那些涉及公共职能部门的劳动力，如医疗、教育机构的医生、教师，通过改变城市工作管理体制，实现那些涉及国家民生的优势的医疗、教育等单位组织内的人力资源避免固定在一个单位工作，实行跨区域流动性就业，以达到优势人力资源的共享，获得区域均衡。

事实上对于公共资源在城市空间内实现功能复合、均衡分配利用的问题在国内也一直被学术界所关注，同济大学周俭教授在2016年发表的论文《确立城市空间资源分配的公共价值导向》中，就曾提出城市规划建设中忽略了"人"的因素，而只是从经济学和工程学的角度审视城市，并且提醒规划师们应强调开放空间的社会属性和空间的多用途性，强调了混合土地使用和多功能建筑非常必要。

4. 共享城市的公园绿地规划建设应放弃传统的中心化规模化，应放弃在城市中心区规划大型公园、大型滨河公园绿地的传统规划模式，应将绿地均衡地布置于整个城市空间，形成以小型社区为单位的街心绿地，并结合共享中心和街心绿地规划带状绿地彼此链接。对于在城区内拥有山体和大型水面等生态资源的城市，可结合山体或大型水面等生态资源向城市纵深规划带状绿地（图8-1），可延伸至城市外部自然空间，形成完整的生态走廊链接，生态链的规划可缓解城市热岛效应，增加生物栖息的物种，同时可增加生态环境的共享性。

这种开放空间多极化、分布式将使城市从战略层面获得空间均衡发展，并可保证交通流量的均衡。大型城市公园选址应在城市的郊外，结合自然环境规划设计大型郊野公园，并且可以提供足够的停车场。

5. 城市政务管理去中心化，办公智能分布化。由政府主导建立城市共享管理机构，分布于各个共享中心，实现互联网智能远程联合办公机制，避免政务管理集中于城市某一区域。并制定资源共享实施政策，鼓励社会组织积极参与（详见第9章），依据各个城市具体情况确定共享资源的具体范围，同时应避免公共资源被社会资本垄断。

6. 政府主导实施节制体制、家庭体制，补充完善法律体制（详见第13章）。

19.2 共享城市居住区多极复合空间规划

共享城市的住宅将逐渐由过去的商品化时代转向接近零利率供给、接近零成本使用，并逐步过渡到拥有权从属于使用权的共享时代。现阶段在国家完全实现对于过去市场化时代的商品住宅去库存后，就应实施对除满足自住需求外的住宅实施征税制度，除了高科技行业、国家安全及战略行业之外，对其它所有普惠大众的事务，实现国民接近零成本使用。以促进全社会共享机制的实行。

1. 共享城市居住区的小区单元应控制在200米之内，规划多层住宅区或高层住宅区，居住人口约500～1000人（图19-5）。5000～10000人共享一个邻里共享中心（图19-6），20000～30000人共享一个社区级共享中心（图19-7），4至8个社区级共享社区共享一个区级共享中心（图19-8），4至8个区级共享中心构成城际共享中心（图19-9）。建筑高度控制在60米（18层）以下，容积率2.0以内。各个城市的建筑日照的大寒日标准根据不同地区气候差异，提高10%～30%。

2. 由政府主导、社会资本参与，拆除城市内部不健康的住宅和不具有历史保护价值的建筑物。拆除建筑后的土地不再全部重建新的住宅，应按共享城市标准建设成为可增加城市阳光与绿地的公共开放空间，或者规划建设成为共享中心，并通过向这些开放空间周边的建筑拥有者征收不动产增值税（房屋出售时征收），以及建设少量安置及可销售的商业性住宅和办公商业等，平衡拆迁成本。由此降低城市建筑密度，增加城市绿地和阳光照射时间。拆迁的人口尽量就地安置，城市原有的特大型公园应缩小规模，按新规划方案逐步改变为居住区或共享中心用地，大型公园应转移至郊外。

为此，中国城市需要依据共享城市规划导则，在城市内部应禁止规划或更新改造去除大型城市公园绿地，广泛布置社区小型公园或街心绿地，以提高城市绿地与小型公园的分布密度增加其共享性，创造均衡的城市花园绿地共享空间（图19-4）。大型公园应规划选址在城市郊外、规划建设大型郊野公园。对于那些穿越城市的江、河两岸少规划大型带状公园，应规划更多滨河生态保护带，通过滨江或滨河两岸融合城市共同生态圈能够更多的为城市提供氧气和净化污染的功能，同时有效的维系共同生物链的完整，成为能够提供城市躯体健康呼吸的绿肺，强化城市的生命价值。即使作为带状公园也应向城市纵深延伸，使滨河滨江生态圈与整个城市绿地系统建立更多链接、更多共享，最终实现人与自然、发展与环境、生活与工作和谐的慢生活方式。

19.3 共享城市政策规划

1. 共享机制

共享城市要针对个人或经济组织拥有的资源和公共资源等实现有偿和无偿共享，除了通过"共有经济体制"实现接近零成本零利率的全民共享机制外，还可以通过以下与政府合作方式实现共享机制：

（1）由政府主导在各街道社区民选成立共享管理机构，从成员中选举产生的管理代表要为机构的管理负责，并有向全体成员解释其行为的义务。

（2）机构规划确认可以实现共享的公共资源范围，实现使用权共享。

（3）共享管理机构所有成员共同管理，管理费用由机构成员共同出资、共同享受共享权益。并负责培训和宣传共享基础理念等。

（4）共享管理机构与各共享服务中心建立区间链接，以实现跨区域共享。并负责与政府公共资源等实现大数据链接。

（5）由"共有经济体制"的企业或组织机构负责建立基于个人或者组织机构拥有的可租赁资源的共有平台，实现资源接近零边际成本的有偿共享。如共享各类服务中心、共享个人汽车、车库、共享个人住宅、旅馆、共享交通设施、共享医疗、共享教育等所有可以实现租赁的个人资源或企业组织拥有的资源。租赁利润由平台的共有各方通过合约实现合理自愿的分配，人们可以向"共有经济体制"的组织或者企业管理部门申请自愿加入或者退出共享平台。

（6）政府成立专门的共享协调部门，负责链接协调城市不同区域的资源共享接口的衔接并保证其合法性。

（7）也可以由群众自发利用区块链等点矩阵空间信息技术实现类似于合作社的共有平台实现资源有偿或无偿共享。

2. 资本流向现代科学技术研发和科技制造领域

城市应遏制投机性逐利产业，如对劳动力资源、土地、房地产、金融、股市等一切投机的热情，合理发挥房地产业在城市化进程和城市建设中的杠杆作用。但需要使房地产行业能够兼具资本经济和社会公共产品双重价值，使房地产业成为关注民生的常青产业，使城市空间与经济可持续发展。国家和社会资本流向发展现代科学技术研发和科技制造等新兴产业，放弃或转移劳动密集型高能耗、污染类的传统制造业，使人们创造经济价值的同时能够拥有足够的阳光和绿地以及用于家庭生活的时间保障，使城市充满生机与健康活力。

3. 积极疏导转化农村人口成为城市居民

城市化成功的重要标志之一就是农业人口成功转化成为城市人口。城市应将来自农村的产业工人转化成为城市居民，使城市化真正实现农业人口向非农业转移和非农业生活方式的转变，共享城市应强化对产业工人的文化及职业技术培训，适当发展业余技术类技工职业学校，强化农业地区转移出的产业人口的各类专业素质。建立完整的城市化人口导入管理机制，有效引导和转化农村人口成为城市居民，同时解决他们背后严峻的留守儿童问题。否则，中国就不会产生现代意义上的城市，城市只能沦为混乱不堪、类似城乡大集市的"农工混合型城市"，造成既想要成为现代绅士又不得不与苟且为伴的尴尬局面。城市也因此失去公正和对人性的关怀，陷入矛盾对立的社会生态危机中，失去当代城市文明的尊严。

4. 改进完善国家城市规划管理与决策机制

经济学家、人类学家、艺术家、思想家、社会学家等长期缺位中国城市规划，城市规划决策要扩大专业面，结合建立区块链等信息化管理技术，使城市空间规划取意于不同专业信息的整合，以确保决策精准，这样可以避免不合理的规划方案误导城市建设发展。可以法律法规的形式，规定项目评审组成员通过计算机盲选确定，成员包括经济学家、人类学家、思想家、社会学家、艺术家、建筑师、规划师、城市文化历史保护专家等不同专业人员，通过区块链等信息技术接入政府规划决策系统。规划设计团队的成员也应要有以上的多专业力量参与，这样才能使规划统筹考虑城市整体利益。

5. 实施共享城市规划导则和城市空间规划标准

为适应未来共享城市空间多极化、复合化、共享化并向聚合城市发展的趋势，应依据本书理论、实施统一的共享城市规划导则，国家城市规划相关法规应进行适时调整。调整范围应主要包括：增加城市人均用地指标；降低建筑密度；降低城市住宅建筑容积率；增加人均绿地率；城市住宅以中高层以下（18层以下）建筑为主，增加共享公共资源服务配套及道路交通设施覆盖密度。旧城可通过对不健康住宅区、旧厂区以及由互联网虚拟空间替代出的传统消费空间等进行拆迁，建设绿地；降低城市建筑密度；增加城市绿地率和阳光照射的时间。住宅区建筑容积率应控制在 2.0 以内，建筑密度控制在 15% 以内。旧城按共享城市理念整治调整，新城应按新规范进行规划建设，这是从基本层面解决城市空间发展失衡、交通拥堵及环境污染问题，实现工作与生活平衡的新经济时代的城市规划。主要规划指标调整对比见表 19-1。

表 19-1 主要规划指标对比表

项目名称	人均建设用地（㎡/人）	占城市建设用地比				
		居住用地	公共管理与公共服务	工业用地	交通设施用地	绿地
现行大城市	≤ 115	25%～40%	5%～8%	15%～30%	10%～30%	10%～15%
共享城市	≤ 150	20%～30%	6%～10%	10%～25%	10%～30%	15%～25%

19.4 城市设计及建筑设计

在共享城市内部，城市设计应成为实现城市战略规划重要技术手段，城市设计相比法定规划必须具有政策弹性，以能够对城市空间进行与时俱进的修正或补充，通过城市设计实现容易导致局部空间交通拥堵的城市大型商业中心、各类大型开放空间与城市总体空间的立体衔接，实现各类大型公共开放空间与城市总体空间的立体设计。如法国的拉德芳斯 CBD 就是将其建筑整体空间标高提升，使大部分建筑一层高于巴黎大空间的地面主要交通动线，建立了良好的人行与车行的立体交通，城市过境及到访车辆可直接通过城市主路网进入

CBD底部空间（图19-10）。CBD底部空间规划设计公共交通换乘枢纽、城市地铁、公交和出租车站点、物流系统及大型停车库，并设计便捷的垂直交通，解决人员交通。这种立体设计有效缓解了这个欧洲最大的城市综合体带给巴黎城市的交通压力。

由于共享城市空间规划实现功能复合化，多核化的共享中心，即城市居住、工作、教育、医疗等所有功能依据新的城市格局与指标控制系数相融合，因此城市设计对于共享城市空间塑造是必不可少的技术环节，用以避免城市空间平面化及功能单一化、中心化（图19-11）。城市设计应综合考虑城市各相关利益方的利益诉求，重视科学技术的影响力、经济效率，各类主体功能空间、点矩阵空间等各类因素的融合，注重对城市文化历史遗产、城市环境的保护，创造交通顺畅有序、环境生态优美宜居、空间富有人文艺术魅力、文化富有魅力、技术与艺术平衡共生、可持续发展的城市。

技术可以供给人们创造物质的能量，但不能供给人们内心世界的和谐、平静，文化与艺术可以做到。一座优雅宜居的城市，一定是技术与艺术共生的城市。因此共享城市的城市设计还应重视以下两点：

1. 城市现代空间与传统历史文化空间肌理要实现空间的联系。共享城市内部的大型消费或公共开放空间是城市的重要节点，是一座城市文明的窗口，是城市艺术人文底蕴的集中代表，也是彰显一座城市魅力的场所，因此针对节点的设计对于整个城市来说显得尤为重要。在法国，城市重要节点的设计基本由政府主导，以确保其相对于城市整体空间各利益方的协作共享及公正，建筑的艺术品质也将能够得以保证。

现代城市设计节点若要获得技术与文化艺术的均衡，应重视多维度设计——长度、宽度、高度、地下空间、音乐影像、点矩阵空间设计，实现技术与艺术、虚拟与实体空间的完美结合。新的空间设计与城市文化艺术等历史人文空间肌理实现融合、共享，实现空间与视觉衔接。而非像上海陆家嘴金融中心区那样如一支冷箭，冰冷地插入城市肌体，道路野蛮得如同刺向人体的鱼骨状的芒刺，令城市躯体在拥挤混乱的车河人流中抽搐，偌大的中央绿地毫无共享精神，变成人们难以靠近的车流漩涡（图 19-12）。这个近乎代表中国金融最前卫力量的城市中心区，讳莫如深的城市设计常常令到访的人们无所适从。

一个鲜明的对比是：法国拉德芳斯综合体设计既很好地组织了空间多维设计，又做到了与闻名遐迩的香榭丽舍大街历史轴线的空间衔接。人们可以坐在欧洲最大的 CBD 广场上，喝一杯咖啡，清晰远眺 3 公里外古老的凯旋门，现代的城市共享空间与兴起于中世纪的卢浮宫遥相呼应。（图 19-13）

建筑首先是作为满足人类使用功能的城市物质，与人类具有仅次于人体与衣物的紧密关系。因此，我们可以感受来自建筑的舒适度及其给予我们各感官系统最为直接的感觉。建筑在中世纪前的欧洲早已经成为与人们联系最紧密的生活化、功能化的城市物质，这种无时不在的紧密关系令人们将身心感受和视觉审美的体验总结成为某种建筑风格，并且将其超越现实生活的基本需求升华成为艺术。特别是中世纪以来，欧洲建筑已不单是满足使用功能，更成为艺术家们创造的媒介，城市从此作为建筑的聚集地而更加具有艺术与文化的价值和魅力。

因此，在世界那些优秀的城市，每一栋建筑的设计和建设都是审慎的艺术，从设计到施工均投入充分的时间和智慧。但在广泛的发展中国家，建筑多停留在最基本的满足使用标准的阶段，甚至为了满足于利润导致其远低于人类健康的使用标准。这样快速建造起来的城市，其给予人们心理、视觉及活动的体验必然难以和谐、空间设计要么令人局促闭塞、不安，要么尺度失控给人以内心旷凉，完全失去视觉、心理等审美的体验功能，毫无文化艺术价值可言。这对于包括中国在内的发展中国家而言是一种巨大的损失与资源浪费。所以，中国城市建筑除满足功能需求之外，应高度重视建筑设计的艺术品质。对于建筑设计应通过立法和民主选拔的专业人员组成评审委员会，针对每一栋建筑，保证设计者坚持原创精神，杜绝抄袭，并且要求建筑师提供完整的创作过程图或模型等，同时应将设计文件在共享的信息系统中接受来自不同专业领域的投票表决，保障每一栋建筑都是具有功能、技术与艺术完美结合的城市雕塑。

2. 对于城市开放空间设计应注重赋予其文化内涵。如迪拜的哈利法塔下的城市 CBD 就很好地融合了世界当代建筑文化与传统的阿拉伯文化（图 19-14）。回响着伊斯兰乐曲的宽阔水面和咖啡广场，一侧是代表世界最高建筑科技与艺术成就并拥有世界高度的哈利法塔，另一侧则是最具阿拉伯传统风格的低层建筑，两者形成强烈的形体对比，而柔和的水面与空灵的音乐成为两者间神秘而和谐的纽带。当平静的水面缓缓响起婉转优美的伊斯兰音乐，声控的喷泉冷静地浮出水面，伴随如沙漠海市蜃楼般迷幻变化起伏的声乐突然成了一个舞者，时而躯体贴近或舞动于水面，瞬时又在宏大激情的音乐声中冲向高空。阿拉伯风格的低层建筑和现代风格高耸入云的哈利法塔成为凝固的艺术雕塑，使最现代的设计思想与传统的建筑文化在强烈的视觉对比中融为一体，创造了世界最具非对称均衡的空间设计典范，成为闻名遐迩的地标建筑群。

置身于精心设计、空间尺度历经思想的物质长度、宽度、高度、地下空间、空中音乐影像构成的多维空间设计体系之中，油然心生对阿拉伯民族传统文化与现代技术文明的敬畏与赞叹。

只有技术与艺术完美结合的建筑和城市空间，才会使城市成为传播人类文化与智慧力量的精神堡垒，城市历史才具有物质保护价值，城市才会提供人们最舒适的生活和未来美好的回忆。

19.5 4.0 交通规划

共享城市交通应基于大数据、智能感知、资源共享、快慢结合的交通规划原则。改变传统交通规划思想。共享率决定一个城市的整体运营效率。因此，未来共享城市的私人汽车交通以及公共交通应从属于共享交通,由传统的2.0城市(《雅典宪章》)主导的私人汽车优先时代到3.0城市(《马丘比丘宪章》)主导的公共交通优先时代将转向"共享交通"优先的4.0城市交通变革。

共享交通规划策略如下:

1. 共享城市的交通规划主要通过配合均衡的共享中心布局和城市主体功能的复合,通过增加共享大道、城市资源共享等实现各区域交通流量相对平衡。构建快慢结合的交通体系,分别规划与5个等级共享中心对应的共享交通流线和换乘中心(图19-15):

(1) 国际共享中心内分别规划国际、国内航空;国内城际高铁、长途汽车、城市快速公交或地铁、共享汽车等换乘交通枢纽。

(2) 城际共享中心内分别规划国内航空、城际高铁、城市快速公交或地铁、共享汽车等换乘交通枢纽。

(3) 区级共享中心内规划城市快速公交或地铁、共享汽车、共享单车及各类慢行共享载具换乘交通枢纽。

(4) 社区级共享中心内规划公交汽车或地铁、共享汽车、共享单车及各类慢行共享载具换乘中心。

(5) 邻里级共享中心规划共享慢行汽车及各类慢行共享载具换乘中心、规划共享大道与居住单元及各级共享中心、公交和共享汽车终端站点链接。

2. 在不增加现行城市道路总用地前提下,增加城市生态慢行共享大道规划建设,实现快速疏散。相比较原来的交通规划用地控制指标,并不需要增加城市道路交通用地,而是通过降低城市道路等级和城市居住区单元规模提高城市慢行共享交通(生态慢行共享大道)路网的覆盖密度(图19-16)。城市快速干道间隔1.6～2千米,主干道间隔0.8～1千米,次干道间隔400～500米,与次干道间隔150～250米规划生态慢行共享大道、并链接成为贯通整个城市的慢行交通网（图 19-17）。倡导使用共享汽车，伴随共享汽车、无人驾驶智能共享汽车、物联网拼车等各类型共享交通平台和工具的普及，交通效率将得到极大提升，对于地铁及各型公共交通的依赖将大幅降低，各个等级的城市道路用地也将逐渐减少，多余的城市道路将改造成为各类共享交通工具的接驳点、停泊点、带状城市绿化，共享城市未来的路网主要分为 4 个等级（图 19-18）：

（1）与城际高速直接链接的城市快速干道双向 8 车道（含双向共享汽车与公共交通专用通道)

（2）城市主干道双向 6 车道（含双向共享汽车专用道路）

（3）城市次干道双向 4 车道（含双向共享汽车专用道路）

（4）生态慢行共享大道（新能源限速共享汽车、公共汽车、共享电动接驳车、自行车等慢行交通专用双向两车道，园林式人行步道，休憩空间，移动式公共服务及小型商业空间等）

沿各等级道路规划 3 米宽幅自行专用车通道，沿各等级道路两侧规划不低于 10 米宽绿化步行带，每个级别的共享中心均规划共享汽车泊车库。

3. 避免将治理交通拥堵的措施局限在城市建设大量地下和地面轨道交通和道路的不断拓宽方向上。应当认识到轨道交通的建设虽然可以缓解城市交通压力，但轨道交通建设的巨大投资和建设速度、覆盖密度等都难以直接对目前城市交通产生根本影响。这种耗资庞大的轨道交通系统并不符合共享城市未来发展的趋势，只能作为缓解当下大城市拥堵现状的一时之需。

应降低人们对于地铁建设的传统热情，将地铁列为消极被动策略加以合理限制。还应停止城市高架道路及高架轻轨的建设，避免其对城市整体空间环境和对自然特别是阳光的影响和破坏。致力于通过城市实现资源空间共享、均衡，并对建成区基于共享理念空间再平衡规划整治。

4. 逐步实现城市可变机动车道智能化控制。规划交通数据采集、监控、智能管理系统，依据监测的流量方向的变化和数据综合信息适时调整增减通行道路。

5、逐步实现生态慢行共享大道等慢行交通优先的城市交通管理。在交通规划战略方向，应重视城市主体功能多极、复合、共享化的空间发展趋势，短程出行的流量将会逐渐增加，城市生态慢行共享大道、与各等级机动车道结合的慢行系统规划设计应及时跟进这种趋势并尽快实施。具体应强化每个居住小区与邻里共享中心之间的生态慢行共享大道规划设计及各类慢行交通工具及无人驾驶慢速电动接驳车等终端交通体系的规划，规划各等级共享换乘空间，使慢行系统与人们工作通勤、运动健身、游憩、医疗、教育、购物等多种服务功能融为一体，整个城市的共享大道实现慢行交通系统与城市所有公共服务空间和城市快速路实现安全无缝链接。通过路口的智能交通感应系统，实现凡是与生态慢行共享大道交叉的城市各类级机动车道一律让行生态慢行共享大道，共享大道内的限速共享汽车、机动接驳车等拥有交通优先的路权（图19-17）。

6. 逐步实现无人驾驶汽车、共享汽车以及公共和各类个人共享载具全覆盖。

建立无人自动驾驶共享汽车信号导引系统以及专用道路系统，大量发展城市人工智能技术与网络融合的各类共享交通工具。例如通过私家车或共享租车的共享使用，并与城市总体交通网络统筹考虑规划共享汽车换乘共享中心，人们平时开车往返公司与家庭的时间如果是2个小时，那么将会有8个小时以上的时间车是空置的，如果将空置的汽车实现共享，拥有360万辆民用汽车的上海仅需不足100万辆。如果每辆车都能够实现乘客满员，则共享带来的运营效率更高。据有关研究显示至少可提高上下班高峰期车辆15倍的使用率。强化公交快速专用道路设计，对停车库等静态交通系统进行共享规划设计。未来共享城市可充分利用智能技术实现主要交通干道可适时依据流量变化相应改变机动车道通行方向，提高城市交通资源利用率，提高机动车流量疏散效率。充分发展以公共交通和各类共享交通系统为主的多样性城市交通体系。

伴随共享汽车、无人自动驾驶汽车、公共汽车专用通道、生态慢行共享大道等多元化交通体系的实现，可使城市空间交通流量实现相对均衡，避免城市交通拥堵与汽车污染发生。共享交通的不断增加、资源共享率的提升，未来的城市道路占地进一步缩减，节约的城市机动车道路一部分将转变成为生态园林景观带，一部分将逐渐被用于共享汽车或无人驾驶汽车的专用道路及路边停车点，更加方便市民随时使用共享汽车。

未来共享城市的路网和道路的形式将随之改变，传统机动车道路用地占比逐渐降低，共享汽车、慢行交通用地比例逐步提高，原有交通规划体系将被改变，城市空间由此也将随之转入一种前所未有的产业、交通、功能服务等并联分布、安全健康、自由快乐的慢生活方式。

19.6 产业园区规划

1. 共享城市的工业区规划应重视新技术对于产业区位的影响力，实行弹性空间规划，以实现未来产业空间的可移动性。

随着远程自动控制、机器人等技术成熟，未来可实现远程网络办公、会议以及政府、公司等繁杂的公务活动，包括网络远程教育、医疗等在内的城市大多数活动都可以通过信息网络进行。互联网智能技术创造了共享的经济模式。3D打印技术发展甚至可将传统的工厂化生产转变成为以家庭或个性化办公空间为单位的生产模式，机器人技术也将使传统工业区远离城市。现代技术不但将从根本上颠覆城市生活工作秩序和传统空间的发展模式，还可行之有效地解决城市交通拥堵、空气污染、建筑密度过高、人口过度密集等诸多城市空间问题。技术进步将极大减少人类对传统城市交通体系以及规模化生产空间的依赖。

因此，共享城市的大型工业区应建立在远离城市并可与未来聚合城市内部的其他共享城市实现产业、交通一体化，并且共同构建完整的产业结构，实现本区域内产业分工与资源共享。现在，即使因技术原因无法远离城市的工业区规划建设，也应重视未来的空间发展趋势——尽可能实现厂房建设的模块化、可移动性以及建筑材料的可循环利用。一旦智能机器实现普及利用，这些工业区便可轻易地迁离到更加远离城市的区域。

2. 共享城市的科技研发产业、无污染产业、未来3D打印产业、各类文化创意产业等，可依据不同规模和等级，布置在各个等级的共享中心内。

大中型无污染产业布置在城际级、区级共享中心，其他微小型的产业布置在社区级共享中心。不同产业可根据具体需求混合规划分布在各个等级的共享中心。实现产业去中心化的并联式布局（图19-1）。

第 20 章　数字空间与物理空间规划合一

20.1 什么是数字城市

数字城市是由信息互联网、物联网、区块链、能源互联网、大数据的点矩阵空间与城市物理元素的聚合，并服务于人类活动和物理空间的数字空间。实质是通过将点矩阵空间与城市物理空间和人类活动的叠加、链接、聚合，以实现资源利用和经济等效率最大化的一种技术方法。数字城市这种无形的空间同样可以创造有形的物理价值和财富，可以实现经济活动、城市运营、思想与财富创造效率的最大化和智能化。并可以实现城市空间各种因素的量化，实现城市空间发展预判的可视化，数字城市规划是实现理想的城市物理空间规划、提升城市运营效率和经济创造效率、创造新生活方式的重要技术措施。

未来城市物理空间与数字空间要实现相互接入，同时将新技术、新经济体制规划合一。未来那些被点矩阵空间所替代的传统实体消费空间，可以通过共享城市规划更新建设，转变成为城市共享中心。城市除了注重实体空间规划还应同时实施城市点矩阵数字空间规划建设，具体操作可由政府引导、国家与社会资本共同参与规划建设。

20.2 数字城市与物理城市的规划合一

城市进行实体空间规划同时实施点矩阵空间数字城市规划和建设，应重点实现以下几个方面：

1. 开展以政府为引导、市场为基础的顶层规划，国家、社会、个人统筹建设，形成统一的城市数字矩阵空间规划标准体系。

针对城市人口流动、就业、交通、医疗、教育、安全、产业发展、工作、城市政务管理等各类城市因素，规划建设数据信息感知与收集计算等基础设施。针对各类城市数据规划设计数字矩阵空间，即点矩阵空间。

完善各类数字公共服务应用场景，规划建设全面的数字城市，让公众能够体验城市不同因素的数字模拟空间的规划带给未来城市的便捷高效，预知数字新生活和数字经济活动模式。通过数字矩阵空间规划促进市民生活、工作、医疗、教育、文化等各项公共服务经济活动智能化。

2. 实现城市物理空间规划与数字空间点矩阵空间的规划合一，城市物理空间规划应充分利用城市数字矩阵空间规划内的大数据，实现规划师对于城市空间变量的精准把握，使城市空间规划更具科学性、合理性，使城市空间规划目标与人们生活需求更加契合。

城市空间规划实现数字模型化、可计算化。通过城市物理空间的数字模型，实现城市空间通过数字图像虚拟技术实现可视化、可预置入构成城市的诸多变量元素如人口、经济总量、产业规模、自然资源、人类资源，影响城市发展的外来元素如对外贸易、短期流动人口及各类资源等。城市空间规划可通过计算机计算和数字图像技术模拟真实的未来发展情景和对规划成果进行有效评估。通过规划构建城市的点矩阵空间，将实现城市各个方面的数据可视化。伴随数字经济时代的到来，数字城市创造的虚拟空间将使传统的物理城市空间的功能实现更多的功能叠加和使用效率。因此，城市管理者和规划师们应重新评估未来城市承载力的变化，这种变化随着点矩阵空间的规划和建设，过去难以准确权衡利弊的城市元素的变化将实现可计算、可视化，成为可实时掌控或实时调节、决定城市空间走向的变量。未来城市空间要获得实现各利益方均衡的、科学的、精准的规划方案，必须与城市点矩阵空间实现规划融合统一。因此，未来每个城市都面临规划建设点矩阵空间的必要性和紧迫性。

3. 实现城市公共资源部分的数据开放共享，使其能够充分被社会各方利用转变成为实现价值创造的共享资源。

要快速完成城市点矩阵空间规划建设，应实现城市大数据的公共化，对于公共资源数据的构建成本应由政府财政支出，并且公共资源数据应向社会免费开放，才能实现数据的社会价值和市场经济价值，才能够转化成为更高效率的创造力，提升社会财富的创造效率。

当城市感知系统、大数据与汇集城市各类元素的数字空间模型以及点矩阵空间等日趋规划建设完成，大多传统的规划师们的工作也将逐渐被智能化、数字化技术替代，工作模式也将由经验和基于自身的知识结构主导的工作模式转向大数据和智能计算主导的城市规划，如同所有行业一样，剧烈的技术性失业或将无可避免的降临这个行业。

但这并不意味着是一件坏事情，只是意味着由于生产效率的最大化，完成财富及物质创造已经不再需要大量的劳动力。数字经济时代的新经济体制也将会提供更好的解决办法，能够化解技术性失业或将导致的财富分配体系的失衡问题，终将使人们从逐利的困境中得以解脱，自由地工作和创造价值。

20.3 数字城市基础设施规划建设

1. 基础网络规划建设：规划建设信息互联网、物联网、能源互联网、区块链、数据采集等全面覆盖的城市信息感知系统，实现各类生活、经济活动与生态环境保护协调等数据化，实现城市大数据感知、位置感知、视频感知、预警感知等感知网络覆盖。

通过整体规划推进数字智能传感器在城市开放空间和公共资源以及可供实现共享的资源领域全面部署，建设城市数字空间模型，实现城市数字情景的可预知、实时可视、可感知。基于 2017 年中国重庆"智能江北"建设实施意见与《世纪之城：中国城市规划再出发》提出的"城市云数据中心"和"虚拟城市"理念的共性，因此我们在论述共享城市空间规划体系中，对其在医疗、文化、体育等城市微观方面的基础建设意见给予积极评价和引述，以使人们更加直接地感受到虚拟城市与人们切身利益间的关联。

2. 数字化智能城市规划：规划建设政府、企业、社会组织数字化公共服务体系，规划建设城市运行数字化管理平台。通过数字化实现智能交通、警务、城管、环境监测等规划建设，使城市生活与工作交通更通畅、更便捷、社会更安全、城市更智能、更宜居。

3. 智能政务与市场监管：政府可通过市场组织或电信营运商的数据中心提供的资源服务，规划建设电子政务云平台建设，满足各部门、各政府组织对云计算资源的需求。政府网站实现集群数字化、智能化，整合部门网站、政务微博、微信公众号、政务 APP，开展智能机器人服务，实现一个网络入口即可完成多种服务。建设企业和个人信用联动监管平台，实现工商、税务、质监、食药监等部门的行政、业务协同互联互通，完善互联网 + 智能化远程分布式办公平台建设，规划推进信用征信系统广泛应用。

在各级共享中心，生态慢行共享大道内，利用信息互联网、物联网、人工智能等技术，将人们与公共服务通过数字化基础设施实现全面链接，使社会公众更加便捷地获取各种公共服务，构建政府、企业、社会组织一体化公共服务体系和资源共享体系。

4. 数据资源发展规划：规划建设包括由人口基础数据库、城市交通、人口流动、教育医疗，经济活动、法人基础数据库、地理空间、自然资源、人力资源数据等社会构成要素的综合数据库，在城市各个共享中心规划建立城市大数据共享交换平台，实现城市各类因素如交通流量、人口流动、医疗信息等文字、图片、图表、视频、资源分配分布情况等数据实时显示、交换和共享，为城市经济发展、人们工作与生活提供数据服务。通过搭建政府数据开放平台、建立城市全面数据平台并将公共部分向社会免费开放使用，以利于社会第三方开发各类应用和促进经济效率、创造更高经济价值。

5. 智能决策系统规划建设：以智能感知系统、信息互联网、算法技术、区块链技术、数据库、模型库、人工智能技术等为基础，构建智能化决策系统，提高决策的科学性。推动大数据与智能感知系统实现对于国家管理、企业运营、城市管理包括政务、经济等不同组织综合监督考核和数据信息搜集决策系统，构建洲际、城际、区级、社区、邻里等五级智能数据管理与决策平台，建立市民信息反馈交互平台，搭建政府与民众的信息交互平台，实现各级政府组织机构管理与经济决策等智能化、精准化。

6. 智能教育：在各级共享中心内推进智能互联网+教育产业融合，探索人工智能远程教学技术在教育领域的应用，逐步实现教育资源的远程共享、可分布式共享。

7. 智能医疗：在各级共享中心、生态慢行共享大道内，优化区域卫生信息平台建设，基层医疗卫生机构基本实现数据共享。推进全科医生分级诊疗，引导患者合理分流、方便就医。加强药品流通智能化监管，实现对医疗机构药品集中采购目录遴选、采购实施、货款结算等各流程数据适时监管，并可通过数据开放实现由患者主导医疗体系的数字化时代医疗新方式。

8. 数字文化：在各级共享中心、生态慢行共享大道内，加快数字图书馆、数字文化馆等公益性文化基础设施建设，以共享中心活动室为基础实施公共电子、VI阅览室规划，为人们提供丰富便捷的公共数字文化服务。

9. 智能体育：在城市各级共享中心的公园内建立竞技体育、全民健身、体育场馆、赛事 IP、智能硬件等满足用户需求的智能化体育生态系统，引导市场主体提供丰富的智能训练装备、AR/VR 技术运用装备、大数据可穿戴设备等智能产品，促进电子商务与体育产业融合发展。

10. 智能社区：以各级共享中心为共享核，以邻里生态慢行共享大道为共享带，规划建设社区多功能融合的智能服务平台，整合社区运营管理、养老服务、社区安防、智能家居、智能通勤、物业服务等业务及信息系统，加强对社区内人、事、物的动态采集与数字化网络化管理，为社区居民提供全面便捷的智能化服务。

20.4 创造更高效率的智能城市运营

通过规划实施一系列数字城市基础设施，使城市在规划、建设、管理、运行等方面更精细、更精准、更智能，不断提升城市网络信息和价值传输、城市感知、监控预警和应急响应能力，就能够全面提升城市功能服务和运营效率，有效提升城市的人口承载力。例如重庆市江北区就采取了以下措施：

1. 数字城市运行管理平台。统筹规划整合可视化应急指挥、城市运行状态监控、城市决策支持、城市呼叫中心服务、智能城市数字模型，实现对城市运行状态的全面感知、态势、趋势预测、突发事件预警和全面决策支持，确保城市运转智能高效。建立 5 个等级的共享中心政府公共数字智能服务网络热线，面向社会随时释疑答难，实现全民咨询、受理、转办、答复、意见收集甄选等一体化服务。

2. 数字化智能警务城管。充分运用信息互联网、物联网、数据智能感知、智能视频等现代数字信息技术，以公共安全信息化建设为核心，通过数字化、网络化和智能化方式，在城市公共安全信息化顶层规划方案架构下，实现动态感知和数据采集工程等基础设施规划建设，推动城市警务工作由数量规模型向质量效能型、由人力密集型向科技密集型转变，进一步提高安全部门维护社会安全、稳定、社会治安管理的效率，有效降低城市监管成本。促进城市警务管理管控智能化，全面启动智能警务和城管部件物联智能感知系统、城市管理智能分析、园林绿化、警务城管执法，全面实现城市管理作业、监控、监督和服务智能化。

3. 数字化智能交通。以智能、严管、安全、畅通为理念，在整合现有社会资源的基础上，建设集数据收集、智能分析、实时调控、信息发布、违章自动监测为一体的智能交通管理系统，实现交通管理智能分析、研判、预警，遏制交通违法行为，改善交通运行环境。

4. 数字化智能消防。规划由消防全系统大数据库、消防数据中心、消防设施物联网监控集群、消防物联网软件系统、消防指挥调度中心构成的消防智能化管理平台，最终实现火灾防控、灭火救援等自动化、指挥管理智能化。

5. 数字化智能应急。推进全市应急指挥平台体系建设，推动应急平台之间互联互通、数据交换、系统对接、信息资源共享，加强感知系统规划，规划应急基础数据库，规划城市数字化应急平台和智能辅助决策指挥系统，实现突发事件视频、图像、灾情等信息的快速自动传输。

6. 智能环保。以智能云支撑平台为基础，规划建立环保数据采集、感知系统数据分析、应用和共享平台，使环保监测、管理、执法等更加数字化、智能化，公众化，使环保工作实时可控。

20.5 数字产业规划

在各级共享中心规划各类信息软件、芯片、计算机硬件等技术研发等数字技术产业，在共享城市与洲际共享中心之间规划可与各个城市建立协同合作区域一体化数字产业和智能制造等高端产业带，在各级共享中心积极发展各类数字产业如数字化教育、数字化医疗、智能体育、智能机器人、智能生产线、物联网和能源互联网等产业。规划覆盖城市各个共享中心的智能化数字运营管理平台，在各个共享中心引进培育聚集智能应用及科研人才和服务企业。孵化科技研发、高端软件和信息技术服务业数字企业、规划导入云服务平台、高端制造业、数字化金融业等，重点支持发展区块链、人工智能、3D打印、生物医学、生命科学研究、新能源、高端可分布式智能制造等新兴高科技产业。

规划数字商业。实现商圈信息的精准分类与实时互通，在各个共享中心建立分布式物联网仓储和数据交换配送中心，实现由来自消费终端的需求信息决定物流配送和生产制造，全面提升城市商业的服务效率。

规划智能营业厅。积极引导商店、银行等加大自助营业空间布局，投放智能柜员机、智能互动式设备等智能终端。

规划智能制造。规划推进智能制造装备、数字工业互联网系统集成应用等产业布局和数字化智能制造、网络与传统工业协同制造、远程诊断与运行维修维护服务等新型制造模式，建立完善智能制造标准体系，结合各级共享中心和产业带规划建设，打造数字化、智能化、可分布式制造共享中心和高端装备制造产业带。

规划物联网。通过政府引导和支持、社会资本资源参与，实现各类可共享资源如私人汽车、公共汽车、各类无人驾驶交通工具、停车库、商业空间、办公空间等各类开放空间与各级共享中心规划建设的物联网供应链基础设施和资源共享基础设施建立无缝链接，实现公共、共享资源可被居民快速利用。

第 21 章　聚合城市空间规划

基于博弈论"均衡点的存在"原理、生物学家们关于人类与生物群体之间存在的"执行力与自下而上的群体力量"的共性，第三代通信技术革命带来的基于点矩阵空间的群体协同创造，相对于地球资源日益枯竭及碳排放引发的环境危机，21 世纪的城市由过去各自为阵的分散形态转向可实现群体智慧、资源集聚与共享利用的聚合城市将成为必然。

作为人口占世界近五分之一的大国，相对于那些成功实现城市化的国家，中国城市化似乎还要经历漫长的过程。历史的斗转星移，伴随第三代通信技术革命的到来、点矩阵空间的诞生、共享与聚合的新经济时代来临，已经让历史上基于经济产业合作为单一导向的"都市圈"模式与我们渐行渐远，成为发展与环境、工作与生活难以实现平衡的历史。中国城市将无须重蹈欧美城市化旧辙，科技革命与新经济正在迅猛的改变旧城市空间。人类城市将继 1933 年 2.0 城市（《雅典宪章》）至 1977 年 3.0 城市（《马丘比丘宪章》）的思想变革以来迎来第三次革命。21 世纪的城市必将是共享的城市、聚合的城市。

空间聚合与资源共享的"聚合城市"规划本质是对人们生活幸福原理的忠实，是对先贤们所畅想的理想生活的继续探索与实现，是对集群创新时代和点矩阵空间的融合。

根据 2017 年国家统计局数据，中国大陆地区总人口 139008 万人，其中城镇常住人口81347万人,城镇化率58.52%,比2016年末提高1.17个百分点。中国城市人口只占总人口的58.52%,相比邻国日本及发达国家90%以上的城市人口规模,中国城市化还要有一个较长的发展过程。如果忽略技术、经济、体制等具体因素的差异,按照法国"光辉三十年"城市化的2%速度来推算,完成90%以上人口城市化还需要约15年,每年需要向城市转移农业地区人口约2780万。如果按2017年的城镇人口1.71%的高增长速度,约需要21年,每年将转移农村人口约2000万(未计入人口自然生死率),若依此速度,中国城市化还要经历漫长的历程。

但是要实现农业地区和城市之间的平衡发展、实现农业地区的土地利用价值的快速提升、提高城市对于自然资源和人造资源的集约利用效率、提升城市全球竞争力,中国需要以国家政策为引导,以资源共享、发展与环境共生、城市与农业地区共同繁荣为基础快速实现城市化。

如前文综述,中国城市之所以可以超越历史上西方城市化的速度,在21世纪快速实现城市化,是因为第三次科技革命带给中国城市空间发展新经济、新科技、新空间变革和有效增加人口承载力的契机。

因此能否快速实现城市化及空间的健康发展,取决于是否实施与新科技新经济时代相适应的城市空间规划战略。中国城市规划应在城乡总体规划策略(详见第18章)的宏观导引下,在实施共享城市规划建设的同时、同步展开聚合城市规划建设。

21.1 实现聚合城市的意义

尚未完成的城市化进程使中国城市必须创造更多的物质财富、公共资源、增加城市人口承载力,中国需要从快速实现城市化战略高度、基于第三代通信技术、数字经济、点矩阵空间,重构中国大区域内的不同城市之间的空间格局与组织架构，这意味着中国城市将面临宏观层面的空间规划战略调整。

实现聚合城市其意义在第18章"实施新城乡规划的意义"中已有详细表述，这里有必要对重点方向再做简要陈述：

1. 有利于快速实现城市化。聚合城市通过增加人口承载力、聚集人力、科技、经济等人类资源和自然资源，实现共享，利于城市发挥群体创造力，实现经济效率极限和公共福利最大化。

2. 通过聚合城市规划策略，实现传统城市去中心化，使中国城市由过去单中心转向多中心的空间结构。迅速改变旧规划体系执行的城市规划建设标准，对不符合健康标准的城市建成区给予更新规划。能够实现城市公共资源分布的均衡，构建一体化绿地阳光城市生态圈（图19-4）。

3. 通过规划建设聚合城市实现点矩阵空间与城市物理空间规划融合。能够实现各个城市资源利用效率极限同时实现城市运营效率极限。通过点矩阵空间与人们工作、生活的融合，能够逐步实现人性的升华和物质创造效率的极限。

4. 规划建设聚合城市有利于实现国家体制和城市体制深化改革。利于政府主导规划实施快速城市化政策，积极系统的针对农业地区的青壮年产业人口进行职业培训，将其快速转变成为城市居民，对具有劳动能力的中老年进行现代农业技能培训，成为实现农业现代化的职业农民。对于达到退休年龄的农村老人由国家负责医疗养老。这将释放大量农业地区分散的土地，实现农业现代化、规模化经营，其增加的收入完全可以承担农业地区人口的公共福利，并能够实现对于城市公共资源投入的反哺。

5. 构建巨型聚合城市有利于中国城市面对经济全球化时代的国际间竞争和挑战，有利于全球竞争及国际及区域经济协同合作，构建区域经济和全球经济供应链，创造了个体能量之和大于总体能量的空间新秩序。

6. 聚合城市规划建设使城市与点矩阵空间共同成为超级共享中心，集约化利用和生产能有效减低碳排放，可实现资源共享利用最大化，财富创造效率和公共福利最大化，为全球碳排放控制、保护人类共同生态圈作出贡献。

7. 巨型的聚合城市能够成为各相关利益方的均衡点，成为超级共享空间，能够充分实现资源共享、产业集聚，产业结构完整，实现完整的区域产业分工。通过巨型的聚合城市战略规划，可以构建能够创造经济效率极限的共有经济体制，有利于化解第三次工业技术革命导致史无前例的技术性失业引起的市场价值和社会价值的失衡危机。使更多的国家资本、民营经济、微创公司、个人等参与到新经济体制下的群体创造，使城市能够有力地参与到全球经济竞争与合作体系中。

21.2 聚合城市与都市圈的差别

基于文字释义的某些共性，人们很容易混淆聚合城市与来自 20 世纪 80 年代西方和日本的都市圈概念，在此有必要加以区分：

1. 规划目标不同

聚合城市规划目标是去中心化，实现多中心化。实现特定区域内所有城市工作、生活、公共服务、资源等共享和同城化，规划区域经济一体化。

20 世纪的都市圈规划之初的目标指向比较单一，是以实现不同城市间产业合作为目标，没有实现去中心化，产业经济之外的公共服务和资源等利用没有共享化，区内不同城市公共服务、生活、经济等各方面仍然维系传统的大城市中心化特征。

2. 人口承载力不同

聚合城市首先以提升人口承载力并且实现职住平衡、经济与环境平衡的宜居城市为规划宗旨，通过系统的空间规划和城市更新策略实现人口承载力最高可达 6000 万人口的巨型城市。都市圈既没有从这样规模的巨型城市角度、也没有从整个区域内人口实现同城生活角度，论证人与城市之间的管理、生活、经济、环境等具体关系与情景。

3. 管理的模式不同

聚合城市的管理将逐渐实现统一的规划与行政管理体制，都市圈内的各个城市行政管理是相对独立的。

4. 空间结构不同

聚合城市的空间是建立在实现区域内各个城市之间建立共同经济、共同生活、共同资源利用、共同环境生态等共同城市的总体架构。都市圈不存在整体的巨型城市空间结构，圈内除了产业分工联系紧密，其他各个城市基本各自独立、联系松散。

5. 主体功能区不同

聚合城市空间建立在多中心化、功能复合、并联分布的空间规划基础之上，拥有完整安全的慢行交通体系，一体化的共同生态圈，功能复合的城市共享中心，并将实现城市资源最大化共享。这些都是都市圈所不具备的城市重要因素。

6. 规划战略导向不同

聚合城市的产业分区、交通、绿地、住宅等空间规划都充分考虑宏观经济与新技术的影响及相互之间的平衡。都市圈的各主体功能空间规划与宏观经济是脱节的，都市圈规划以单一经济为导向。

21.3 聚合城市空间规划

1. 聚合城市通过集聚中国分散的城市力量，实现多个城市区块链接，进行集约化发展。从宏观层面节约自然资源和人类资源，实现低碳城市和环境保护，包括对于不可再生能源、城市发展用地、城市公共资源投资等节约、集约利用，实现巨型城市空间内所有资源共享，聚合人力资源、自然资源、科技、经济、文化、艺术等力量，发挥资源利用效率和人们的群体创造力，实现个体相加大于总体之和的区块链接效应，提升聚合城市全球竞争力。

聚合城市由若干个文化、经济、自然地理属性相近的共享城市，或者几十个小型共享城市构成。总人口 6000 万以内（聚合城市并不代表必须具备庞大的人口规模，可以根据不同地域的人口、经济、自然承载力等因素灵活确定），其总用地面积可控制在 25600 平方公里内，范围包括城市区块之间的森林、田园、山水、绿地等约 160 公里×160 公里内（基于不同区域、不同地理资源、不同空间属性，以及未来快速交通技术的进步，可适当调整规划范围和用地规模），以保证城市快速交通 2 小时内可达聚合城市内各区块——共享城市。人均用地 ≤ 150 平方米（虽然远高于当前的 120 平方米，但相比通过聚合城市在全国范围内实现大量城市、村镇收缩节省的城市用地，在保持城市健康标准的前提下，土地利用依然是节约的）。

在此我们设计了三种聚合城市模型（图 21-1－图 21-3）。当然基于不同的地理和气候属性，聚合城市的空间模式并非局限于三种方式。我们试图通过三个模型，较为全面地表达聚合城市各个区块之间与绿地、田园、阳光、空气、山川河流之间的均衡关系。当然我们也绝不会忽略与城市和生活密切相关的另一些要素，如居住、工作、交通、经济、产业等。总而言之，我们所要实现的是在所有自然资源和人类资源之间建立更加有利于人们幸福生活的均衡点——聚合城市，实现生命价值和经济价值的平衡，这也将是我们理想的"世纪之城"。

2. 聚合城市强化其内部各个共享城市的工业区实现空间集聚，并建立完整的产业链，形成与人们生活可实现平衡的分布型六个等级产业园区，分别是：洲际级、城际级、区级、社区级、邻里级的产业园区及微创产业中心等，实现不同产业聚合城市内部分工。

3. 在聚合城市内的各个共享城市之间实现产业、公共资源利用、生活实现同城化。这种同城化是指聚合城市内去除中心化，实现公共和可租赁物质资源如大型医院、大学、大型公共服务中心、办公空间、产业园区、娱乐场所、商业服务中心、共享汽车中心等分布式均衡布置，以促进实现共享。人力资源也同时实现共享，如医生、教师等实行流动作业以充分实现城市利益的均衡和人力资源的共享。并为此规划设置五个等级的共享中心：洲际共享中心、城际共享中心、区级共享中心、社区级共享中心、邻里级共享中心，为实现生活与工作平衡奠定基础。

4. 聚合城市规划逐步实现去中心化。增加城市抵御经济波动风险的韧性，增加城市人口承载力，加快城市化进程。通过规划建立N个聚合城市，承载国家90％以上人口城市化生活和就业。分步骤、分阶段实现曾经分散的科学技术、人才和物质、资本等经济资源的集聚和集约化、共享化利用，发展科学技术，改变产业结构，振兴新城市产业经济，实现传统工业向新兴技术产业升级转型和产业空间集聚，建立完整的区域产业结构和分工体系，实现聚合空间的经济资源和自然资源的发展和利用极限，实现聚合城市的国际竞争力。实现城市经济可持续发展，逐渐实现对农业地区的有效反哺。

5. 通过聚合城市集约利用效应，聚合城市对于全国各地那些生产效率低、拖累农业经济发展的、正在错误致力于大城市化的中小城市实现聚合发展，可节约大量土地，使其重新回归自然、农田或特色美丽乡村。聚合城市规划开发整备的实施最终将实现城市聚居区、工业区、农业地区的非对称均衡，创造共同繁荣。

6. 聚合城市的规划范围和建设强度控制应立足于对建成区更新和再生及补充性质的新城开发，以聚合城市内的存量用地为基础，针对原有的城市逐步实现多极化、共享化的共享城市规划建设，并逐渐通过聚合城市规划策略，规划建设成为同城化的聚合城市。

7. 聚合城市规划建设应融合点矩阵空间，实现新技术与城市、农业、工业地区空间融合发展，将点矩阵空间五大要素与新的自然资源保护规划、国土利用规划、城乡规划、城市设计等理念结合，增加城市绿地、阳光的供给，实现不同利益方的和谐共生，实现工作与生活平衡。

8. 实现中国城市超越西方工业化陷阱的跨越式发展，避免重蹈城市化历史上先污染后治理、交通、公共资源、人们生活与工作及健康失衡等众多"大城市病"的覆辙。

9. 聚合城市应规划成为新兴工业产业一体化、交通一体化、科教文卫一体化，拥有1～2小时生活同城化的聚合之城。伴随新的规划整备的实施，将聚合城市建设成为所有资源共享的共享之城，成为保护传统历史文化、传播文化艺术、科技创新、新兴产业繁荣、高端装备制造业发达，充满阳光和绿地的生态、智慧、宜居的巨型城市。

21.4 交通规划

由于内部构建了完整的产业分工体系，聚合城市对外城际交通流量将比之前的传统城市大幅减少，城市内部的区间交通流量也因空间再平衡规划和智能共享交通载具的投入使用，比之前传统城市内部的交通效率提升 N 倍以上（具体需要后续的数据计算）。因此规划城市道路的等级及用地比例的确定应关注这种必然趋势。具体规划方案如下：

1. 聚合城市的大型国际航空及物流交通枢纽布置在与各个共享城市接近等距离的"全球城市共享点"，并与各个共享城市内部交通枢纽、各级共享中心建立链接，目的是避免这种大型公共资源集中在某一个共享城市，导致整体空间失衡。防止形成局部优势，从而避免车辆出现向心或辐射状通过某一共享城市，避免构成任何形式的枢纽中心城市，防止导致交通拥堵和城市空间区域失衡。

2. 在聚合城市内建设 2 小时内到达任一共享城市的城际交通系统，如轨道交通、高速公路、快速公交（BRT）等交通体系，实现生活工作同城化。城际交通联系洲际共享中心和中央国际航空枢纽。

建立各个共享城市之间的快速交通，可沿各个共享城市外部与工业区之间的绿化隔离带建设环形城际高铁，以满足工业区与城市聚居区之间的通勤需求。以此作为城市与外部工业区的交通干线，与城市内部快速交通、换乘空间等与各等级共享点链接，再通过公共交通、共享交通、慢行系统等与居住区链接，形成等级明确有序的快慢一体化交通体系，以提高聚合城市各区间通勤效率，实现城市居住区到达工业区通过快速交通系统通勤时间在 30 分钟以内。聚合城市内部的新兴产业规划设置在各级共享中心内部，可通过城市快速干线与城市外部的工业区建立直接的交通空间联系，并通过慢行交通系统与居住区联系，实现 30 分钟内步行或者通过慢行交通工具 15 分钟实现工作通勤。

3. 聚合城市工业带均规划统一的快速交通系统，通过城市轨道交通及快速公交、共享汽车等交通系统将若干个共享城市工业区等进行横向链接。

4. 结合现代节能环保科技，大力发展清洁能源及自动化人工智能交通体系，如太阳能、氢能、核能利用。除新能源交通载具外，还应以各级共享中心为主进行包括智能无人驾驶汽车网络即时租赁，以及各类共享资源服务站的规划建设，以有效减少传统发电及工业机械对城市环境的污染。创造低碳经济。

5. 在聚合城市交通管理体系方面，实现信息网络、智能化监控管理。建立完整的无人驾驶公共汽车和共享汽车信号导引及接驳换乘系统、城市道路信息智能标示系统，以适应未来交通科技发展对于城市通勤设施的需求。

6. 城市内部通过规划设计共享汽车及公交专用快速通道，以倡导聚合城市内未来实现共享交通系统为主、私人汽车交通为辅的交通格局，如共享无人驾驶慢速电动汽车、自行车、慢速电动代步车及其专用道路。结合即时网络租赁交通工具服务设施、步行道路系统等规划建设，有效促进低碳生态宜居城市的实现，通过多样性的城市交通体系，创造交通顺畅、健康快乐的慢生活城市。

在国际上，慢生活的城市体制曾为哥伦比亚首都波哥大及市长潘纳罗萨赢得享誉世界的荣誉。20 世纪 90 年代，哥伦比亚首都波哥大市长潘纳罗萨倡导的公共交通优先、提倡慢生活的城市发展规划，凭借良好的城市公共交通和一流的自行车道路及慢行系统的设计和普及，被联合国评为"世界发展中国家最幸福的城市"。或受其启发，近年建设完成的深圳华侨城空中公共轻轨及铺装塑胶红地毯的自行车专用道路的设计同样引发了良好的社会反响，并且促使该区域成为深圳住宅等不动产价格高区，成为深圳市生态居住示范区。

21.5 工业区规划

聚合城市工业区规划的目标是建立各个共享城市之间的工业和新兴产业一体化空间格局，构建完整的现代产业结构，提升聚合城市经济的全球竞争力，并且有利于城市空间的均衡发展。

在聚合城市内根据不同城市自身的特性，统一规划、调整、更新各个共享城市之间原来利益割据、彼此孤立的产业结构体系，集中力量逐步规划发展一体化的新兴工业区和产业园区，共同构成完整的城市产业结构和分工体系。

在庞大的聚合城市内的各个共享中心规划科学技术研发和创意产业园区，规划新兴产业孵化中心。在聚合城市外部规划 3 公里以上绿地或森林作为隔离区，在绿化隔离区以外规划重装备制造及其他大型制造业。在聚合城市内部通往国际共享中心交通轴的中央地带规划一体化区域协同经济产业带。最终构成大型工业区、一体化区域经济产业带、洲际共享中心产业园、城际产业园、区级产业园、社区级产业园区、邻里级产业园区和微创产业中心，形成产业层级明确、产业布局均衡、产业链完整的区域经济一体化经济循环体系。创造城市产业经济高效运营的同时，大幅度减少居民工作的通勤时间，实现人们生活与工作的平衡。

21.6 聚合城市——上海

以上海为例,未来大上海巨型城市应规划发展成为:以城市历史文化、人文思想交流、文化艺术教育、科学技术研发、高端装备制造、国际展览展示、国际金融、国际港口贸易等为主的一体化区域经济协同发展的聚合城市,并且将实现经济、科学、教育、文化、卫生等工作与生活同城化,资源共享化、去中心化。上海也将成为巨型聚合城市内的一个"区块"(图21-4—图21-6)。

"大上海聚合城市"可包括:上海、嘉兴、湖州、宜兴、南通、海门、苏州、无锡、昆山、启东(这只是针对空间规划的模式举例,具体的城市数量可根据具体城市规划各项数据指标综合计算与评判进行相应增减)。纳入聚合城市的各中小城市将进一步增加人口承载力,按照多极化、功能复合的共享城市规划理念进行新一轮旧城更新再生以及新城开发,每个共享城市人口可增加至600～1000万,使该聚合城市人口承载力达到近6000万,甚至可以扩展至1亿。

聚合城市区域内,可利用基础较好的苏州工业园区联合其他共享城市建立完整的新兴产业区、产业带;太湖、阳澄湖、黄浦江两岸为城市生态保护带;自无锡太湖沿黄浦江两岸规划延伸的绿地生态走廊一直到达上海中心城区,在生态保护带与城市生态共享大道构成共同城市生态圈。城市未来技术孵化中心、智能技术、生命科学研究、基因技术、信息科技等当代高科技研发及智能产业可依据各自规模分布于各级共享中心;聚合城市以外的浦东临港新城工业区可继续发展成为高科技重装备产业区,其他重装备工业区均规划在聚合城市3公里绿化隔离带以外,靠近各个共享城市外部快速交通干线区域;原上海市区按共享城市规划理念和标准进行城市更新,即拆迁后的土地按比例建设成为城市绿地和各等级共享中心。类似世纪公园等城市大型公园可用于承载旧城区、棚户区更新改造后转移人口的居住区建设用地。大型公园应建设在郊外。

上海应停止在城区东部附近继续引入大型国际游乐设施如类似迪士尼这样的娱乐设施等，这将严重破坏聚合城市的空间均衡，导致大量人口及交通流量跨越同一个城市流动，导致上海城市交通拥堵状况及人居环境进一步恶化。类似这些大型公共资源必须规划设置在聚合城市的中心地带，与各个共享城市保持相对的等距离。同时将被互联网等技术替换的空间和城市用地指标转化成为各级共享中心，最终使上海城市完全复合或接近共享城市的规划标准。

各共享城市均规划大型航空及高铁等交通枢纽，从而避免任何形式的中心城市。避免车流呈现中心辐射状穿过某一中心城市，导致交通流量失衡。在"大上海聚合城市"的内部中央空间建设大型国际、城际交通枢纽，原有的虹桥机场继续西扩，转变成位于苏州和上海之间的超级洲际共享中心，成为服务于各共享城市的超级国际空港和国际物流中心。浦东机场调整成为国内面向南部地区的空港及辅助性国际机场，以及用于城市各类救援、消防、警务等的直升机场等。可选择在南通或者海门也可以是无锡，规划选址建设面向北部的国内机场，同时作为国际机场。各个共享城市之间通过城际高铁、公交等，形成1～2小时共同生活圈。

伴随巨型的聚合城市、共享城市规划的实施，未来的上海将不再是一个传统的独立对外的中心大城市，将转变成为聚合城市内部的一个多极化、功能复合的共享城市。上海从此将告别交通拥堵和环境污染、空间与资源失衡的"大城市病"的困扰，转变成为具有共同生态圈的绿色低碳城市，居民可通过无机动车干扰的生态共享大道，步行10～15分钟进入公园绿地和共享中心，步行10～30分钟可进入产业区的共享城市。成为汇聚文化、经济与科技思想创造，输出科学技术成果，实现经济与生态保护平衡发展的全球超级城市。

第 22 章 小城镇空间发展策略

伴随科学技术裂变式的快速发展，人们对生态环境保护及健康意识等生活本质的回归，未来中国小城市规划将是"经济与非经济"平衡规划的时代。小城市面临新经济时代的发展机遇，聚合城市之外的这些城市将规划或更新成为生态宜居、慢生活的共享城市。

如果将收入的增加称作地域规划中的"经济价值"，那么可将地域的特色和生活方式称作地域规划中的"非经济价值"。

中国小城市规划发展要实现"经济价值与非经济价值的非对称均衡"，其含义是使这些小城市更加人性化，居民可以保留地方生活方式并更加健康自豪地生活。未来中国众多小城市在提高经济收入的同时，将更加重视自然、阳光、空气、绿地、田园在城市生活中的位置。这种平衡的理念对于中国那些尚未被工业化的小城市来说，是不能放弃的城市发展目标。

22.1 小城镇空间规划

小城镇空间规划配合聚合城市规划战略，应首先明确全国范围内计划保留的小城镇范围。协同聚合城市规划战略及农业大区规划，建设成为农村人口转变成为城市人口的过渡期的人口蓄池，成为农业大区链接聚合城市的纽带和节点、成为农业地区人口转移到聚合城市的文化、职业技能培训基地和人口输出中心、现代化农业技术服务中心、农业产品深加工制造中心。与聚合城市相互协同合作，快速恢复离散的家庭体制，实现留守儿童回归家庭，实现那些家庭离散的人们工作与生活之间的平衡与和谐。与聚合城市协同合作，使城市化成为真正的以人为本的城市化，尽快完成90%以上农业人口转移向聚合城市，为成功实现城市化做出贡献。

空间规划应参照共享城市策略和经济控制指标进行，需要根据其自身的地理环境和发展现状，可与共享城市的空间结构有所不同，应与自然环境更为紧密融合。考虑中国人对于居住建筑的朝向要求与生活习惯，建筑按南北布置，建筑则拥有开阔的南北纵向距离用于绿化，东西向公共绿化则需要强化，因此可东西间隔0.6～1.2公里规划带状公共绿地或农田；1.2公里之内规划城市生活社区，并在带状公共绿地或农田内按比例布置公共服务中心如办公、科学、教育、文化、卫生等，公共绿地宽度0.2～0.6公里，绿地两端与郊外的田野或绿地相连。这种空间布局可使城市建筑在纵向与横向两个方向都拥有良好的绿化包围，并使整个城市拥有良好的自然通风，使城市内部拥有更多的绿地和阳光（图22-1）。

以上的空间规划模式只是预设城市处于地形平整的大地基底之上。具体到不同地区的小城镇空间规划应依据各自不同的地理环境属性、地形地貌的不同给出与其相协调的空间规划，以共享城市的基本要素为原则，坚持绿地与生态环境优先为导向，实现人居环境与绿地田园和谐共生。

一座步行15分钟可以看到绿地田野的城市是不会让人厌倦的城市，并将拥有顺畅的智能交通、充满阳光和清洁的空气，各组团之间由绿地或田园间隔，使小城建筑如明珠镶嵌在优美山水田园之间，与自然融为一体，并可为聚合城市源源不断地提供大自然的能量。

小型工业区选址应沿着城际道路一侧布置，并与城市保持3公里以上绿化隔离。自动化程度高的农业深加工或服务于农业的制造业应接近原材料生产地或远离城市,而不是靠近城市布置。小城市空间可参照城际交通及物流中心—工业区—绿地或农田隔离带—城市聚居区—农场—农田及农产品制造中心的空间次序和基本要素综合考虑规划布置。

坚持生态优先、能够尊重地方个性、实现人们健康自豪的生活为目标的规划发展策略。

实施专项生态环境保护规划,确立自然环境生态保护红线范围,划定小城镇发展边界,限制城市建筑向生态保护区域或田园任意扩张侵蚀。近大型水体、海洋、山体等应停止规划建设各类大型建筑,强化生态自然环境保护,避免人与建筑对于生态系统的肆意破坏。

小城市规划目标决不要试图发展成为那些过度追求经济增长的大城市,特别是那些号称"国际化"的大都市。全世界都在羡慕它高楼大厦崛起的同时,其庞大臃肿而单极的城市躯体却早已不堪重负。到处充满污浊的空气,交通拥堵,庞大而高密度的城市建筑群体使城市的日照时间大幅缩减,空气流通延缓,拥堵的汽车排放致命的尾气,拥挤的交通消耗人们的出行时间,使城市的工作效率降低,道路通勤时间大幅度增加,许多人必须为工作付出更多的时间而失去了闲暇。城市经济虽然获得一定发展,但人们却为此付出了健康并以失去生活快乐为代价。特别是发展中国家的大城市,迫于快速提升经济收入为目标的城市发展背景下,在它们无节制的失控扩张背后,导致许多城市社会生态和环境生态危机显现。

22.2 交通规划

实施共享城市交通规划,规划发展新能源公共交通及共享专用道路系统。应尽量全部使用新能源交通工具,发展公共无人驾驶共享汽车、智能电动代步车、自行车等交通体系，规划建设可即时租赁和提供服务的基础设施系统，规划建设步行、骑行等专用道路慢行系统，规划建设智能交通感知系统基础设施，规划建设智能化、数据化交通体系。

政策鼓励家庭使用公共汽车、共享汽车等各类共享资源，弱化资源的所有权、强化使用权。

规划设计可以为游人和居民的新能源交通工具提供各类服务的基础设施如充电站、临时停靠点和站库、救援中心、房车基地等。并将小城镇的道路系统、各类交通基础设施与城际交通服务设施建立一体化链接。

通过规划创造便捷生态的城市空间，创造宜旅宜居、生态环境优良、资源共享、智能化的慢生活城市。

22.3 产业规划

第三代通信技术革命给发展中国家创造了与西方同台竞技的历史机遇，点矩阵虚拟空间、人工智能、远程控制技术可以使任何事物无需凭借庞大的体量而融入世界的格局。无地缘优势、偏远却具有自然个性的小城镇将焕发新生。

当代飞速发展的科学技术必将给拥有良好生态的小城市创造新的繁荣。但机遇一定属于具备前瞻性规划的城市，特别是那些拥有清新空气、优美生态、没能大量成功引入第二产业的城市。这些仍然保留有自身属性与特色的生态小城在新一轮规划整备中应重视点矩阵虚拟空间、人工智能等技术的导入——只有这样的城市才更具备吸引宏大人气的魅力，因为信息互联网时代，如果去除人口因素，城市个体规模效应已经不再重要。

虚拟空间可以构建与庞大的实体空间的非对称均衡，并将更广泛地替代实体的物质空间。小镇可以成为各种新技术、新经济生活体验中心，如机器人小镇、无人驾驶汽车小镇、虚拟现实小镇、动漫小镇等，从经济生活角度可以是共产主义小镇、共有经济小镇、共筹经济小镇、合作社小镇、基金小镇等。人们完全可以一边在小城市体验或者实验不同方式的经济生活或者休闲度假，一边通过先进的数据网络及视频技术与世界任何地方展开业务合作与交流，并通过网络及智能技术完成工作、学习或进行各类创业与经营活动。在大城市，未来人类借此可置换出更多可提供健康保障的绿地和阳光的城市用地，从而改变今天大城市与自然割裂的困境。这或许正是发达国家建设以数十倍网速领先于发展中国家信息工程的重要原因之一。

基于未来中小城市人口向聚合城市迁徙聚集的发展战略，小城市产业发展以农业服务、文化产业、旅游度假、地方特色产品制造等为主，应组织科技、经济、人文、环境、规划等各专业，依据不同城市的地理属性共同研究确定不同的小城市产业发展方向。应杜绝小城镇房地产化，重点发展具有自身区域特色的生态农业、渔业、旅游业、农副产品深加工产业或是港口物流产业，适度发展无污染的轻工业。在广阔的郊区农场发展高科技生态农业，为聚合城市提供大量有机食品，提升农业经济收入，同时应避免农药对空气、蔬菜食品及区域内地表地下等水体资源的污染，使小城市环境及食品安全整体上获得保障。产业规划与发展应该将构成小城市地区特色及差异化优势的要素置于首位。发展城市经济的同时，更加注重保护和延续城市文化与自然的生态体系，以保持并增添小城市的魅力。还应从生活艺术与文化的塑造发展特色产业经济，实现文化与产业的共生。

例如法国的戛纳小城，昔日只是一个城市化进程中遗留下的小渔村，通过长期不懈努力，如今成为世界最大规模知名度最高的电影节举办地之一，每年吸引影视界专业人士8万多人和近50万游客。电影节创造直接经济价值近3亿欧元，每年有数千部影片在此交易，销售额达数十亿欧元。在电影节的推动下，戛纳逐渐形成商业展览展示为主的服务业链，吸引大量游客，拉动了旅馆餐饮业、旅游业的发展。

中国地域广阔，自然资源呈现多样性，处于不同区域的小城镇可以地方资源为主，结合现代工业技术，建设成为诸如法国的"香水王国""葡萄酒圣地""薰衣草故乡""香槟之都"等各具特色的城镇。任何一个小镇都可凭借现代技术结合其地域资源特色，构建属于自身个性的未来发展优势。

发展特色小城产业经济，除人类技术、经济因素之外，还应实现建筑艺术与技术和谐共生。作为与我们相处最为紧密的建筑空间如果不能实现艺术创造，就无法给予我们舒适美好的心灵感受，只有经济、技术，没有艺术的建筑和城市空间是苍白和乏味的，难以提升人们内心的幸福指数，更无特色可言。

22.4 自然资源与历史文化保护

在发展中国家那些小城市，未来发展的优势恰恰是曾经没能成功引进第二产业，使那里还保留着清新的空气、自然的山水、美味的鱼、优质的稻米、自身的特色、丰富的地方物产、顺畅的交通等。这是小城市真正的优势与发展潜力，这是新一轮规划不能忽视的重要元素。

在中国那些未来聚合城市以外的小城市应该成为阳光、清风、明快、集约、田园或时尚的慢生活方式的人类修养生息的摇篮。丰富的物产、大自然的气息是它们真正的魅力所在。它们是在各区域之间有田园或绿地相间、但可快速通达的特色共享城镇，而绝不是要像今天经济发达的那些世界大城市，迅速扩张成为体型巨大却污染严重、失去健康生活品质的人口容器。

应使城市历史文化或其周边具有传统历史保护价值的乡镇文化得以传承延续，城市空间获得可持续发展。实施专项的历史文化遗产保护性规划，这种保护规划不应局限于某些建筑或街区，还应扩展到自然和具有人文内涵的大地肌理。例如传统诗词表现的具有区域特色的乡村风景"一去二三里，烟村四五家。亭台六七座，八九十枝花"等，类似这种传承数千年的地理文化与人文信息不应该在未来规划中消失。

在这种基于人文、自然景观、古村落于一体的历史文化空间的保护方面，同济大学周俭教授从肌理的角度进行了深入研究，在其论文《乡村遗产保护——文化景观价值与管理》中提出从美学景观和形态肌理等视角确定历史村落保护范围，保持建筑的乡土性、协调性，并强调对于那些在农田中建设的历史老房子给予重视和历史景观性保护，同时还提出具体乡村遗产管理应对策略等。

在未来区域更新与再生或新城规划建设过程中，应注重展现和保持不同地理的自然和历史文化个性、保护良好生态环境及其自身的生活方式，才会使这些区域或城市保持恒久个性魅力。

近十几年以来，许多城市过度商业化开发，致使许多具有历史记忆和保护价值的城市空间及那些具有人文信息的自然肌理被遗弃甚至破坏，使传递人类历史信息的城市文化脉络和城市肌理被割裂甚至彻底毁灭。城市在自然环境保护方面应避免城区空间对于山水等生态空间的扩张性挤压。许多小城市在泛大城市化时代，在功利性规划的驱使下，往往对于原本优越的自然生态环境进行掠夺性开发，不顾及城市整体和长远利益，使那些设计低劣的大片钢筋水泥建筑生硬地、破坏性侵入到原本自然优美的山水自然之间，使城市与自然的空间秩序被混乱，导致人们失去对于城市、自然山水在心理和视觉上的自然过渡。城市与自然关系的撕裂还将导致生物链和城市环境生态的破坏。

例如，杭州就没有将城市扩张到作为城市和西湖背景的山脚下，而是保留一些自然村落，结合西湖形成多层次自然过渡，并且注重对西溪湿地的保护。但许多城市缺乏战略视野的规划，危害了自然环境，破坏了城市与自然山水的和谐，严重削弱了那些城市固有的山水田园的自然属性与特色，使这些城市获得短期利益的同时失去长远发展的战略机遇。

在许多沿海城市开发过程中，对沿海岛屿的生态体系及自然山水、地理人文信息造成许多难以恢复的破坏。以中国沿海城市连云港的海岛新城区规划为例，岛区内本应作为历史人文景观保护的渔民村落在规划中被破坏殆尽，那些载有历史人文基因、错落有致、有着百年历史的优美的渔民村落变成了设计丑陋的水泥高层建筑，并遮挡着岛屿和阳光。

这里本来是一个保存较好的自然渔民村落，曾经令无数游客流连忘返的好地方。那些令人怀旧的海岛特色的石造民宅，那些记载了历史与记忆的青石铺就的迷宫般小巷、旧时路灯、曾贴满布告的生产大队部的古老石屋，石屋群落的一侧轻涛拍岸的海水与泊满千帆竞渡般的渔船，摇曳在风中锈迹斑驳的喇叭、曲折回环的石头巷陌，吸引游人寻访它的尽头和历史的源头，探询内心未知的风景和世事沧桑的思索，这正是一种人文旅游的快乐和人间沧桑的魅力。

这景象是海岛渔村所特有的，现在都在规划中消失。取而代之的是一片拆迁后破败的断壁残垣和裸露着乱石的岛礁。伴随着那些设计丑陋的水泥高层建筑，原生态的居住群落连同它所附载的历史人文信息被人为地毁灭。而对于滩涂生态系统的破坏也尤为严重。城市为了短期利益，通过填海将滩涂转变成为建设用地。而滩涂湿地是高生产力的生态系统之一，是人类重要资源库，是许多具有商业价值生物的产卵地和育幼场，也是众多野生动物如两栖类、爬行类、鸟类甚至哺乳类等的繁衍地。从环境意义方面讲，滩涂能够储水、泄洪、抵御风暴潮、防止海浪冲击、保护海岸、吸取大量二氧化碳、调节气候等。而城市东部的山林也一再被那些设计糟糕的建筑群挤压到了山脚，失去了与城市空间的生态与视觉过渡。

在逐利的目标下，规划和建筑设计失去了生活本质的核心，那些所谓的"规划师们"更加市场化和企业家化，他们不忘谋生的目的，沉湎于强调自身"产值"开发经济效益的规划和设计中，忘记了规划和建筑设计的本质，更不会关注城市长远的利益，导致城市逐渐演变成为被统一了模式的"样板城市"。你站在几乎是全国统一标准的行政中心广场，放眼周边，到处是设计低俗、拥挤的建筑群落，会让人们怀疑这座城市的人文素养与审美的文化底蕴。许多充满自然山水与传奇的特色城市，就这样被同质化而失去了诸多个性与特色。

今天，那些不同自然地理属性的小城市规划，应立足于其经济发展历史阶段与现状，将经济和非经济价值原理进行平衡规划。不应急功近利，单纯追求经济指标的快速增长，应立足于人们健康生活需求及自身优势，规划发展成为拥有个性并保持自身生活方式的生态健康城市。

这些个性城市将或是山城、或是海城、或是山水之城、或是历史文化之城、或是艺术之城、或是某种民俗文化小镇、或是影视之城、或是各类传统美食之城、或是自行车运动之城，或是步行休闲之城、或是疗养健康之城、或是共享一切之城、或是心灵抚慰之城、或是提供回忆或思想创造的田园小镇、或是24小时娱乐的不夜之城、或是输出科学技术研究发明的智慧之城，总体来说，它们将是令人流连忘返、令居民健康自豪、具有自身特色的宜居共享之城。

21世纪，越来越多的国家和人们参与到第三次工业技术革命的实践中来，技术革命无时不刻带给我们来自方方面面的改变。实施共享与聚合城市规划战略成为历史的必然，理想的城市空间和生活方式已经展露端倪。

伴随新规划理念的导引与规划策略的具体实施，城市聚合与更新逐步完成。今天的北京、上海、广州等众多传统的单极化特大城市空间形态将发生根本性的改变。这些特大城市将转变成为聚合城市内部的一分子，并且完全脱离中心城市的位置，而分散融入其他个体城市之间，成为一个资源共享、生态平衡的有机共同体。这些聚合之城将集聚中国90%以上人口。这些强大的、形散而神聚的巨型城市，将成为高度信息化、智能化的技术和思想创造中心，并且成为充满绿地阳光的生态宜居之城。

除此之外那些如撒落在绿海中的明珠小城，则深具田园、山水、地方传奇文化，并且保留有清新空气和优良的生态体系。那些历史文化小城或历史村镇将是充满生态魄力、充实着人类美好记忆的快乐中心，以青山大海或田园风光为依托，时刻等待来自远方强大的聚合城市中川流不息的游人，为聚合城市的人们提供生生不息的能量，共同创造 21 世纪人类理想新生活。

从遥远的生命记忆到近在咫尺的繁华尘世，从广阔的山海田园、闪烁自然光辉、令人流连忘返的小城到朝气蓬勃、集聚众多城市人才、科技、经济力量的巨型聚合城市之间，正是博弈论的核心价值所在：均衡点存在的非对称均衡。

第 23 章 致未来

毋庸置疑，资本主义经济主导了 20 世纪，创造了人类历史以来最为辉煌的 100 年。波澜壮阔的历史进程里，无数炽热的理想和智慧都渐行渐远化作了历史和人类景观，但是经济体制之争却从未远离人们，它无时无刻不在影响我们每个人的生活。在它泛起的无数幻象和真实的存在之间，是人类哲思的海洋。人们如千帆竞渡，期待寻找阳光普照、自由的理想之岸。

洞悉历史的风雨历程，人们发现对于理想生活的定义具有全人类的共性，人类所有的真理源于面对生活的忠实，经济问题终究是人性的问题。

20 世纪工业化积累的海量财富并没有令资本主义经济从无限逐利的市场竞争和功利主义主导的"熵"时代经济转向普惠大众的新经济。在一些率先发达的主要资本主义国家，人们工业化早期的贫穷单薄被富足肥胖所代替，精英们引领的消费主义长期盛行，节制与国家正义被离弃；而在地球的另一侧，贫穷似乎成为人们挥之不去的阴影。

资本主义经济创造的财富到达其经济学界定的顶点之际，人们却并未迎来对于"人性论"过渡之后的理想生活。资本主义经济 20 世纪创造的辉煌财富反而很快被其自身消耗殆尽。即使在纽约，人们的贫富差距也并不比发展中国家好多少。在新殖民主义的经济全球化幻象破灭之时，当第二次工业技术革命伴随发展中国家还未曾真正来临的工业化时代远去之际，世界似乎又显现出资本主义经济 20 世纪弱肉强食的野蛮生长趋势，但是人们同时也发现单边主义笼罩下的世界经济正在涌起多元化的浪潮。

21 世纪带给人们乐观也带来某种不安的是第三次工业技术革命悄然降临。虚拟空间正在颠覆传统经济体制与工作方式、城市空间与生活方式，新技术、新经济如巨浪拍岸般的更迭，令人愉悦有时也令人触目惊心。

新经济时代的国家之间关系不再是发达与落后的此强彼弱，而是创新与非创新的同台竞争。万物互联互通令每个人的创造力都在剧增，却也更加需要与他人分享合作才能获得更快的成功。垄断自私、无限逐利的个人功利主义、单边主义经济将与新经济时代渐行渐远。

人们踏上新的世纪征程之际，越来越多的思想家们在反思，100 年辉煌令资本主义世界达到整个社会物质极大丰富之际，为何人们并未如愿从拜金逐利的困境中解脱、实现为理想而工作、关注生活的艺术、在实现自我生命价值中实现人性升华？为何并未实现资本主义经济学创始人亚当·斯密及其继承者凯恩斯主义者们寄予的厚望？

现实是资本主义经济虽然拥有 20 世纪的辉煌成功和创造了人类历史总和的财富，却不愿带给世界甚至是那些挣扎在贫困中的人们一点点人性的光芒，反而将人们引向周而复始的战争和殖民经济的强取豪夺。资本主义经济既创造了辉煌也将人们带入反复破坏的"熵"时代。

事实上，长期以来思想家以及经济学家们早已聚焦这样一个与人们生活休戚相关的问题：如果摒弃基于"人性论"这种在凯恩斯自己看来也矛盾无解的资本主义经济，人类将面临怎样的另一种可能？

当然资本主义经济在整个 20 世纪表现的创造力也令人钦佩，其科学缜密的社会管理与法律体系对于科学教育与人才的重视等值得所有发展中国家学习。但不幸的是，大多成功到达社会富足标准的资本主义国家逐渐被经济寡头们控制了国家权力。资本主义经济的"垄断与惰性"使权力与财富的天平倒向了极少数所谓的精英，人性缺憾的破坏性被以国家为工具放大，精英们纵是坐拥人类总和的辉煌财富，也无心实现人们共同的理想生活。人性的缺憾继续被放纵以实现无限逐利，早已忘记其经济学创始人的终极理想。国家成为这些经济寡头们欲壑难平的逐利工具，导致以国家为工具对于全球资源与财富的无限占有，使经济全球化及其民主生活成为一种单边主义经济殖民的幻象。

这种完全功利性的单边主义仍然在影响世界的秩序，而众多发展中国家、特别是贫穷国家的人们还蹒跚在传统工业化道路上，甚至还在重复着发达国家20世纪上半叶的"绝望的消遣"。在地球资源对于世界人口承载力日益不堪重负的今天，越是那些无法摆脱贫困的国家，越需要增加大量人口以补充落后的生产力。只要广泛的贫困继续，世界总人口增加也将继续，国家整体贫困和地区间贫富巨大差距导致犯罪率上升和跨越国界的恐怖主义，失控的人口也终将会使人类耗尽资源走向共同的生存危机。

人们越是实现生活富足、良好的教育，越会减弱对于人口的依赖，出生率和犯罪率就会呈现明显下降趋势。从这个角度而言，世界范围内的国家贫富失衡，实质上也是人类的共同的生存问题和潜在危机。最好的解决方法不是在贫富国家之间筑起高墙，而是应建设通往财富的共同道路和桥梁。

21世纪的人们正在重新开始认识财富与经济的本质。人类所有的物质财富都源于地球资源的供给，属于全人类的地球资源的总供给是有限的，任何国家或个人对于财富的无限囤积，从总的供给平衡及人类生存的法则来说都是不可持续的。

因此，21世纪的个人或者国家定义其存在价值如果建立在对于财富无限占有，其财富创造对于全人类的生存而言实质是一种不可持续的威胁，其创造价值将转向负数的熵变。

历史仿佛在和人们做一场世纪轮回的梦幻般的经济游戏——当曾经被计

划经济主导的社会主义国家人们震惊于自由市场的力量而转向弱化集权、转向与自由的市场经济相融合之时（例如社会主义特色经济、混合经济体制等），主导了20世纪的资本主义经济却走向权力主导经济的巅峰。伴随这种经济寡头把持国家权力并控制国家经济体制的资本主义势力的有恃无恐，经济学及思想界的一种共识是：这种资本主义经济的破坏力在20世纪末超过了其创造力，并将在21世纪快速走向衰落。

其实在资本主义经济历史进程里，也一直存在着另一种力量："企业家精神"。事实上这是一个众多的企业家群体，他们的人生理想并非建立在无止境的物质财富的追求之上，此刻让我想起美国思想家杰里米·里夫金对其作为企业家的父亲这样评价：

"尽管与一些创造资本主义经济奇迹的大企业家、发明者和创新者相比，他的努力微不足道，但是他希望通过自身的奋斗，使人们的生活更美好、更丰富多彩。这并不是说企业家们就不追逐利润了，只是多年来，我认识的很多企业家都更多地由创新精神而非万能的美元所引领。"

里夫金先生还对于新经济时代的企业家精神给予这样积极的期望：

"新一代社会企业家精神完全不同，新的精神将少一些自主，多一些互动；少一些对追求金钱的关注，多一些提升生活质量的承诺；少一些市场资本的积累，多一些社会资本的积累；少一些对自然的破坏，多一些可持续发展的投入和地球生态的管理。新的社会企业家也将少受一些'看不见的手'的驱使，多一些'互助的手'的支持；少一些功利主义，多一些情感共鸣。"

里夫金的观念并非一家之言。事实上在21世纪整个欧美资本主义经济体制内,思想界和专业领域对于这种趋向创造社会价值的精神推崇已经非常普遍，并逐渐引起广泛的社会共鸣。人们开始反思：资本主义帮助了谁？

基于21世纪人类越加接近的社会价值创造、共享与共有经济体制的全球共识，人们价值观、世界观也在快速发生转变，逐利与占有财富将不再是定义人生价值的标准，个人的成功将是建立在成就他人、成功自己、利于社会的利他主义之上。个人及国家存在的价值将更多体现在基于维系人类共同命运的基础之上。正如中国国家主席习近平所倡导的创造"人类命运共同体"，正在形成全球人们对于经济活动与国家间政治管理的共识。逐渐深入人心的共同的地球资源、共同的生存环境危机、共同的人类安全、共同的生态圈理念，令人类同感命运休戚与共。这些思想共识正在将人们指向一个全球合作、分享、共享、共有的新经济时代。

但是发展中国家人们仍需要面对这样的现实：曾错过工业化的孱弱经济和落后的技术使其难以实现自身智慧与自然的和谐。人类两次技术革命创造的机器时代还没能实现发展中国家人们的富足。如何成功实现城市化，实现物质的极大丰富，使人们摆脱逐利的困境等成为发展中国家的共同问题。

21世纪，第三代通信技术革命带给不同发展阶段国家同台竞技的历史机遇，并且已经表现出改写世界格局的力量。更多的国家和经济组织正在参与到第三次工业技术革命的进程，人类社会经济、政治活动正在步入基于"人类命运共同体"的共识，财富创造正在走向全球合作、共同发展、成功自己、成就他人、利于社会的共有经济时代。

回顾人类两次工业技术革命，我们发现大多具有企业家精神的企业家们的人生舞台更多是凭借自身的市场艺术和努力或天赋而搭建，社会并没有主动给予充满智慧的市场艺术家们更多创造社会价值的平台，反而时常面临传统资本主义经济学对于企业家不够公正的狭隘的人性定义。事实上在我们身边就有很多具有市场艺术灵感的企业家们并非都为金钱所惑，更多是源于内心的社会责任感和创新精神，努力创造丰富的物质，使人们的生活更加美好。21世纪的企业家将转变成为创造财富并兼具社会责任与荣誉的职业企业家。

因此,要在21世纪实现人类经济和公共利益的极限,到达人们生活富足的顶点,仅有共识和企业家精神是不够的。国家还应为这些职业企业家们提供一种可以实现个人价值与社会价值均衡的发展平台,为市场艺术家们建立可创造经济效率与公共福利最大化的共有经济体制和其他更多的经济平台和荣誉机制。职业企业家在这种追求市场经济效益与社会效益平衡的平台上展现他们的市场艺术,在实现自我价值的同时也将实现他们的创新精神和社会价值殊荣,成为被新经济时代所尊敬的创新楷模。

未来定义企业家成功标准将转向其创造的资本价值与社会价值的平衡,而非传统功利性的市场逐利。

在共有经济和其他各种经济共同繁荣的时代,成功的企业家将是那些致力于实现资本价值与社会价值平衡,利于社会、为社会进步解决问题的企业家。基于"人性论"的资本主义经济体制将渐行渐远,转向市场价值与社会价值可以实现均衡的共有经济体制。

当然更加注重群体创造和社会价值的共有经济体制的兴起并不意味着其他经济体制的消失,这是一个此长彼消的渐进过程。至少到21世纪中叶,世界经济将呈现共有经济体制、公有制经济、混合经济体制、私营经济、基金经济、共筹经济、合作社经济等共同繁荣的局面。未来混合经济体制和私营经济等将逐渐趋向更多实现社会价值的共有经济模式。

国家的崛起来自城市的崛起,国家间的竞争即是城市间的竞争,城市肩负国家兴衰重任。

每个国家的城市都常以GDP的排名定义城市荣誉及其全球位置,这些城市的经济收入和人口均占据整个国家较大比例,并且还在不断创造新规模。2017年上海的GDP首次超过3万亿人民币(约4980亿美元),占比位列全国第一，与其他排名前十的城市GDP总合占全国近四分之一；日本东京GDP约9723亿美元，占全国GDP近五分之一；美国纽约GDP约17351亿美元，洛杉矶GDP约9782亿美元，前十名大城市GDP总合约占全美GDP总量近三分之一。这些数据表明城市经济决定国家经济，城市规模也往往决定了城市经济的规模。每个国家都致力于城市经济发展与竞争力提升，经济全球化加剧了不同国家城市间的竞争。洛杉矶每年都会接受来自上海的大量投资，上海也在与全球更多的城市展开港口与贸易合作，全球国家与国家、城市与城市之间伴随通信技术革命以及全球供应链难分彼此的分布与延伸，正在越加走向相互依赖与深度合作。

数字经济时代，信息、能量、物质的互通互联使任何国家和个人都已无法置身事外，传统的国家及城市之间的竞争正在转向跨越边境的信息、能量、物质等数字与实体供应链合作，无论国家还是城市或个人都越加难分彼此地被链接入群体创造的新时代，协同合作共赢成为人们经济生活的共识。

经济与资源将实现跨越国界的共享，人工智能技术正在令人类退出传统的工作，国家间经济结构正在通过点矩阵空间及全球供应链趋向扁平化发展。伴随经济体制和生活方式的转变，作为人类生活的容器，传统城市空间将走向去中心化的区域聚合，成为巨型聚合城市。在每个共享城市的外部，传统的"线性"联系变得更加密集，将更多能量链接成为共同的聚合空间；在共享城市的内部，点矩阵空间开始更替或分解城市的实体消费空间，人工智能正在逐渐更替人类自身。传统城市功能正在虚实之间转变重组，将逐渐实现空间与资源共享的新生活方式。

区块链、人工智能、3D打印等技术将使人类在21世纪实现财富创造的极限，也将出现史无前例的技术性失业潮，但是共有经济体制将会实现技术性失业人口的社会福利的均衡，工厂将开始远离城市，甚至直接深入到原料产地。过去集中化、规模化的生产制造将更多地转向分布式、自由化的个人、群体、组织等加平台的制造方式，聚合城市空间由于获得可分布式创造与资源共享，将实现功能复合、工作与生活平衡的多核化，而不再需要依赖传统的单中心、空间过度集中的格局，未来的巨型城市将是在特定区域内更多城市的人造与自然价值链接的聚合体。

聚合城市人口和新兴产业将开始从密集的水泥丛林迈向共享的阳光和绿地，"大城市病"将随之消失。传统的大城市空间形态由传统的单中心触须状的庞大形态逐渐分解成为以道路连接在特定距离内，并且有绿地、庄园和森林间隔的若干个共享城市，彼此链接集聚成为巨型的聚合之城。

未来的聚合城市，将因资源的集聚和共享，从资本主义经济体制主导的时代过渡到实现社会价值与市场价值平衡的共有经济时代。聚合城市将创造城市运营与经济活动的效率极限，实现公共福利最大化。如果排除某些偶然，中国或将在21世纪中叶创造人类历史新的辉煌和物质的极大丰富，并实现人们可以全面发展、为实现理想而自由创造的自由国家。

当21世纪全人类实现了物质的极大丰富，人们可以脱离拜金主义和逐利的困境，可以自由地创造价值，可以转向追求生活的艺术之际，未来的城市空间和人类将会走向哪里？

犹如今天的城市与乡村正在延续我2015年著作《世纪之城：中国城市规划再出发》城市思想，对于更为久远的未来人类与城市走向，作了如下描述：

在生命科学、人工智能等技术革命推动下，伴随人类价值观的改变、城市体制的更新、物质的极大丰富，全球人口逆增长，技术进步将抵消人口与劳动力资源匮乏的威胁，人类不再需要更多人口、住宅、工厂、剧院、餐厅酒吧，也无需更多财富和碳排放，城市将由聚合转向分解的进程。

如果排除人类欲望的失控所导致的某种毁灭的偶然，这将是一个美妙的进程，随着智能算法技术、基因技术的登峰造极，人类或将面临至少两种以上的可能：一方面越加芯片化，有机化合物被具有智能感知功能的无机物逐步更替，直至成为插件式"数据智能芯片人"，另一方面，通过基因技术实现发自细胞内部的有机物重组。社会最基本的组织单元"家庭和婚姻"彻底瓦解，但人类将实现几千年梦寐以求的长生不老、羽化成仙的梦想，终成神话故事里的不死之神，此刻人类最大的威胁不是疾病和外敌，将是来自神经单元的衰弱以及基因生物和"数据智能芯片人"的技术不断超越有机肉体的自我革命。

"那些散落在世界各地的独立城市由于逐渐失去了人类将急剧萎缩（图23-1），开始被智能机器、新基因生物、藤蔓生命等有机物和无机物们占据，拥有智能的机器之于人类犹如尤瓦尔·赫拉利笔下的小麦之于人类，人类进化成为智能机器和拥有强大基因的新生物，或终将结束作为有机物的存在，转向拥有智能算法和载有数据的无机物，与地球所有生命融入无尽的苍茫宇宙，如同浩瀚星河里的一粒尘埃，生命的轨迹如此美妙……"

图书在版编目（CIP）数据

世纪之城：聚合·共享·更新 / 刘冰著 . — 上海：同济大学出版社，2018.11
 ISBN 978-7-5608-8181-2

Ⅰ. ①世… Ⅱ. ①刘… Ⅲ. ①城市经济学－研究 Ⅳ. ① F290

中国版本图书馆 CIP 数据核字 (2018) 第 228568 号

世纪之城：聚合·共享·更新

刘冰 著

责任编辑 张睿　　责任校对 张德胜　　装帧设计 张翼

出版发行：同济大学出版社　www.tongjipress.com.cn
　　　　　（地址：上海市四平路1239号 邮编：200092 电话：021-65985622）
印　　刷：上海丽佳制版印刷有限公司
开　　本：787×1092mm　1/16
印　　张：22.5
字　　数：450000
版　　次：2018年11月第1版　2018年11月第1次印刷
书　　号：ISBN 978-7-5608-8181-2
定　　价：86.00元

本书若有印装质量问题，请向本社发行部调换
版权所有　侵权必究